W. C. BALDWIN

DU NATAL
AU ZAMBÈSE
1851-1866

RÉCITS DE CHASSES

TRADUITS PAR Mme HENRIETTE LOREAU

ABRÉGÉS

PAR J. BELIN-DE LAUNAY

et contenant 1 carte

PARIS
LIBRAIRIE HACHETTE ET Cie
BOULEVARD SAINT-GERMAIN, 79

LIBRAIRIE HACHETTE & C¹ᵉ, BOULEVARD SAINT-GERMAIN, 79, A PARIS

LITTÉRATURE POPULAIRE
ÉDITIONS A UN FRANC LE VOLUME, FORMAT IN-18 JÉSUS

Le cartonnage en percaline gaufrée se paye en sus 50 cent. par volume

EN VENTE

Badin (Ad.). *Duguay-Trouin.* 1 vol.
— *Jean Bart.* 1 vol.
Baines (Th.). *Voyage dans le Sud-Ouest de l'Afrique.* 1 vol.
Baldwin. *Du Natal au Zambèse, 1865-1866. Récits de chasses.* 1 vol.
Barrau (Th.-H.). *Conseils aux ouvriers sur les moyens d'améliorer leur condition.* 1 v.
Barthélemy. *Voyage du jeune Anacharsis en Grèce dans le milieu du quatrième siècle avant l'ère chrétienne.* 3 vol.
    Atlas dressé pour cet ouvrage par J.-D. Barbier du Bocage. In-8. 1 fr. 50
Bernard (Fréd.). *Vie d'Oberlin.* 1 vol.
Boileau. *Œuvres complètes.* 2 vol.
Bonnechose (Emile de). *Bertrand du Guesclin, connétable de France et de Castille.* 1 vol.
— *Lazare Hoche, général en chef des armées de la République. 1793-1797.* 1 vol.
Bossuet. *Œuvres choisies.* 5 vol.
Calemard de la Fayette. *La Prime d'honneur.* 1 vol.
— *L'Agriculture progressive.* 1 vol.
Carraud (Mᵐᵉ Z.). *Une Servante d'autrefois.* 1 vol.
Charton (Ed.). *Histoires de trois enfants pauvres, racontées par eux-mêmes, et abrégées par* Ed. Charton. 1 vol.
Corne (H.). *Le Cardinal Mazarin.* 1 vol.
— *Le Cardinal de Richelieu.* 1 vol.
Corneille (Pierre). *Chefs-d'Œuvre.* 1 vol.
— *Œuvres complètes.* 7 vol.
Deherrypon (Martial). *La Boutique de la marchande de poissons.* 1 vol.
Delapalme. *Le Premier livre du citoyen.* 2ᵉ édition, 1 vol.
Duval (Jules). *Notre pays.* 1 vol.
Ernouf (Le baron). *Histoire de trois ouvriers français.* 1 vol.
— *Jacquard. Philippe de Girard.* 1 vol.
Franklin. *Œuvres, traduites de l'anglais et annotées par* Ed. Laboulaye. 4 vol.
Fénelon. *Œuvres choisies.* 2 vol.
Guillemin (Amédée). *La Lune.* 1 vol. illustré de 2 grandes planches et de 46 vignettes.
— *Le Soleil.* 1 vol. illustré de 58 figures sur bois.
Hauréau (B.). *Charlemagne et sa cour.* 1 v.
Homère. *Les beautés de l'Iliade et de l'Odyssée*, traduction de M. Giguet. 1 v.
Joinville (Le sire de). *Histoire de saint Louis, texte rapproché du français moderne*, par Natalis de Wailly, de l'Institut. 2ᵉ édition. 1 vol.
Laboucère (Alf.). *Oberkampf.* 1 vol.
La Fontaine. *Choix de fables.* 1 vol.
Livingstone (Charles et David). *Explorations dans l'Afrique centrale et dans le bassin du Zambèse. 1840-1860.* 1 vol.
Marivaux. *Œuvres choisies.* 2 vol.
Meunier (Mᵐᵉ H.). *Le Docteur au village. Entretiens familiers sur l'hygiène.* 1 v.
Molière. *Chefs-d'œuvre.* 2 vol.
— *Œuvres complètes.* 3 vol.
Montaigne (Michel). *Essais.* 2 vol.
Montesquieu. *Œuvres choisies.* 8 vol.
Mouhot. *Voyages à Siam, dans le Cambodge et le Laos.* 1 vol.
Müller (Eug.). *La boutique du marchand de nouveautés.* 1 vol.
Pascal (B.). *Œuvres complètes.* 8 vol.
Pfeiffer (Mᵐᵉ Ida). *Voyage autour du monde*, édition abrégée par J. Belin-de-Launay. 1 vol.
Passy (Frédéric). *Les Machines et leur influence sur le développement de l'humanité.* 1 vol.
Poisson. *Guide-Manuel de l'Orphéoniste.* 1 vol.
Racine (Jean). *Œuvres complètes.* 3 vol.
— *Chefs-d'œuvre.* 2 vol.
Rendu (Victor). *Principes d'agriculture*, 2ᵉ éd. 2 vol. avec vignettes.
Saint-Simon (Le duc de). *Mémoires complets et authentiques sur le siècle de Louis XIV et la Régence*, collationnés sur le manuscrit original, par M. Chéruel, et précédés d'une notice de M. Sainte-Beuve. 13 vol.
Sedaine. *Œuvres choisies.* 1 vol.
Shakspeare. *Chefs-d'œuvre.* 3 vol.
Speke (Journal du capitaine John Hanning). *Découverte des sources du Nil.* 1 v.
Tévenin (Evariste). *Cours d'économie industrielle.* 7 vol.
    Chaque volume se vend séparément.
— *Entretiens populaires.* 9 vol.
    Chaque volume se vend séparément.
Vambéry (Arminius). *Voyages d'un faux derviche dans l'Asie centrale.* 1 vol.
Véron (Eugène). *Les Associations ouvrières en Allemagne, en Angleterre et en France.* 1 vol.
Wallon (de l'Institut). *Jeanne d'Arc.* 1 v.

EN PRÉPARATION

Bernard (Fréd.). *La Tour d'Auvergne.*
Gœthe. *Chefs-d'œuvre.*
Schiller. *Chefs-d'œuvre.*
Virgile. *Les beautés de l'Enéide.* 1 vol.

LES BOUTIQUES DE PARIS

About (Ed.). *La boutique de l'épicier.*
Cortambert (R.). *La boutique du mercier.*
Deherrypon. *La boutique du charbonnier.*
Loreau (Mᵐᵉ). *La boutique du fourreur.*

DU NATAL
AU ZAMBÈSE

COULOMMIERS. — TYPOGRAPHIE PAUL BRODARD.

W. C. BALDWIN

DU NATAL
AU ZAMBÈSE

1851-1866

RÉCITS DE CHASSES

TRADUITS PAR Mme HENRIETTE LOREAU

ABRÉGÉS

PAR J. BELIN-DE LAUNAY

Et contenant une carte

QUATRIÈME ÉDITION

PARIS
LIBRAIRIE HACHETTE ET Cie
79, BOULEVARD SAINT-GERMAIN, 79

1883
Tous droits réservés

INTRODUCTION

Le nom de M. Baldwin est connu des lecteurs du *Tour du Monde*, où trois livraisons ont publié en 1863 les gravures refaites d'après l'édition anglaise des expéditions de ce chasseur et expliquées par de nombreux extraits; mais c'est la première fois, du moins en France, que le volume est donné au public à peu près entier. La traduction en a été habilement écrite par Mme H. Loreau, et nous n'avons à prétendre ici d'autre mérite que celui d'avoir retranché ce qui nous paraissait alourdir la narration.

Ce volume n'est pas plus un livre que ne l'était le voyage de Thomas Baines, traduit par nous précédemment. L'auteur le dit lui-même : « Lorsque, dans
« un kraal ou dans le fond d'un chariot, j'écrivais, en
« les destinant à mon frère, les pages suivantes, quel-
« quefois avec de l'encre, souvent au crayon, fréquem-
« ment avec de la poudre mélangée de thé ou de café,
« j'étais loin de penser qu'elles formeraient un livre.
« Si maintenant je me décide à les publier, ce que je

« fais avec défiance, c'est par égard aux sollicitations
« de mes amis, c'est pour tenir la promesse que j'ai
« donnée à ceux qui, dans le Natal, ont vu avec in-
« térêt mes courses, d'abord restreintes, s'étendre gra-
« duellement jusqu'au Zambèse sur un espace de trois
« mille kilomètres à peu près inexplorés. » Cette cita-
tion rend parfaitement compte de la composition du
volume.

Comme celui de Baines, c'est un journal, purement
un journal, mais avec des alternatives de passion et
d'abattement, d'enthousiasme et de désespoir, qui ne
se trouvent pas dans l'autre. Cela s'explique par la
différence de caractère, peut-être; mais surtout, par
celle de la situation des deux voyageurs. M. Baines est
un artiste, désintéressé des profits de l'expédition qu'il
raconte, si ce n'est par l'affection qui le lie avec son
loyal compagnon, M. Chapman; la nature et les tribus
qu'il trouve sur sa route, il se borne à les considérer
au point de vue du peintre. Quand il ne se sert pas
du crayon ou du pinceau, il décrit les effets de lumière
et se complaît le plus souvent à faire des tableaux avec
sa plume. M. Baldwin, au contraire, se préoccupe fort
peu du paysage; il est avant tout un chasseur, et
même un chasseur plein de fougue, pour lequel la
chasse est tout à la fois un moyen de se procurer de la
nourriture, une passion qui l'emporte et une spécula-
tion dont il s'efforce de tirer profit.

Le fond de ce volume est donc composé de récits de
chasse et, comme ceux-ci ont nécessairement un peu
trop de fatigant égotisme et quelque monotonie, c'est là
surtout que nous avons fait nos coupures, retranchant
impitoyablement ceux qui n'offraient pas quelque
détail intéressant et caractéristique. Après tout, beaucoup de ces récits ont effectivement du charme par

eux-mêmes. Ils sont écrits avec la verve du moment, avec la chaleur que laisse l'événement tout à l'heure accompli, et l'on suit avec plaisir ces aventures qui vous entraînent au milieu d'une existence pleine d'incidents, par lesquels elle est mise en péril de mort.

« C'est une vie émouvante, dit Baldwin (1), pleine
« d'espoirs et de déceptions, de plaisirs et d'angoisses,
« de succès et de revers, que celle que je mène. Elle a
« des charmes irrésistibles ; mais elle exige un esprit
« résolu, de l'énergie et de la persévérance. »

Vraiment, il est intéressant, comme dans un roman, de voir notre héros se jeter à corps perdu dans cette vie de hasards et de dangers avec toute la passion et toute l'irréflexion de son âge ; avoir pour début d'expérience en 1851 une désastreuse expédition, où il fait partie d'une bande de chasseurs au service d'un homme d'affaires et où, sur neuf engagés, sept meurent tués par les fatigues et par les climats. Puis il spécule et chasse pour son compte, et peu à peu il arrive à l'indépendance. En 1855, au grand étonnement des Cafres, qui ne respectent guère que ceux qui sont riches, en quoi ils ressemblent à pas mal d'Européens, Baldwin arrive à posséder un chariot et son attelage. En 1856, il fait à son tour chasser à son profit. Trois ans après, son expédition se solde par un bénéfice de vingt-cinq mille francs, plus une soixantaine de bœufs superbes et dressés pour le chariot ; mais il est curieux de voir combien, avec l'attrait de la nouveauté, se perd, à mesure que vient l'âge et malgré l'enrichissement, le goût de cette vie vagabonde et solitaire. Enfin, Baldwin n'y tient plus ; il en a assez ; en décembre 1860, il réalise son avoir et repart pour l'Angleterre. *Sic labor*

(1) P. 259.

improbus omnia vincit! Comme dans les contes de fée, le héros passe à travers les épreuves, se tire des périls et parvient au succès ; mais ici le seul génie qui lui fasse vaincre les obstacles, c'est le travail, la persévérance ; c'est l'infatigable énergie, chaque jour renaissant avec une force qui efface tous les découragements et les fatigues de la veille. Telle est la moralité de cette histoire.

Mais là ne se bornent pas les fruits qu'on en peut tirer. Ainsi qu'il nous le disait tout à l'heure, Baldwin a parcouru en beaucoup de sens un espace de trois mille kilomètres à peu près inexplorés. Il y avait été précédé par Livingstone, mais il y a précédé Baines. Cependant, tandis que, pour l'Afrique australe, Livingstone monte presque directement du nord au sud depuis le Cap jusqu'au lac Ngami et aux cataractes Victoria, et que Baines nous décrit la route du sud-ouest pour aller de la baie Valfisch au Ngami et aux cataractes, Baldwin parcourt durant six ans les côtes orientales de l'Afrique, depuis Durban dans le Natal jusqu'à la baie Delagoa ; ensuite il franchit les monts Draken, et, pendant quatre autres années, il visite les républiques de l'Orange et du Transvaal, le Mérico, les États de Séchéli, de Sicomo et de Machin, le Calahari, le Ngami qui paraît un point nécessairement central, et enfin il atteint aussi les chutes du Zambèse.

En somme, ce volume complète donc les observations de Livingstone et de Baines ; il nous parle de ces boërs si odieux à Livingstone ; il nous apprend sur leurs coutumes des détails fort intéressants ; il nous explique ce que sont un grand nombre de personnages que les deux autres voyageurs ont rencontrés, car il les nomme pour la plupart ; si bien que ce journal d'un chasseur prend l'apparence tantôt d'une continuation de Livingstone et tantôt d'un commentaire de Th. Baines.

On voit donc que déjà ce volume a beaucoup d'intérêt par lui-même; mais que sera-ce demain? L'avenir lui en réserve peut-être bien plus encore. En effet, le moment où il paraît en France semble être celui où vont devenir historiques, où vont entrer dans le grand courant des faits européens, et les chefs dont il raconte les commencements, et les régions dont il indique le climat et la nature.

Ainsi le gouverneur de la colonie du Cap, sir Philip Woodhouse, sur la demande de Mochech, le chef des Soutos agriculteurs, qui, à l'époque de Baldwin, avait formé une ligue contre les boërs chasseurs et pasteurs (p. 202), a, le 13 mars 1868, déclaré annexé au territoire anglais celui des Soutos qui touche aux colonies du Cap et de Natal. Cette annexion est faite malgré la république de l'Orange.

Celle du Transvaal de son côté s'est annexé un territoire trois fois aussi grand, dit-on, que celui qu'elle avait auparavant; la chasse aux esclaves y donne lieu à tous les excès que Livingstone, il y a de cela une vingtaine d'années, reprochait déjà aux boërs; ceux-ci disent ouvertement que, s'ils doivent renoncer à enlever pour leur service les enfants qu'ils rencontrent dans leurs expéditions de brigands, ils les tueront; on parle déjà d'enfants mis en tas et brûlés par eux; les habitants des Etats de Natal et du Cap demandent au nom de la morale et de l'honneur qu'on mette un terme à ces atrocités, en détruisant la république transvaalienne. « C'est, nous l'espérons bien, le commencement de la fin pour le Transvaal, » s'écrient-ils.

L'explication de l'étrange annexion faite par cette république, des récits plus ou moins exagérés des journalistes de Natal, et, jusqu'à un certain point, de leur vertueuse indignation ne peut-elle pas se trouver dans les nouvelles que voici?

M. Mauch, voyageur accrédité par la société de Gotha, vient de rentrer au Natal après une expédition qu'il a faite jusqu'au Zambèse (naturellement par les pays qu'a traversés Baldwin). Il a rapporté avec lui une vingtaine d'échantillons de rochers, dont les uns contiennent du fer et du plomb, et dont les autres, qui sont de quartz pâle, renferment des parcelles d'or. Il dit que le caractère géologique de la région où il les a ramassés est celui qui indique le plus ordinairement les dépôts aurifères. Du reste, il a constaté l'existence de deux mines d'or, l'une située au nord-ouest du Natal et à près de 1,000 kilomètres de Durban, l'autre plus au nord et plus près du Zambèse. Elles sont toutes deux dans les contrées d'où Machin a expulsé Sicomo. Or, Machin est le vassal de Mosilicatsi, et ces deux chefs ensemble peuvent lever *cinquante mille* hommes.

Tel est le bruit qui, en janvier 1868, se répandait dans le Natal, où conséquemment il était antérieur de quelques mois aux demandes passionnées de répression et de châtiment, aux cris que les journalistes de Durban poussaient vers l'époque même où l'étonnante nouvelle excitait au Cap la plus fiévreuse émotion, comme le prouve une lettre écrite le 4 juin par un négociant de Capetown, doué ordinairement de sang-froid et de jugement.

« Les bruits relatifs à l'existence de champs d'or
« étendus au-delà de la république du Transvaal pa-
« raissent être pleinement confirmés, et ces dépôts sont,
« dit-on, plus riches et plus développés qu'aucun de
« ceux qu'on connaît jusqu'ici. En fait, ce serait l'an-
« tique Ophir qu'on aurait retrouvé. Que diriez-vous
« d'or en veines épaisses qui ont pour gangue le quartz

« blanc (ce quartz est aurifère) en trente localités
« différentes, et d'immenses dépôts superficiels riches
« en or, l'un ayant trente-cinq kilomètres de large et
« l'autre quatre-vingt-quinze de long, avec des filons
« parallèles de trois à cinq kilomètres en largeur? »

Or, Natal est le port le moins éloigné de cet Eldorado, bien qu'on puisse y arriver aussi par la baie Valfisch.

Pourquoi donc nous étonnerions-nous de l'indignation que cause au Natal les horreurs esclavagistes de cette république du Transvaal? Elle sépare le port de l'immense trésor; elle coupe et ferme la route par laquelle on peut aller à la contrée que Baldwin maudit si souvent du nom de terre de la soif et qui va être appelée par excellence la terre de l'or.

Prétorius s'y est pris trop tard pour faire sa gigantesque annexion.

Les cinquante mille guerriers qu'on attribue à Machin et à Mosilicatsi auront beau se joindre à tous les désespérés, à tous les chasseurs sans foi ni loi, dont Prétorius est le président; quand même tous les monstres et tous les griffons de la Fable se réuniraient, pour défendre cet Ophir nouvel ou retrouvé; il est trop tard! Si l'existence de ce merveilleux champ d'or se confirme en réalité, il est trop tard (1)! Nous y verrons affluer la foule des mineurs restés sans ouvrage lucratif dans la Colombie-Britannique, dans la Californie et dans l'Australie; les aventuriers que l'avidité empêche d'avoir peur s'y rassembleront de tous les coins de l'horizon; et cette armée irrésistible, toujours croissante, aura bientôt renversé les obstacles, écrasé

(1) Elle est pleinement confirmée, d'après le *Times* du 24 août 1868. — J. B.

les Prétorius, les Machin et les Mosilicatsi, pour ouvrir, derrière la violence et le crime, un large chemin aux idées et aux arts de notre civilisation.

D'ici à peu d'années, sur ces terres désolées où vingt bœufs à la file et deux par deux avaient peine à se traîner en donnant au chariot auquel ils étaient attelés un mouvement de trois à quatre kilomètres à l'heure, un monstre de fer mû par la vapeur enlèvera seul une suite de vingt wagons, chacun aussi pesant que les anciens wagons du Cap, et l'enlèvera au pas de quarante kilomètres à l'heure, en moyenne.

Alors l'Afrique sera ouverte réellement; alors, en dépit des jaloux Portugais et des Maures qui surveillent les côtes, l'esprit d'entreprise et d'aventure, se précipitant par l'intérieur, pénètrera dans les vallées du Zambèse et du Nil. Alors le livre de Baldwin, comme ceux de Livingstone et de Baines, sera de l'archéologie; alors il sera devenu un document que devront consulter les géographes et les historiens, au lieu d'être simplement une lecture aussi instructive qu'amusante.

J. Belin-De Launay.

Bordeaux, 21 août 1868.

EXCURSIONS
DANS LE SUD-EST
DE L'AFRIQUE

CHAPITRE I

De 1851 à octobre 1853.

Enfance et jeunesse de W. C. Baldwin. — J'arrive au Natal. — Engagement avec M. White pour la chasse aux hippopotames dans la Sainte-Lucie. — Des crocodiles me font perdre un fusil, brisent les rames d'un bateau, m'épient durant mon sommeil et me volent mon gibier. — Nous avons tué cinquante-cinq hippopotames; mais, sur neuf chasseurs que nous étions, sept sont morts dans l'expédition. — Ferme de l'Inanda. — Au bout de deux ans, je repars pour le pays des Zoulous. — Comment Panda nous force à exécuter ses ordres. — Chasse aux buffles. — Les lions nous attaquent durant la nuit. — Les élans du Cap.

Lorsque, dans un kraal ou dans le fond d'un chariot, j'écrivais, en les destinant à mon frère, les pages suivantes, quelquefois avec de l'encre, souvent au crayon, fréquemment avec un mélange de poudre et de thé, ou de café, j'étais loin de penser qu'elles formeraient un livre. Si maintenant je me décide à les publier, ce que je fais avec défiance, c'est par égard pour les sollicitations de mes amis, c'est pour tenir la promesse que j'ai donnée à ceux qui, dans le Natal, ont vu avec intérêt mes courses, d'abord restreintes, s'étendre graduellement jusqu'au Zambèse, sur un espace de trois mille kilomètres à peu près inexplorés.

Je crois devoir expliquer à mes amis d'Afrique, pour quelle raison je suis allé au Natal. Cela m'obligera à parler de mon enfance; mais, je le ferai en une seule page que le lecteur indifférent pourra passer.

L'amour de la chasse, des chiens et des chevaux, était inné chez moi. Dès l'âge de six ans, je suivais sur mon poney les lévriers du voisin; et cela, deux fois par semaine. Il en fut ainsi jusqu'au jour néfaste où l'une de mes prouesses valut à mon père un avertissement de ce digne propriétaire, avertissement qui me fit mettre en pension. J'y restai comme bien d'autres; et lorsque j'en sortis, ayant l'humeur vagabonde, je fus placé dans la maison de commerce d'un ex-membre du Parlement, afin d'y acquérir les notions requises pour être envoyé aux colonies. Je travaillai, je fis de mon mieux, sans aucun doute, bien qu'à vrai dire les bassets, les bigles, le canotage ou les réunions publiques fussent contraires aux devoirs et à la discipline du bureau. Un jour, en collationnant des comptes avec le plus jeune des associés, nous en vînmes tous les deux à conclure que je n'avais pas de vocation particulière pour le métier de commis aux écritures, et qu'un tabouret mis devant un pupitre ne présentait pas une étendue suffisante pour que je voulusse y passer mes beaux jours. Il fut donc résolu que j'irais en Écosse dans le comté de

Forfar ou d'Angus, pour y apprendre l'agriculture; situation fort agréable, qui dura peu de temps par suite d'une difficulté avec le maître.

Je quittai ce comté pour une ferme située dans la chaîne occidentale, où, sur vingt kilomètres carrés de montagnes, de ruisseaux, de bruyères et d'étangs, il pouvait bien y avoir un hectare de terre labourable, auquel s'ajoutaient deux distilleries de whiskey. Mon excellent père ne doutait pas que son fils, accablé de travail, ne fût dans une pareille ferme promptement initié à tous les mystères de la culture écossaise.

La vérité est qu'avec la chasse, la pêche, les gens de la ferme, les chiens, les promenades et les flâneries, je me trouvais là dans une position fort enviable : je compte les années que j'y ai passées au nombre des plus heureuses de ma vie. Mais le temps s'écoulait; je savais que, dans ma patrie, je n'avais bruyères, lacs, ni chevaux de race en perspective; en conséquence, je cherchai quelque pays lointain où la liberté fût plus grande, au moins celle de se mouvoir, et j'engageai un jeune et bel Ecossais à quitter l'Europe avec moi.

Tandis que je balançais entre le Haut-Canada et les prairies de la vallée du Mississipi, deux de mes amis intimes, qui partaient pour le Natal, me conseillèrent de choisir cette colonie; et ce fut à ce parti que je me décidai, après avoir lu le livre de Gordon Cumming, qu'on venait de publier.

Mes préparatifs furent bientôt achevés : le peu que j'emportais se composait de fusils, de carabines à canon rayé, de selles et d'articles du même genre. La seule partie coûteuse de ma cargaison comprenait sept chiens courants, dont les deux meilleurs ne tardèrent pas à mourir ; les plus jeunes, s'étant mieux acclimatés, me rendirent quelques services, puis ils succombèrent à leur tour ; et j'appris de la sorte à ne plus apporter du dehors ce qu'on peut trouver dans le pays où l'on va.

Je débarquai à Port-Natal en décembre 1851, après une traversée de quatre-vingt-douze jours. Mon premier désir fut d'être présenté à M. White, qu'on appelait l'Éléphant. Cette qualification lui venait-elle de son énorme stature (un mètre quatre-vingt-douze centimètres), ou de la renommée qu'il avait acquise en se mesurant avec l'animal dont il portait le nom ? Je suis encore à l'apprendre. Pourtant il peut, à l'époque où les éléphants étaient beaucoup plus nombreux qu'aujourd'hui, avoir eu de grands succès ; mais il était devenu paresseux, et abandonnait volontiers la besogne fatigante à des mains plus jeunes que les siennes.

Lors de mon arrivée, ce M. White préparait une expédition chez les Zoulous ; voilà pourquoi j'étais si impatient de lui être présenté. Heureusement qu'au point où la colonie en était alors, cette formalité n'y était pas nécessaire. J'avais du reste dans mes chiens une recommandation plus que suffisante auprès d'un vieux chasseur.

Je fis des offres ridicules pour être admis dans la bande ; elles furent acceptées d'emblée. On emmenait deux chariots, bourrés jusqu'à la toile. Au sommet de l'un d'eux, était placé un bateau, la quille en l'air ; et telle était mon ardeur, que je sautai de joie lorsqu'on me proposa de coucher sous l'une de ces machines roulantes : j'aurais passé les nuits dans l'eau, si on l'avait voulu, plutôt que de manquer la partie.

L'objet de l'expédition était la chasse de l'hippopotame. Ces vaches marines, comme on les appelle au Natal, abondent dans la baie de Sainte-Lucie, précisément à l'époque la plus malsaine de l'année; comme s'il n'y avait pas, dans cette terre oubliée de Dieu, assez de privations à subir, assez de périls quotidiens, sans aller chercher la mort de propos délibéré! Si quelques vieilles têtes s'étaient trouvées sur les épaules de cette jeunesse entreprenante, je n'aurais sans doute pas à vous dire que, de neuf chasseurs que nous étions au départ, tous pleins de vigueur et d'espoir, nous revînmes seuls, Gibson et moi, après un long séjour dans les kraals des Cafres, où l'épuisement et la maladie nous avaient retenus.

Il y avait trois semaines que j'étais débarqué lorsque nous partîmes pour cette chasse désastreuse : sept hommes blancs, une compagnie d'indigènes, et trois chariots. A cette époque, les ordonnances relatives aux munitions étaient sévèrement exécutées : on fouillait les wagons, et personne ne pouvait franchir la frontière, ni même sortir de la ville, avec plus de quatre kilos et demi de poudre. Chacun de nous portait donc, en surplus de ses armes, la quantité permise, emballée dans une espèce de hâvre-sac; et nous gardâmes cette poudre sur le dos jusqu'à ce que nous eussions passé la Touguéla, rivière qui forme la limite septentrionale de la colonie, à cent douze kilomètres au nord de Durban, capitale du Port-Natal. Une fois de l'autre côté de la rivière, on n'avait plus rien à craindre, et nous nous débarrassâmes de ce dangereux fardeau en remisant la poudre dans les chariots.

Deux compagnons nous attendaient sur les bords de la Touguéla : un Écossais du nom de Monies, fameux chasseur, plein d'expérience, mais audacieux jusqu'à la folie, et Price, l'un des hommes les plus charmants, les plus distingués qu'on pût voir, et qui, je le crois, était fils d'un banquier de Londres. Ils sont morts tous les deux, pauvres garçons! morts de la fièvre, ainsi que nos compagnons Arbuthnot et Mac Queen, avant la fin du deuxième mois.

On se trouvait en été, saison des grandes pluies; les routes étaient mauvaises, les rivières débordées; rien ne nous pressait et nous marchions avec lenteur. Mon occupation, je pourrais dire celle de nous tous, à l'exception des conducteurs de chariot, était d'approvisionner la broche. On tuait des antilopes, des canards et des outardes. Mes succès et ma persévérance m'attirèrent bientôt les bonnes grâces de White; je n'avais pas alors de plus grande ambition : je travaillais comme un cheval pour conserver son estime, et les autres me laissaient volontiers prendre le plus de fatigue.

Quand la nuit avait été pluvieuse, nous nous retrouvions le matin dans une véritable mare, ayant à nos pieds un monceau de Cafres enveloppés dans leurs couvertures, dormant pêle-mêle comme des loirs, sans que rien pût troubler leur sommeil, et à notre tête une masse de chiens, trempés, crottés, rêvant et frissonnant. L'herbe, d'une hauteur prodigieuse, était si bien saturée d'eau qu'il aurait autant valu se promener dans la rivière que d'entrer dans ces fourrés ; et il ne servait à rien de changer de vêtements pour en prendre de plus secs.

Le 7 janvier, l'un de nous tua notre premier hippopotame ; c'était une jeune femelle : viande excellente, ayant à peu près le goût du veau.

Le 12, de très grand matin, nous étions en marche ; toute la bande fut mise en émoi par la vue d'un gros éléphant mâle qui traversait la plaine à quatre cents pas sans se douter d'aucun péril. On se précipita vers les fusils qui étaient suspendus aux flancs des chariots ; l'émotion était si vive que chacun, excepté White, oublia sa giberne, et partit sans faire provision de balles. J'étais à pied avec trois autres ; nous courions de toutes nos forces ; la bête, qui marchait contre le vent, n'entendait rien. Lorsqu'il n'y eut plus qu'une vingtaine de mètres entre elle et nous, White se mit à crier ; l'éléphant décrivit un demi-cercle, et la carabine rayée de White se fit entendre. Le coup d'Arbuthnot et le mien atteignirent la bête derrière l'épaule ; Ellis tira de même, avec un petit fusil babillard qui ne portait que des balles de cinquante à la livre. Pendant ce temps White rechargeait son arme, et l'éléphant se demandait s'il devait partir ou nous écraser. Mais le vieux chasseur l'ayant frappé juste au milieu de l'omoplate, l'animal se retourna en poussant un cri terrible, et s'enfuit rapidement, bien qu'il fût estropié. A la fin, Ellis et moi, aidé de mon chien Fly, nous l'acculâmes dans les roseaux, à près de cinq kilomètres du point de départ. Ellis, profitant d'un rocher dont il avait gagné le sommet, ne tira pas moins de dix-neuf coups avec son joujou; on trouva la plupart de ses chevrotines dans l'oreille de la bête, lancées avant que notre chef, qui était essoufflé depuis longtemps, pût décider la victoire par sa quatrième balle.

Nous ne rentrâmes qu'à la chute du jour, excédés de fatigue. On soupa du cœur de l'éléphant; ce qui est très-bon et très-tendre. Le pied, cuit au four, c'est-à-dire dans un trou, composa le déjeûner du lendemain : chair glutineuse, dont le goût a de la ressemblance avec celui du porc frais.

Le 14, comme le soleil baissait, je vis les chariots sur les collines de l'autre côté de l'Omlilas. Or, le gué se trouvait à plusieurs kilomètres en amont et je n'avais pas le temps d'aller jusque-là. J'entrai donc dans la rivière, à l'endroit où j'étais, bien que j'eusse aperçu des crocodiles nombreux. Je gagnai une espèce d'îlot, où j'arrivai sans encombre; à peine si mes genoux étaient mouillés; mais en face de moi courait une eau profonde ayant une trentaine de mètres en largeur; je portais mes grosses bottes de chasse, mon fusil, mes munitions, et à ma ceinture de nombreux oiseaux. Néanmoins je crus pouvoir risquer l'aventure.

Je nageais donc avec une sage lenteur craignant de perdre mon fusil, qui était sous mon menton; et j'allais aborder quand je vis la tête d'un énorme crocodile se diriger vers moi. Il n'est pas nécessaire que je dise avec quel élan je me précipitai vers la rive; je l'atteignis à demi-suffoqué, mais ayant perdu mon excellent fusil.

Le 18, sur les bords de l'Inselina, je trafiquai pour la première fois avec les naturels. J'y achetai un bœuf au prix de quatre houes (1) : ces outils, dont se servent les indigènes pour ouvrir la terre à l'époque des semailles, valent, dans le Natal, à peu près un franc quatre-vingt-cinq centimes.

Quand nous fûmes parvenus à l'Omphilosie (2), le bateau fut tiré du chariot qui le contenait et nous en occupâmes la place. On était infesté par tant de moustiques au bord de cette rivière que nous allumions des bouses sèches (3) dans des pots, qui étaient ensuite transportés au fond de notre wagon. Pas moyen d'échapper à cette alternative : dévoré ou suffoqué. Ce dernier supplice avait la préférence, et, comme on ne

---

(1) Sir Samuel White Baker a trouvé la houe de fer recherchée comme le principal article d'échange depuis le Kordofan jusqu'au lac Albert. (*Découverte de l'Albert Nyanza*, tr. par G. Masson, p. 61, 123, 164, 179, 264.) Ce n'est pas le seul usage qui soit répandu tout le long du littoral oriental de l'Afrique et que l'on rencontre de l'Orange au Nil. — J. B.

(2) L'Omphilosie des indigènes est la Sainte-Lucie des Européens; ce fleuve est composé, à 75 kilomètres environ de la mer des Indes, par l'Omphilos-Mouniama (Rivière-Noire) et par l'Omphilos-om-Schlopu (Rivière-Blanche). *Omphilos* signifie *rivière* et est prononcé, chez les Zoulous seulement, de neuf façons différentes : *omflène, omfilène, omfilos, umfilos, omvolos, omfolosie, folos, volos* et *volosie*. Cet exemple doit servir d'excuse pour les différentes manières dont on reproduit les noms propres dans ces langues que l'écriture n'a pas fixées. — J. B.

(3) L'usage de la fumée des bouses incandescentes pour chasser les moustiques se retrouve sur le Nil-Blanc. (*Sir Sam. Wh. Baker*, p. 58 de la trad. franç.) — J. B.

pensait pas même à dormir, chacun appelait de ses vœux la venue du jour qui faisait disparaître les moustiques.

Le 24 janvier, nous lançons le premier bateau qu'ait jamais porté l'Omphilosie, et nous essayons de dormir dans une hutte indigène. C'est tomber de Charybde en Sylla : une chaleur intolérable, et des nuées de moustiques ; de la bière cafre, du lait aigre, pas une bouchée de viande : tel est notre menu.

25 janvier. — Nous cherchons à nous rafraîchir en prenant un bain. Deux d'entre nous restent sur la rive, poussent des cris, jettent de grosses pierres dans l'eau et tirent deux ou trois coups de fusil pour effrayer les crocodiles. Bien que fort nombreux, ces derniers sont très-timides, et je ne crois pas qu'avec les précautions dont je viens de parler nous ayons à les craindre ; mais ils diminuent le plaisir du bain.

26 janvier. — Nous tirons au sort pour savoir qui accompagnera Monies dans le bateau ; c'est Gibson qui est désigné. On nous dépose sur l'autre rive, car l'eau est grande. Price, Arbuthnot et moi nous allons battre le pays avec nos guides.

Le lendemain, nous étions de retour à deux heures de l'après-midi ; mais Gibson et Monies n'arrivèrent que sur les huit heures du soir. Ils revenaient sans bateau, les crocodiles leur ayant brisé les rames et les pagaies dont ils se servaient.

Comme ils descendaient la rivière, Monies avait aperçu un éléphant dans les roseaux ; il avait ramé du côté de la bête et, à quinze pas, l'avait tuée d'une balle entre l'œil et l'oreille. Nos deux amis enlevèrent les défenses et l'oreille à coups de hache, mirent le tout dans le bateau et continuèrent leur promenade ; mais l'odeur du sang exaspéra sans doute les crocodiles, auxquels, bien que Monies en eût tué cinq avec trois hippopotames, la victoire finit par rester. Les chasseurs n'ayant plus que le manche d'une rame pour conduire leur barque, déposèrent leur proie sur un banc de sable, la couvrirent avec le bateau, et reprirent le chemin du camp.

Dès que Price, Arbuthnot et Monies, qui étaient fort adroits, eurent taillé de nouvelles rames et des godilles, ils repartirent, accompagnés de huit indigènes, pour aller chercher la barque. Elle n'avait pas été bougée. Le 30, ils se rendaient à la baie de Sainte-Lucie.

Pendant une trentaine de kilomètres, ils descendirent à travers une belle région, où pullulaient des oiseaux d'eau et des hippopotames. Vers le milieu du jour, ils furent obligés de prendre terre, ayant contre eux vents et marée ; puis ils arrivèrent le lendemain à midi à leur destination, après avoir tué deux hippopotames.

Pendant ce temps-là, Gibson et moi, nous étions avec les Cafres, dans les fourrés. Leur pantomime, car je n'entendais rien à leur langage, me parut signifier que je devais me placer près d'un petit arbre épineux, situé à la rive d'un lac rempli de roseaux.

Puis ils s'éloignèrent, et je m'endormis profondément. Tout à coup je fus réveillé par Gibson, qui se hâtait d'escalader la colline et me criait vivement de le suivre. J'ouvris les yeux et vis un énorme buffle, que poursuivaient nos Cafres, et qui se dirigeait vers moi. Il arrivait tête baissée. Il franchit une vingtaine de mètres avant de m'apercevoir, hésita un moment, plongea dans les roseaux, entra dans le lac, et, faisant jaillir autour de lui, comme une ondée de cristal, l'eau qui lui arrivait aux genoux, passa d'un trot rapide à vingt-cinq pas de l'endroit où je me trouvais. Ma balle lui cassa l'échine, par hasard, et il tomba en mugissant comme un bouvillon.

Les Cafres, survenant pêle-mêle, lui lancèrent une vingtaine de sagaies qui l'achevèrent. Ils parurent me complimenter beaucoup de ma prouesse; c'était me faire trop d'honneur, car, ne sachant pas pourquoi on m'avait placé là, réveillé en sursaut, pris à l'improviste, je reconnais que j'avais mal tiré.

Le sommeil encore faillit me jouer une autre fois un plus mauvais tour. Nous chassions l'hippopotame à la baie de Sainte-Lucie. On m'avait débarqué sur un îlot couvert de roseaux; la chaleur était extrême et je venais d'avoir mon premier accès de fièvre. Me trouvant fatigué, je coupai un fagot d'herbe, je m'y assis, les pieds trempant dans l'eau, et ne tardai pas à m'endormir. Pendant ce temps-là, Monies et Arbuthnot poursuivaient des hippopotames; ceux-ci fuyaient en montrant de fort belles têtes, et mes amis ne pouvaient pas comprendre pourquoi je ne tirais point. L'ardeur de la chasse leur avait fait oublier l'endroit où ils m'avaient laissé ; le pauvre Monies m'appelait vainement, et se demandait où je pouvais être, lorsqu'il remarqua les allées et les venues de trois ou quatre gros crocodiles qui, passant et repassant devant un îlot, semblaient y guetter quelque chose. Il poussa le bateau de ce côté là, et me trouva dormant à quinze mètres de ces aimables compagnons, qui s'apprêtaient à déjeuner de ma personne. Toute la sympathie que devait inspirer cette situation périlleuse se traduisit par une semonce qui m'était adressée pour avoir dormi au lieu de tuer une couple d'hippopotames ; mais j'étais trop reconnaissant pour me fâcher de l'algarade.

Puisque j'en suis à parler de crocodiles, je raconterai un incident qui se passa près de l'embouchure de la Sainte-Lucie. J'avais tué une oie sauvage, pas encore adulte, mais presqu'arrivée à sa taille ; dérivant à merveille, elle se dirigeait de mon côté, lorsqu'elle disparut tout à coup. Je supposai que, n'étant pas morte, elle avait plongé, et ne m'en occupai pas davantage. Les oies étaient nombreuses ; j'en tuai une seconde ; elle disparut à la même place et de la même façon. J'en tirai une troisième ; mais, déterminé cette fois à garder mon rôti, car nous n'avions pas déjeuné, j'allai à sa rencontre, armé d'une pesante baguette de fusil garnie de fer ; j'avançai avec fracas me démenant et criant de toutes mes forces pour effrayer les crocodiles, quand, juste au moment où j'allongeais la main pour ramasser mon oie, elle disparut comme les deux autres. A cette époque je ne craignais rien, et ne connaissais pas le danger. Criant donc un peu plus fort et battant l'eau avec plus de vigueur, je saisis mon oie par la patte ; elle se divisa immédiatement ; les cuisses, le dos et quelques intestins m'échurent, tandis qu'un crocodile gardait la meilleure part, et recevait trois coups violents sur le nez. Il est inutile de dire que je regagnai prestement le rivage; mais ce n'est que plus tard, comme il arrive souvent, que je pensai à la folie que j'avais commise, en comprenant combien je l'avais échappée belle.

On ne fait de ces choses-là qu'à une certaine époque de la vie, et le bonheur avec lequel on s'en tire est vraiment merveilleux. Les années vous donnent ensuite de l'expérience, et vous rendent non moins prudents que ceux qui autrefois vous paraissaient timides.

Le 31 janvier, je tuai mon premier hippopotame. Nous fîmes de son cuir une masse de fouets et de chamboks. Ces derniers sont des espèces de cravaches dont on se sert généralement en Afrique pour conduire les bœufs; ils ont à la fois beaucoup de dureté et de souplesse quand ils ont été bien préparés. C'est une arme terrible. Le menacer du chambok est un moyen qu'emploient invariablement les Hollandais pour faire plier un Cafre.

Impossible de conserver le lard de nos hippopotames : il faisait trop humide. La pluie qui tombait sans cesse nous imposait une foule de misères. A la fin, nous élevâmes ce qu'on appelle ici une *hartebeest-house*, c'est-à-dire une cabane faite avec des bottes de fort grands roseaux, plantés dans une tranchée et reliés au sommet. On y était moins mouillé que dehors; mais il était rare qu'on y fût complétement à sec. Nous passions les trois quarts de la journée dans l'eau, exposés à un soleil dévorant, chassant le matin des hippopotames, qu'ensuite nous avions à traîner sur le rivage, et dont il fallait détacher l'ivoire, couper la viande, saler la meilleure partie et faire fondre la graisse. Presque toujours, celle-ci brûlait au fond du vase avant que l'opération fût terminée. Dépourvus des objets les plus indispensables, nous nous servions de vessies pour y mettre le lard; nécessité est mère de l'industrie.

Ce genre de vie explique suffisamment que je sois tombé malade. Je fus pris le 10 février d'un horrible mal de tête, accompagné de vertiges; on me laissa dans un kraal, avec un petit sac de riz et mon Cafre, qui s'appelait Inyati ou le Buffle.

C'était un garçon magnifique : presque deux mètres de haut, quoique très-jeune; un superbe échantillon de sa race. Il me soignait avec la douceur qu'on a pour un enfant; rien ne surpasse l'attention avec laquelle il prévenait tous mes besoins, et plus d'une fois il risqua sa vie pour m'être utile. Monies avait prié le chef du kraal de me fournir du laitage, et avait promis en échange de lui donner ma couverture. Le chef avait accepté; mais il oubliait son engagement; et le pauvre Inyati allait toutes les nuits, dans le parc au bétail, me chercher une pinte de lait que je buvais jusqu'à la dernière goutte, afin de ne pas le trahir; car, si on l'eût découvert, il aurait été puni de mort, seul châtiment qu'administrent les Cafres. Pendant le jour, mon fidèle compagnon courait le pays pour me trouver des fruits sauvages. Heureusement, j'avais emporté une pharmacie; et j'avalais force émétique, ipécacuanha, sulfate de magnésie, poudre de Dower, calomel, etc ; mais, ne connaissant ni l'effet de ces drogues, ni la dose qu'il fallait prendre, je me fis plus de mal que de bien. Je passai huit jours ainsi, étendu sur l'aire glacée d'une hutte, ayant pour me réchauffer une simple natte et une couverture; puis, j'allai rejoindre la bande qui avait tué pendant ce temps-là une vingtaine d'hippopotames. Gibson, Monies, Arbuthnot et Price n'avaient pourtant pas même tiré.

Je retrouvai les choses en bien meilleur état : une espèce de camp avait été érigé sur une hauteur qui dominait la baie, en face de l'endroit où débouche la Sainte-Lucie. L'établissement était composé de hangars, de séchoirs pour la viande, etc ; plus, une cabane en roseaux, où l'on était presque à l'abri de l'eau du ciel, mais terriblement mouillé par en bas, quand la pluie avait été copieuse. La voix des hyènes et des lions s'y entendait toutes les nuits.

Comme les indigènes dont nous étions entourés ne manquaient plus de viande, ils refusèrent de nous donner de la farine, de la bière, des fèves et du lait, en échange des produits de notre chasse. Voyant cela, Monies fit rejeter à l'eau deux ou trois fois le reste des hippopotames dont nous avions pris ce qui nous était nécessaire; et les naturels, choqués de voir perdre un aliment si précieux, nous apportèrent désormais de petites corbeilles remplies des diverses denrées de leur pays, et nous en firent présent.

21 *février*. — Nous venons d'être attaqués par un hippopotame qui a été bien près de nous faire chavi-

rer. Monies en avait blessé un jeune, qui beuglait de toutes ses forces à côté du bateau ; la mère accourut immédiatement, se jeta sur la barque, la saisit à l'arrière et la mit presque debout. Tirée par Monies, dont la balle lui traversa les poumons, la bête mourut peu de temps après.

28 février. — Belle et bonne chasse à l'embouchure de l'Inyélas ; Arburthnot et Monies tuèrent chacun deux hippopotames ; j'en expédiai quatre à moi seul. Ils étaient réunis plus de quarante. Nous avançâmes rapidement ; conservant la barque en parfait équilibre, afin de pouvoir tirer juste. La voile, un morceau de calicot bleu, fut baissée tout-à-coup ; les hippopotames, curieux de savoir ce qui approchait ainsi, montrèrent d'énormes têtes.

Nous avons tous bien tiré ; Price gouverna le bateau d'une façon admirable. Ce qu'il n'y eut pas de moins amusant, ce fut de voir les Cafres se mettre par vingtaines pour aller chercher le gibier. L'eau étant basse près du rivage, ils se prirent par la main et, poussant des cris effroyables, ils entrèrent dans la baie. Les crocodiles n'osèrent pas attaquer une bande aussi nombreuse ; ils reculèrent, et permirent aux nageurs d'aller très-loin du bord. Ce fut de la part des naturels une preuve de grand courage ; car pas un d'eux ne se serait aventuré dans l'eau profonde, s'il avait été seul, ou avec une bande insuffisante.

5 Mars. — Pluie et tonnerre pendant toute la nuit ; un vrai déluge. Le lendemain matin, nous ressemblions à des rats noyés. C'est alors que je repris mes accès de fièvre. Gibson, ne pouvant supporter mes convulsions et mes claquements de dents, s'enfuit avec deux Cafres; il alla rejoindre le chariot et les bagages que nous avions laissés à l'Omphilosie noire. Je suis persuadé que cette résolution lui a sauvé la vie.

9 *Mars*. — Arrivée d'Edmonstone, qui apportait des nouvelles de White; celui-ci ne venait pas et nous faisait dire de lui envoyer immédiatement l'ivoire, la graisse et le lard, etc.; en un mot tous les produits de notre chasse, c'est-à-dire les dépouilles de cinquante-cinq hippopotames plus celles d'un éléphant. Les Cafres partirent le 11 pesamment chargés; et nous remenâmes le bateau à l'embouchure de l'Inyélas.

Le 12 nous levâmes le camp; c'est-à-dire que, suivant l'usage, on y mit le feu. Nous partîmes à notre tour avec trente porteurs qui furent payés en fil de laiton et en salempore ou cotonnade bleue.

Je n'arrivai que le 15; je respirais à peine; le voyage m'avait accablé. Inyati marchait devant moi; il portait tous mes bagages, excepté mon fusil que j'étais obligé de traîner. Souvent à bout de forces, je tombais sous un arbre, et j'y restais sans pouvoir me relever. Inyati m'appelait, criait, se fâchait en vain et continuait sa route. Le pauvre garçon ne portait pas moins de trente-six kilos, y compris une énorme calebasse remplie de la graisse dont les Cafres s'enduisent la peau, et à laquelle mon noir attachait une immense valeur. Il ne pouvait donc me prêter aucune assistance; mais son départ n'était qu'une feinte. Le brave garçon revenait bientôt et restait là jusqu'au moment où il me revoyait debout. En dépit de tous ces retards, nous finîmes par atteindre les wagons. J'étais épuisé.

Le 16, nous nous mîmes en route pour Natal. A compter de ce jour-là, je n'ai guère su ce qui s'est passé autour de moi. Vraisemblablement, je suis resté fort longtemps sans connaissance. Tout ce que je me rappelle, c'est qu'Arbuthnot et Monies nous rejoignirent le 20. Arbuthnot se laissa tomber en entrant dans la hutte, et ne se releva plus : le lendemain il était mort.

On pressa la marche le plus possible afin de gagner le Natal et de pouvoir soigner les autres ; mais Price mourut à soixante kilomètres de Durban. Monies, qui n'avait jamais eu même une heure de maladie, fut saisi tout à-coup d'une manière désespérée, et mourut le jour suivant. Mac Queen arriva jusqu'au port, mais il y expira quelques jours après, bien qu'il ne fût pas allé dans la région malsaine. Gibson, les deux Edmonstone et moi, nous restâmes près d'un an sans recouvrer la santé.

Au bout de quelques semaines pourtant, je pus me rendre à Pieter-Maritzbourg, où le médecin m'envoyait pour changer d'air.

Les forces ne me revinrent tout-à-fait que sur les hauteurs de l'Inanda, où j'étais allé rejoindre White, à quinze kilomètres de la mer, et à trente-cinq de Durban.

Je me trouvais là dans une ferme d'environ quatre

mille hectares dont les bâtiments étaient en clayonnage et en pisé. J'y vécus dans une solitude à peu près complète, si toutefois on peut dire que c'était vivre, et j'y passai deux ans, même davantage, à vendre aux Cafres les bestiaux que White se procurait chez les Zoulous, et qu'il m'envoyait ou qu'il amenait lui-même. J'y ai fait des ventes de quarante et quelques bœufs par jour ; et il m'est arrivé d'avoir plus de six cents têtes de gros bétail à la fois, valant, à cette époque où la pleuropneumonie était inconnue, de onze à cinquante francs par tête, que les Cafres du Natal nous payaient en numéraire.

Cette vie était monotone, excédante, horrible. Rarement pouvais-je décider quelqu'un à venir me voir ; et pour que quelque individu restât avec moi il devait se trouver sans gîte et sans argent. Dès qu'on le pouvait, on me quittait. Qu'avais-je à donner pour retenir les visiteurs ? des volailles étiques, du bœuf salé, du riz ; un pain mal cuit et mal levé ; quelquefois de l'antilope, des perdrix et de l'outarde ; et pour unique breuvage du thé et du café ! Je dois cependant mentionner des flots de lait, dont se gorgeaient les Cafres et les chiens. J'ignore s'il aurait été possible de s'installer d'une manière plus confortable ; tout ce que je puis dire c'est que l'expérience que j'avais faite de cette existence, m'en rendait la continuité si effrayante que je repris mes courses aventureuses. J'avais bien eu toujours deux ou trois chevaux et une masse de chiens qui, avec mes fusils, m'aidaient à passer les journées ; mais la longueur des soirées, les rugissements de mes Cafres prolongés parfois jusqu'à minuit ; les rats que j'entendais crier, gratter, ronger partout ; les fourmis blanches qui avaient mis en lambeaux tout ce que j'avais apporté, et minaient rapidement les murailles, me firent penser qu'un nouveau tour chez les Zoulous serait préférable à tout.

Bref, je fermai l'établissement et j'en partis pour ne plus y revenir.

Le 15 juillet 1853, Gibson et moi, tous les deux à cheval, et suivis de deux chariots traînés par des bœufs (1), nous quittions donc les bords de l'Inanda, en chemin pour le pays des Zoulous.

17 juillet. — Nous ajoutons à notre chargement cent

---

(1) Aux détails que contient l'introduction de notre édition de M. Baines (*Voyages dans le Sud-Ouest de l'Afrique*), nous ajouterons ceux qu'a recueillis Mme H. Loreau, et qui sont des plus curieux. « L'extrémité du timon reçoit une grande longe à laquelle s'attachent les douze bœufs, quelquefois dix-huit ou vingt. Dans les endroits difficiles, quand, par exemple, on descend une cascade de pierres, bordée d'un précipice, ou quand la plaine est profondément ravinée, couverte des édifices des termites ou fouillée par des animaux souterrains, un homme prend la courroie qui est attachée aux cornes des bœufs de tête et il dirige l'attelage. Sur le siège, est le cocher armé du chambok, destiné aux bœufs qui sont près de lui, et d'un fouet dont le manche a six mètres de longueur, et la courroie neuf mètres. Cette arme puissante, dont le claquement équivaut à la détonation d'un fusil, permet d'atteindre jusqu'au bout de l'attelage et ne tarde pas à être si bien connue des bœufs qu'il suffit de crier les noms des pauvres bêtes pour s'en faire obéir. Qu'on se figure la difficulté de conduire une telle file de bœufs traînant une longue et pesante machine par monts et par vaux, et l'on comprendra que cette besogne soit à la fois pleine d'intérêt et d'émotion. » — H. L.

soixante-trois kilos de grains de sorgho (1), une quantité de couvertures, et des trappes appartenant à Edmonstone.

En tombant, le 20, d'une côte rapide dans un bourbier, le wagon éprouva un arrêt subit qui me lança en bas du siége. La roue de devant me passa sur le genou; mais, repoussé en dehors de la voie, j'évitai la roue de derrière, en sorte que j'en fus quitte pour une contusion. Je l'échappais belle, car il y avait dans le chariot, outre les autres chargements, des houes en fer, pesant près de treize cents kilos. J'aurais eu l'os broyé si le terrain avait été plus résistant. Bien qu'il n'y eût pas de fracture, ma cuisse n'en était pas moins fort malade et les cahots me faisaient beaucoup souffrir. On fut obligé, tant le gonflement avait été rapide, de fendre mon pantalon pour me l'ôter; et, pendant les douze heures suivantes, deux femmes, les épouses de nos cochers, me frictionnèrent avec de l'essence de térébenthine et de l'huile, leur remède infaillible pour toutes les meurtrissures.

La beauté, la délicatesse des mains et des pieds de ces Hottentotes, la finesse de leurs poignets et de leurs chevilles, forment un singulier contraste avec leurs figures d'une laideur aussi repoussante au moins que celle des singes.

(1) *Mealy* (prononcez *milet*) est l'imphi, millet d'Afrique, blé cafre, houque, sorgho, en latin *holcus*; cette graminée, qui a beaucoup d'importance parmi les substances alimentaires d'une partie du monde, forme des épis assez semblables aux panicules plumeuses que portent les roseaux en fleur. Il est représenté à la gravure de la page 46 de notre édition des *Sources du Nil*. — J. B.

Le 21, nous allâmes jusqu'à l'Omvoti, où Gassiot nous attendait depuis trois semaines.

Le 22, nous arrivions à la Touguéla, frontière septentrionale de la colonie. Le fleuve a huit cents mètres de large; mais l'eau était basse, et le passage se fit sans accident. Plus loin, à six kilomètres environ, nous rencontrâmes M. Clifton de Lytham. Il était comme nous en partie de chasse, et nous attendait depuis quelques jours. Nous le trouvâmes fort abattu : un de ses amis, M. Fletcher, nouvellement débarqué dans le Natal, venait d'être broyé sous ses yeux par le premier éléphant qu'ils eussent rencontré, avant même qu'ils eussent tiré un seul coup : triste début!

Ici le gibier est rare et farouche; mais nous sommes bien approvisionnés d'amas (1), de lait, de sorgho, de tchualla (2), en un mot de tous les produits cafres; l'achat de ces denrées nous procure des scènes divertissantes.

Nous examinons aussi avec curiosité le soufflet de deux forgerons indigènes, qui essayent de réparer l'un de nos chariots. Cet instrument est composé d'un tuyau d'argile, et de deux cornes de vache, fixées à deux sacs en cuir, que l'on ouvre et que l'on ferme tour-à-tour. Son emploi exige une certaine adresse; mais, habilement conduit, ce soufflet donne réellement un bon courant d'air et embrase le bois en quelques minutes.

(1) Lait caillé.
(2) Bière cafre. Est-elle, comme le boyalo ou oalo des Cololos, brassée avec de la farine de sorgho ? (V. notre édition des *Explorations dans l'Afrique Australe*, par Livingstone, p. 63.) — J. B.

Nous avons, le 7 août, gravi la montée pierreuse où réside Panda; une des plus mauvaises routes que nous ayons jamais vues. Le chariot arriva sain et sauf, mais c'est tout ce que vingt-deux bœufs avaient pu faire que de le traîner jusqu'au sommet; il est vrai que les pauvres bêtes ne jouissaient pas de tous leurs moyens; la plupart avaient la langue et les pieds malades (1).

Le lendemain, nous apercevions Nedwingou, la demeure du chef, vingt-quatre kilomètres avant d'y arriver, à cause des montagnes qui nous en séparaient; la maladie des bœufs nous faisait marcher très-lentement.

Le 10, les Hottentots, en nous apportant du bois le soir, nous dirent qu'il y avait un troupeau de buffles aux environs de l'Omphilosie. Nous résolûmes de les attaquer le lendemain matin.

Nous partîmes donc au point du jour avec sept fusils. Au bout de trois quarts d'heure d'une marche rapide, sur un sol horriblement rocailleux, nous étions en vue d'un troupeau d'une quarantaine de bêtes, mais au bruit que nous avions fait en courant sur les pierres, il avait pris la fuite avant qu'on eût pu faire feu. Après deux heures de course, d'allées et de venues dans tous les sens, nous avions tué cinq buffles. Steele avait failli être

(1) La dernière de ces deux affections est le *klauw sickt* des boers; dans cette maladie, la partie postérieure du sabot se détache, ce qui donne aux bœufs l'air d'être en savates. Malgré la douleur qui en résulte pour l'animal, les boers pensent que la marche, en pareil cas, est moins nuisible qu'un repos absolu. — H. L.

victime d'un jeune taureau qui, malgré ses blessures, une jambe cassée et la queue tranchée, l'avait poursuivi et frappé au talon comme il sautait dans un arbre épineux. Je tuai pour ma part une jeune et belle vache grasse, que pressaient rudement trois chiens lancés à toute vitesse; ma balle lui traversa l'épine dorsale et les poumons, et au bout de quelques pas la vache tombait en mugissant, presque sur la tête du bouvard qui avait chargé Steele, et que je tuai un instant après.

Elle fut réclamée par Anton, qui l'avait tirée d'abord; il ne l'avait pas même blessée : mais ici, les règles de la chasse veulent que la bête appartienne au premier qui l'a touchée; en ce cas, la balle fait preuve. Edmonstone avait le même droit à réclamer le jeune mâle, de sorte que j'avais chassé pour rien.

En entendant la fusillade, les Zoulous étaient accourus comme une bande de vautours; mais les francs paresseux ne voulurent pas nous aider à transporter la venaison. L'un d'entre eux, surpris à se découper de belles tranches dans un cuisseau qui avait été mis à part, nous fut amené par nos Cafres. Il reçut de la main de White un coup de pierre dans le côté, et les autres s'éloignèrent pour quelque temps. Ils savaient bien qu'en fin de compte ils auraient la part du lion. Quand nous aurions eu vingt fois plus de monde, nous n'aurions pas pu transporter en un jour la viande de six buffles à une distance de six kilomètres et surtout par de semblables chemins, des côtes pierreuses et des montées à pic. Une fois la nuit arrivée, ils pouvaient tout prendre sans crainte. Cependant White resta sur les lieux pour surveiller l'enlèvement des morceaux de choix, tels que la langue, etc.

Nous étions de retour vers midi. On prit énormément de thé, de café; puis on déjeûna de rognons de buffle, morceau friand, de cailles, et d'un dikkof (1), le meilleur gibier à plume de toute la colonie, aussi fin que la bécasse. Nos chiens partagèrent cette bombance, et mangèrent tant qu'ils purent avaler.

12 *août*. — Ayant traversé l'Omphilosie dans l'après-midi, nous allâmes camper à un mille du kraal de Panda, que nous nous proposions de visiter le lendemain. Ce kraal, dont la circonférence est de quatre kilomètres, renferme environ deux mille cases. La noire Majesté ne daigna pas se montrer, mais nous eûmes l'honneur de boire une calebasse de bière cafre ou tchualla avec son premier ministre, Likouasi, par l'entremise duquel nous adressâmes au chef les couvertures et les grains de verre que nous lui apportions.

Les journées suivantes furent pluvieuses, et chacun en profita pour raccommoder ses chaussures et pour s'en faire de neuves.

22 *août*. — Accompagnés de trois indigènes, nous partons, Edmonstone et moi, pour gravir la plus haute montagne du voisinage. Après un grand jour de marche, nous arrivons dans une petite vallée où nous achetons de l'amas, de la farine et du tchualla, que nous payons avec des grains de verre. Une outarde grasse nous fait un souper somptueux, et nous couchons

(1) Littéralement « grosse tête, » œdicmène du Cap.

dans un kraal. Le lendemain matin, a lieu notre ascension : l'effort est long et rude, un pénible coup de collier ; mais quelle belle vue ! partout des montagnes ; le pays, toutefois, est mal boisé.

Le jour suivant, nous rentrions à notre bivouac vers midi, accablés de fatigue et les pieds écorchés.

31 août. — Nous sommes montés à cheval de bonne heure pour aller faire une visite à Panda, mais nous nous étions trop hâtés : Sa Majesté dormait encore, et les fidèles qui l'entouraient n'osaient pas troubler son sommeil. Au bout de quelque temps, on nous prie de retourner à la porte du kraal, et d'y rester jusqu'à nouvel ordre. Nous partons aussitôt ; mais pour revenir au camp sans avoir vu Panda. Alors, nous faisons un feu de joie des cases de nos hommes, et nous nous mettons en marche pour continuer notre voyage.

A peine avons-nous fait trois kilomètres que nous voyons arriver l'un des capitaines du roi ; il est furieux et jure, par les os des très-redoutés Dingaan, Djakka, et autres guerriers célèbres (1), que si, à l'instant même, nous ne revenons pas au kraal, un impi, ou régiment de cinq cents hommes, fondra sur nous et nous tuera immédiatement. Trop excité pour rien entendre, il ne veut pas qu'on détèle les bœufs ni qu'on s'arrête une seconde. Il nous montre un cours d'eau situé à vingt pas, et dit que le premier d'entre nous qui passera le ruisseau donnera le signal de l'attaque.

---

(1) Djakka et Dingaan sont des prédécesseurs de Panda, célèbres par leur courage et leur tyrannie, comme on peut le voir dans une note du second chapitre. — J. B.

Nous sommes entièrement au pouvoir de ces sauvages, et, comme la prudence fait partie du courage, nous nous soumettons à l'ordre qui nous est donné. Au fond, Panda s'est toujours opposé au désir que nous avions de suivre ce chemin; et, de la part de White, il y avait erreur ou folie à choisir précisément la route qu'on nous avait défendue : c'était braver le lion dans son antre. Arrivés à la porte du kraal, nous passons pendant près de deux cents mètres entre une double haie d'hommes magnifiques, armés de sagaies, de boucliers, de couteaux et de massues, pressés les uns contre les autres, et n'attendant qu'un signe de leur chef pour nous exterminer. C'est un moment d'émotion. Pour ma part, je le trouve fort déplaisant. Tous nos Cafres sont dans la plus grande alarme. Chacun est silencieux, et le pauvre White paraît terriblement vexé. Pour lui rendre justice, je dirai que, s'il avait près de lui quelqu'un d'entre nous, il aimerait beaucoup mieux tirer sur ces gens-là, quitte à périr lui-même, que de voir des blancs réduits à plier devant un Cafre; mais c'est à son entêtement que nous devons notre humiliation.

Likouasi, le premier ministre déjà nommé, vient à notre rencontre; c'est un homme gros et gras, de belle humeur, un joyeux compère, et tout s'arrange à l'amiable. Mais la région, où depuis si longtemps nous rêvions de pénétrer, nous est formellement interdite; il faut nous contenter de la chasse que Panda juge à propos de nous permettre dans la forêt de Slatakoula : le vieux renard sait bien qu'on y trouve rarement un éléphant qui vaille la peine d'être tiré. C'est un fin matois que ce vieux sauvage : Clifton, qui avait grande envie de le connaître, lui fit remettre de nombreux présents ; il a parfaitement accepté les couvertures, les perles, etc., etc., mais il a répondu à ceux qui lui demandaient une audience pour le donateur : « Je n'ai rien à lui dire ; me prend-il pour une bête curieuse qu'il est si désireux de me voir ? » et, de toute notre bande, il n'y a eu que White et l'interprète qui soient arrivés jusqu'à lui.

1er *Septembre*. — Nous revenons sur nos pas.

2 *Septembre*. — Nous avons gagné sains et saufs le bas de la montagne pierreuse de Panda, où Steele nous a quittés.

Le lendemain, en cherchant la grosse bête, nous sommes tombés dans une vallée profonde de l'Omphilosie blanche. Le retour a été pénible, à cause des pentes que nous avons eu à gravir ; et nous n'avons rapporté qu'un élan mâle. Deux jours après, nous quittions la route, afin de nous rendre au fourré de Slatakoula. Obligés d'ouvrir à travers les broussailles une voie pour le chariot, nous avancions très-lentement.

7 *Septembre*. — Les Zoulous nous disent qu'il y a dans notre voisinage une troupe considérable d'éléphants. Je pars avec deux Cafres et deux Hottentots. Nous soupons d'un morceau de buffle, et nous passons une assez bonne nuit à la belle étoile, en dépit de quelques averses. Repartis au lever du soleil, nous chassons avec courage, mais sans rien voir, et nous

revenons au camp, persuadés que nous avons été victimes d'une mystification.

Le 10, après nous être ouvert, avec beaucoup de peine, un chemin dans le fourré, nous nous trouvons en face de l'Omphilosie noire. De l'endroit où le chariot s'arrête, nous apercevons trois rhinocéros, une bande d'élans, et un troupeau de buffles.

Nous sommes tenus éveillés presque toute la nuit par les loups, les lions, les léopards. Mon chien Fly s'éloigne un peu trop du bivouac; il est saisi à la gorge par un de ces derniers, est horriblement mordu, et néanmoins s'échappe.

11 *Septembre*. — Passage de l'Omphilosie noire, — un très-mauvais gué. Nous nous arrêtons au milieu d'une herbe fraîche et nouvelle qui, après les chaumes flétris et desséchés que nous voyons depuis longtemps, repose agréablement les yeux.

Les Cafres nous disent que les lions ont pénétré, la nuit dernière, dans l'intérieur de la palissade. Nous prenons des mesures en conséquence : nos chariots sont traînés sur la hauteur; nos chevaux, enfermés dans une enceinte que nous avons faite de notre mieux; et chacun s'endort la main sur son fusil, mais les lions ne se montrent pas.

12 *Septembre*. — Le convoi se divise : les deux chariots de White et celui de Gassiot, accompagnés de Maclean et d'Edmonstone, nous quittent pour affaires de commerce. Clifton et moi, nous restons ici avec l'intention d'y chasser toute la semaine. La première chose que nous faisons le lendemain matin, est

de nous séparer des Cafres dont les cris nous assourdissent.

Nos gens vont s'installer à plusieurs kilomètres du kraal, tandis que j'étais resté en arrière avec Leggins. Bientôt nous nous égarons, n'ayant pas bien compris où l'on allait s'établir, et la nécessité nous apprend l'art de faire du feu au moyen de deux bâtons secs.

J'aperçois un buffle qui galopait tranquillement dans la direction de Leggins; je crie à ce dernier de se tenir sur ses gardes, espérant que la bête ne lui échappera point; mais il l'avait vue, et courait de toute la vitesse de ses jambes, se réfugier dans un arbre. Le taureau, c'était un vieux mâle, flairait le danger, sans savoir toutefois d'où venait le péril; il s'arrêta précisément sous l'arbre où était Leggins. Celui-ci était si paralysé par la peur qu'il n'eut pas la force de tirer, et ce n'est que longtemps après qu'il osa quitter son poste; encore ne mit-il pied à terre que pour s'enfuir à toutes jambes, persuadé que c'était lui, et non le buffle, qui l'avait échappée belle.

Le 15 septembre, comme nous cheminions, un vieux buffle arrive qui se dirige du côté d'un hallier; je presse le pas, nous nous croisons dans le lit d'un torrent, je saute par terre et lui envoie une balle au moment où il émerge du ravin; et je crois lui avoir cassé une jambe. Il s'éloigne en boitant très-bas, je me mets à sa poursuite; il s'arrête sous un arbre et, tandis que je me place de côté, pour le prendre en flanc, il me charge tout-à-coup avec tant de fureur et de vitesse que mon cheval pirouette sur lui-même avec la rapidité d'une balle, s'enfuit à travers bois, et me fait sauter mon fusil de mes mains; les branches me cinglent; l'une d'elles me frappe en pleine poitrine; heureusement je ne suis pas désarçonné.

Le buffle en fureur n'est pas à deux pieds des talons de Billy, et cette chasse se prolonge sur une longueur de quatre cents mètres. Enfin je réussis à me détourner; je retrouve mon fusil et cours rejoindre le buffle au milieu des buissons. Je le tire une seconde fois, il s'élance de nouveau pour l'attaque, mais, n'osant pas se découvrir, il bat en retraite et disparaît. Je fais un détour qui nous remet en présence, il m'a vu et prend l'offensive; mais nous sommes maintenant en lieu découvert, et c'est moi qui ai l'avantage. Je lui permets donc d'approcher; cependant, comme il persiste à me présenter les cornes, j'ai de la répugnance à me dessaisir de ma dernière balle, et je suis longtemps avant de trouver un coup à ma guise. Il finit par se placer de côté, et je lui envoie la balle qui l'achève. C'est assurément le plus sauvage et le plus féroce de tous les monstres que j'ai eu le plaisir de voir.

Maintenant, pour revenir au camp, je devais faire plus de douze kilomètres dans un état pitoyable : je n'avais plus de chapeau, ma chemise était en lanières; le soleil, d'une effroyable ardeur, me brûlait tout le corps; j'avais la peau couverte d'ampoules qui me causaient de vives douleurs, et ma gorge et ma langue étaient desséchées par une soif dévorante

Quand je fus rentré, on me couvrit de la tête aux pieds d'une couche de graisse d'élan qui me soulagea beaucoup; mais je restai plusieurs jours sans savoir dans quelle position me mettre, en raison de l'étendue des coups de soleil : pas un atome de peau ne me resta sur le corps. Je n'ai jamais autant souffert.

16 *septembre*. — Les deux journées précédentes avaient été rudes pour Billy ; je m'en allai donc à pied. Un buffle, qui d'abord s'éloigna au petit galop, s'arrêta dans les buissons ; je le suivis et, l'ayant tiré, j'entendis la balle toucher ; mais il était loin, et s'enfuit à toutes jambes. Frappé une seconde fois, il ne parut pas s'en ressentir. Je le suivais toujours, et finis par le voir étendu tout de son long. Je parlais aux Cafres qui m'avaient accompagné, lorsque la bête se releva subitement et parut en face de nous. Mes Cafres se réduisirent en fumée. Je tirai sur le buffle, mais la balle que j'avais destinée à la poitrine alla frapper l'encolure, et il se précipita vers moi. Crafty, l'un de mes chiens, se trouvait par bonheur entre nous deux ; c'est lui qui reçut l'attaque. Pendant ce temps-là, je rechargeai et me plaçai dans une meilleure position. La bête, évidemment blessée d'une manière grave, se coucha de nouveau ; je lui envoyai mes deux coups, mais elle ne mourut qu'à la cinquième balle, tant chez elle la vie était tenace. Je vis reparaître mes Cafres, dès que mon buffle fut mort.

Le 26 septembre, quinze Zoulous sont venus nous trouver au camp, et nous dire qu'ils avaient faim. Je partis pour leur tuer quelque chose. Nous marchâmes longtemps sans rien voir, mais je fus enfin récompensé par la découverte d'un troupeau de buffles qui s'apercevait au loin. Nous cernâmes la bande par une manœuvre très-savante, et j'eus la chance de tuer raide un jeune mâle, en assez bon état de graisse.

On fit immédiatement du feu, puis, dévorant tour-à-tour un morceau de viande rôtie et un volume égal de la curée au naturel, les Cafres eurent bientôt fait disparaître une bonne partie de la venaison.

27 septembre. — Pluie diluvienne toute la journée. Comme les loups étaient importuns, nous avons établi un fusil-piége, et tué un vieux mâle qui a reçu la charge dans la tête.

29 septembre. — Les mugissements des bœufs et les aboiements des chiens nous ont réveillés cette nuit. Il ne faisait pas très-noir ; je saisis le grand fusil rayé de Clifton, m'élançai au dehors et courus à l'aventure. Bientôt, j'aperçus, au sommet d'une hutte de six pieds d'élévation, le cocher de notre chariot qui hurlait pour avoir une capsule. Au moment où j'arrivais près de lui, expirait la voix de notre pauvre bœuf, couverte par le grondement des lions qui n'étaient pas à quinze mètres de nous, mais que l'obscurité empêchait de voir. Je tirai dans la direction des rugissements, juste au-dessus de la masse du bœuf, qui s'entrevoyait dans l'ombre. Diza, notre cocher, suivit mon exemple, et, comme les lions ne paraissaient pas même s'en être aperçus, je leur envoyai un second coup.

J'étais en train de recharger mon fusil, quand je sentis que la bête arrivait. Ce fut un éclair. Au même instant, j'étais lancé en bas de la cabane par la tête du lion qui me frappait en pleine poitrine, et me faisait faire une demi-douzaine de culbutes. Je fus debout en une seconde, et franchis une palissade qui se trouvait derrière moi. J'avais bien mon fusil, mais en tombant le canon s'était bouché avec de la terre. Je courus alors au chariot, et sautai sur le siége; j'y trouvai tous nos Cafres suspendus comme des singes, et Diza perché au-dessus d'eux tous. — Par quel miracle celui-ci, qui était tombé avec moi, était-il arrivé là avant moi? je me le demande encore.

Deux minutes plus tard, un lion emportait l'une des cinq chèvres qui étaient entravées au pied de la cabane dont nous avions été si brutalement éconduits. Croyant qu'il serait plus heureux cette fois, Diza tira du poste élevé qu'il occupait et, le recul l'ayant rejeté en arrière, il tomba sur la tente qu'il écrasa dans sa chute, nous donnant le spectacle le plus drôle qu'on puisse imaginer.

Ce dernier épisode ayant mis le comble à notre défaite, nous laissâmes les lions achever tranquillement leur repas, qui nous parut d'une assez longue durée et pendant lequel ils ne cessèrent de rugir.

Suivant les Cafres, ils étaient cinq convives. Je tirai de nouveau, mais sans produire aucun effet; et nous restâmes perchés, grelottant de froid, car nous étions nus, jusqu'au moment où l'approche du jour fit battre l'ennemi en retraite.

J'avais regagné mes couvertures avec bonheur, et je commençais à me réchauffer, quand, un coup double m'ayant arraché à cette béatitude, j'appris que le conducteur de notre chariot et celui de nos chevaux croyaient avoir tué le lion. Rendus sur les lieux, nous trouvâmes en effet une lionne superbe, à qui une balle avait traversé les côtes : un coup d'adresse, car l'animal se trouvait au moins à cent cinquante mètres. Une autre balle avait pénétré derrière la nuque et, longeant l'épine dorsale, ne s'était arrêtée que près de la naissance de la queue. Comme elle m'appartenait — c'était l'une de celles que j'avais tirées avec le fusil de Clifton, — j'avais droit à la bête, et je me mis à la dépouiller sur-le-champ.

Diza, qui était avec moi sur la hutte, avait reçu un coup de griffe dans la cuisse au moment où nous avions été renversés et la crosse de son fusil avait été labourée d'une manière effrayante. L'ennemi était dangereux.

Une vieille Zoulou, femme intrépide, s'était pourtant tenue dans la cabane, sans avoir même une porte qui la séparât des lions, et n'avait pas bougé plus qu'une souris jusqu'à la fin de la crise.

6 octobre. — Nous nous sommes arrêtés hier au soir à deux kilomètres de l'Omphilosie.

Ce matin, Jack et moi, partis avant le jour, afin de rapporter une ou deux oies sauvages, qui abondent près de la rivière, nous sommes revenus tout simplement avec un héron bleu et deux cailles. Ce n'est pas que les oies nous aient manqué, j'en ai tiré plusieurs; mais pour les abattre, il faut une forte dose de plomb. Pendant qu'on attelle les bœufs, nos cailles, admirablement accommodées par Leggins, nous composent un excellent déjeuner. Je monte à cheval, aussitôt le repas fini ; mes Cafres emportent les plats, les assiettes, le chaudron, les poêles, les condiments, et nous rattrapons le chariot au bord de la rivière, dont le passage est brillamment effectué, mais non sans peine, le gué ayant plus d'un mètre d'eau, sur une couche de sable mouvant.

Au déclin du jour, nous apercevons deux chariots arrêtés près d'un kraal ; nous faisons dételer, et nous allons trouver les voyageurs. Clifton leur achète trois bœufs, et nous passons gaiement la soirée tous ensemble, apprenant des nouvelles, entre autres que l'Angleterre et la France sont en guerre avec la Russie.

Nous sommes arrivés, le 12 octobre, à la demeure d'un missionnaire. Le révérend n'y est pas ; il a été demandé par Ombop, un chef Zoulou, pour aller à cent soixante kilomètres à peu près, empoisonner des lions. Nous trouvons bien sa femme, mais nous ne pouvons en rien tirer : elle est Norvégienne et ne connaît pas un mot d'une langue étrangère. Clifton lui parle cafre et anglais tour à tour, revient à la charge en français, tout est inutile, et nous quittons cette brave dame sans avoir réussi à nous faire comprendre d'elle.

Le 15, je tranche d'une balle la tête à un koran (1) ; elle a été coupée net, et je la retrouve dans l'herbe à sept mètres du corps.

(1) Koran, nom sud-africain de plusieurs outardes de petite taille : le koran à ventre noir (*otis melanogaster*), qui habite les buissons, est très-bon à manger, ainsi que le koran à crête rouge (*otis ruficresta*) ; mais le koran de plaine (*otis affra*) est détestable. (Note du traducteur, due à l'obligeance de M. Jules Verreaux.)

18 *Octobre*. — Comme j'ai donné à Billy un jour de repos, je m'en vais avec un petit chien mâtiné, qui me fait tuer six cailles et une perdrix. Nous sommes rencontrés par un oiseau indicateur; il nous appelle vigoureusement, et nous conduit auprès d'une ruche; mais nous y trouvons peu de miel, en raison des pluies incessantes. J'ai eu néanmoins beaucoup de plaisir à suivre le pauvre petit; cette course excite un intérêt qui passionne.

19 *Octobre*. — Sortis pour aller chercher un élan (1), Clifton, son Cafre et moi, nous avons pris chacun une route différente. Comme je gravissais une haute montagne après avoir couru longtemps sans rien voir, j'aperçus de loin un troupeau nombreux. Avant que j'eusse pu le rejoindre, il s'était mis en marche; mais, le terrain et le vent m'étant favorables, j'arrivai jusqu'à six cents mètres de la bande, sans qu'elle en prît ombrage. Néanmoins elle était sur ses gardes et, trois indigènes étant venus à passer sur la route, elle s'éloigna rapidement.

Mon chien, s'élançant au milieu du troupeau, en détacha une femelle et la poursuivit en ligne droite sur un terrain bourbeux. J'étais heureusement du bon côté, et galopant le plus vite possible, j'arrivai à cinquante pas de la bête. « Maintenant ou jamais, » pensai-je. Elle courait comme le vent; je sautai de cheval, et fis feu : j'avais manqué mon coup.

Comme mon cheval me semblait prêt à fournir une

---

(1) Fort différent de celui de l'hémisphère septentrional, cet élan est l'antilope *oreas*. — J. B.

nouvelle course, je le remis sur les traces de la bande et bientôt j'aperçus les élans qui traversaient un marécage, en se dirigeant vers nous. Je parvins à faire traverser la fondrière à Billy et lui accordai une minute pour souffler; ensuite, comme nous avions gagné huit cents mètres, je fus immédiatement au milieu du troupeau. J'en séparai un mâle, qui bondit, m'entraînant dans sa fuite.

La distance que nous venions de franchir, et les difficultés de la course à travers un sol défoncé, commençaient à fatiguer mon cheval. Je le sentais redoubler d'efforts, et il m'avait l'air de perdre du terrain. J'arrêtai donc, à cinquante mètres de l'élan; mais j'étais si fatigué que je manquai cette fois encore.

Néanmoins Billy avait recouvré ses forces avant que mon fusil fût rechargé. Il était si impatient de repartir, que j'eus beaucoup de peine à faire descendre ma balle jusqu'au fond; et je n'avais pas le pied à l'étrier, qu'il galopait ventre à terre. La bête qui, pendant ce temps-là, chassée par mon chien, fuyait d'un trot soutenu, avait pris une avance de quatre cents mètres.

Veillant sur mon cheval avec un soin extrême, lui épargnant des efforts et le sauvant des obstacles, je regagnai peu à peu le terrain perdu. Nous courûmes ainsi longtemps. Tout-à-coup, je vis Clifton et son Cafre déboucher en face de nous. Clifton se détourna pour me laisser l'honneur. L'élan se précipita, lui présentant les côtes à une distance de moins de vingt mètres. Singulière tentation pour un homme qui tient à la main un fusil! Cependant Clifton laissa passer la bête. En voyant d'autres chevaux, Billy fit un suprême effort ; il courut droit au vieux mâle. Cheval et cavalier faisaient tout ce que permet la nature. L'élan, jarrets déployés, tendait toutes ses fibres pour gagner la rivière qui n'était pas à cent mètres. Il ne devait pas l'atteindre : je tirai ; ma balle, lui traversant la croupe, arriva droit aux poumons, et l'animal tomba mort à quelques pas plus loin.

Nous ruisselions, Billy et moi, comme un bief de moulin. J'ôtai au cheval la selle et la bride ; en un instant, il fut remis.

Le prix de la victoire était un noble animal, dont la longueur comptait trois mètres non compris la tête. Sous le rapport de la chair, il se trouva de premier ordre. Les Cafres arrivèrent au bout d'une heure; on dépouilla l'élan, qui fut immédiatement détaillé ; la graisse fut mise à part, et je revins au camp, ayant en travers de ma selle la poitrine de mon gibier. Quant à nos hommes, ils firent du feu et passèrent toute la nuit en festin, à l'endroit où nous avions fait la curée.

21 *Octobre*. — Après un déjeuner succulent, composé de langue de buffle et d'un os à moelle (1), je partis, suivi de mon Cafre, qui tenait Billy en main. J'étais résolu à ne monter à cheval que si je voyais un

---

(1) L'éléphant, l'élan, le rhinocéros et l'hippopotame ont les os celluleux et dépourvus de canal médullaire ; toutes les cellules qui les composent sont remplies d'une graisse fine et moelleuse qu'on en retire par ébullition ; mais concassés, pour en mettre à nu les alvéoles, et sucés crus, ces os, très-recherchés des Africains, sont pour eux une friandise. « J'avoue qu'ils n'ont pas tort, » écrit Delegorgue après en avoir goûté. — H. L.

buffle ou un élan, et, comme j'avais l'intention de passer la nuit dehors, j'emportai une couverture.

Il y avait à peu près trois heures que nous étions en marche, lorsque nous vîmes une belle troupe d'élans dont nous approchâmes sans être aperçus jusqu'à environ cinq cents mètres. Ce n'est qu'au dernier moment que je sautai sur Billy. Parti à fond de train, j'eus bientôt regagné la bande et avisé le plus gros mâle; mon chien et le cheval s'y attachèrent comme des sangsues. L'animal bondissait, dévorait l'espace, et faisait mille efforts pour rejoindre la harde. Ne pouvant y parvenir, il se précipita au bas de la colline en se dirigeant vers la Matakoula.

J'arrêtai Billy dans les roseaux qui bordent la rivière, et, au moment où la bête reparaissait sur l'autre rive, je la frappai d'une balle au cœur et la tuai sur le coup.

Après avoir coupé la queue de l'élan en guise de trophée, nous cachâmes la graisse et les meilleurs morceaux sous les pierres; puis, nous chargeant de la poitrine et de quatre os à moelle, nous descendîmes vers l'embouchure de la Matakoula pour y chercher des hippopotames; mais nous n'en trouvâmes point.

27 Octobre. — Nous rencontrons George Shadwell et ses compagnons, qui sont comme nous sur leur retour; ils ont tué cent cinquante hippopotames et quatre-vingt-onze éléphants : c'est une chasse magnifique; mais ils formaient deux troupes et avaient assez de fusils pour armer un bataillon.

Quelque temps après, nous étions tous arrivés sains

et saufs, et nous nous séparions à Durban, la plupart d'entre nous pour ne jamais nous revoir.

Ce chapitre peut donner au lecteur un aperçu de l'existence qu'on mène dans ces expéditions de chasse. Parfois, on y est assez misérable; mais en somme, cette vie errante, pleine d'aventures et d'insouciance, a de grands charmes pour moi.

CHAPITRE II

D'Avril 1854 à Décembre 1856.

Panda prohibe le commerce. — Les Amatongas sont les amis des lions. — Je les nourris. — Leur jardinage. — L'inyala. — Influence de la chemise. — Descente précipitée. — Messe digne de remarque. — Le missionnaire Schrœder. — Repas norvégien. — Comment les Cafres nourrissent leurs chiens. — Périls d'une chasse entreprise par charité. — Je ne travaillerai plus le dimanche. — Guerre civile parmi les Zoulous, qu'excitent les fils de Panda. — La terre est couverte de cadavres, l'air en est empesté.

L'année dernière, c'est-à-dire en 1854, je partis le 10 avril; et comme j'arrivais du Drakensberg (1), où j'étais allé acheter des chevaux, je passai par l'Inanda afin de m'y pourvoir de différents objets. Je ne trouvai sur les lieux qu'un jeune coq solitaire, à qui je fis prendre la fuite, et un merveilleux porc qui est toujours gras, se défend tout seul contre les bêtes sauvages, et garde un vif attachement pour cette habitation, où il fut amené dans son enfance.

Le 15 avril, je me remis en route avec trois Cafres,

---

(1) La chaîne du Draken sépare le Natal et les républiques de l'Orange et du Transvaal. -- J. B.

et passai la Touguéla pour aller rejoindre Edmonstone qui devait m'attendre avec sa société, à une distance de quarante kilomètres, sur les bords de la Matakoula. J'avais le projet de leur donner quelques jours; mais, quand, le surlendemain, je parvins à son camp, je le trouvai parti.

Frustré en même temps du repas sur lequel je comptais, je dus en chercher un autre. La piste fraîche de deux buffles s'étant présentée, je la suivis jusque dans les roseaux; j'aperçus là deux bêtes, mais elles disparurent sans me laisser voir où elles passaient.

Ma faim me rendait de plus en plus féroce. Je me mis donc à poursuivre trois élans, sans le moindre espoir de les atteindre. Ils avaient beaucoup d'avance, et Justice, le cheval que je montais, était un pauvre animal. Nous fîmes cependant plusieurs kilomètres, en conservant notre position; deux fois j'essayai d'un temps de galop, sans y parvenir: Justice n'avait qu'une allure. Enfin, comme je venais de gravir une colline, ayant réussi à presser le pas de ma monture, j'arrivai sur une trentaine d'élans. Je tirai, bien qu'à une assez grande distance, et cassai une jambe de derrière à un jeune mâle, qui, séparé immédiatement de la harde, s'abattit sur une touffe d'herbe, où il fut achevé d'une balle dans la poitrine. Je m'endormis à la belle étoile, après un souper copieux, fourni par cet élan, dont les Cafres me réservèrent la langue et la moelle.

Le 22 avril, au retour d'une chasse infructueuse, où j'avais essayé vainement de tuer un buffle, je trouvai au camp, Maxwell et Proudfoot. Nous passâmes une bonne après-midi à causer, à tirer à la cible, à faire des tours de force, et la journée se termina par des chants.

23 *Avril*. — Nous avons fait plusieurs kilomètres du côté de l'Inyésan. Le télescope nous a permis de découvrir un troupeau d'élans d'une centaine de bêtes. Il est réservé pour demain. Aujourd'hui nous avions à poursuivre un cochon des bois (1). La chasse fut des plus animées : Venture a fait preuve d'autant de courage que de vigueur, et avec le concours des autres chiens, il a fini par tuer la bête.

C'est le meilleur porc qu'on puisse imaginer : bon état de graisse et chair on ne peut plus succulente. Il est salé en prévision de l'avenir.

24 *Avril*. — Toute la bande a pris part à la chasse aux élans; quatre chasseurs à cheval, le reste à pied. A nous tous, nous ne rapportons qu'une jeune femelle. Deux ou trois bêtes ont été blessées grièvement, et sont tombées aux mains des Cafres.

25 *Avril*. — Le camp est transporté quelques kilo-

---

(1) Bush-pig, le bosh-vaark des boers, le sanglier à masque (*sus larvatus*). — Nous pensons qu'il y a ici méprise de la part de l'auteur, car la chair de cet animal est très-mauvaise. Il s'agit probablement du sanglier à large grouin, pacochère du Cap (*sus pacocherus*), qui, malgré son nom et sa qualité de cochon de plaine (vlaacke vaark), hante souvent les bois et produit une viande excellente. La confusion du reste est facile, car le nom de sanglier à masque lui conviendrait beaucoup mieux qu'au précédent. On l'appelle aussi pacochère édenté, parce qu'il est dépourvu d'incisives. Il se nourrit exclusivement de végétaux. — H. L.

mètres plus loin. Nous faisons la trouvaille d'un beau fruit que les Cafres appellent *amabouche*; il ressemble à la mangue pour la saveur, est d'un bon goût et très-sucré. Les buissons du rivage ont été battus sans trouver de gibier. Nous avons pris un bain de mer, qui aurait été fort agréable, si l'on n'avait pas eu à se préoccuper des requins. Le soir nous jouons au whist; la partie se prolonge jusqu'à une heure avancée; on achève le grog, et l'on est trempé toute la nuit : je suppose que c'est par l'eau du ciel.

La chasse du lendemain n'ayant pas eu le moindre succès, on alla s'établir aux environs de l'Omlilas, sur un terrain où l'herbe était nouvelle; nous nous couchâmes sans avoir soupé.

Dimanche 30 Avril. — Journée pluvieuse et sombre; il est difficile de tuer le temps. Vers midi, nous parvenons à faire bouillir de l'eau, et nous prenons du café.

Nous nous trouvons, Harris et moi, dans une assez mauvaise passe : nos Cafres nous ont plantés là.

1er *Mai.* — Répétition de la veille : l'eau filtre sur nous, comme à travers un tamis; nous sommes tout ce qu'il y a de plus misérable. Nous creusons un fossé autour de la tente, ce qui améliore beaucoup la situation; mais nous manquons de bois, et la position est toujours mauvaise. Si nos Cafres nous ont quittés pour se réfugier dans un kraal, c'est parce qu'ils ne pouvaient plus rester dehors avec un temps pareil.

5 *Mai.* — White, Harris et Proudfoot, ayant vu des pistes d'hippopotames, emportent la tente, prennent des

vivres et descendent vers la rivière, avec l'intention de chasser au clair de lune. Je reste au camp, n'ayant personne pour porter mes bagages.

Le premier jour, nous ressemelons nos souliers, et nous surveillons la teinture d'un certain nombre de pantalons et de chemises. Le lendemain nous allons à pied chasser des antilopes de roseaux; la course est longue et le résultat plus que modeste. Nous n'avons rien à manger qu'un steinbok (antilope ibex); c'est peu de chose pour tant de monde.

8 Mai. — Départ de White et d'Harris. Proudfoot, Maxwell et moi, suivis d'une armée de Cafres, nous allons à la recherche d'un buffle, d'un élan, d'un animal quelconque : il n'y a plus au camp une bouchée de n'importe quoi, et nous sommes tous à jeûn. Nous finissons par rencontrer des buffles; un mâle est tué par Isaac, une femelle par Proudfoot.

J'achetai douze livres de grains de verre à Surtees; je fis mes adieux à Proudfoot et à sa bande, et j'allai retrouver les chariots de White, que j'atteignis dans la soirée.

Le lendemain quatre élans descendaient une gorge étroite et se dirigeaient vers nous. On mit pied à terre et l'on gagna en rampant la lisière du ravin; nous avions laissé nos chevaux en bas de la montagne, dans un endroit où l'on ne pouvait pas les voir. J'aurais dû mieux connaître Justice, et ne pas lui accorder tant de confiance. Il m'a fait passer la journée la plus pénible dont je me souvienne, me forçant à le poursuivre dans les herbes et les broussailles les plus horriblement emmêlées qui existent; des épines jusqu'aux aisselles, quelquefois au dessus de la tête, et par monts et par vaux, du fond des gorges au point culminant des rampes : c'était au pied des monts de l'Omgowie. Le soleil était couché depuis une heure lorsque enfin je repris ma bête; j'arrivai au camp, brisé de fatigue. Une seconde épreuve de cette journée m'eût rendu fou, et néanmoins une tasse de café, suivie d'un excellent rognon de buffle, rétablit quelque peu mes forces et me remit en belle humeur.

Nous avons rencontré deux marchands qui s'en reviennent avec leur cargaison, Panda ayant défendu tout commerce. Celui qui enfreint cette défense est condamné à la peine capitale, et trente hommes, avec leurs femmes, leurs enfants et les membres de leurs familles, ont déjà été mis à mort. La terreur qui en est résultée est si grande que personne, dans la tribu, n'ose approcher du wagon d'un traitant. De leur côté, les marchands ont reçu l'ordre formel de partir. L'explication qu'allègue Panda pour ces rigueurs est que deux de ses principaux officiers sont morts de la dyssenterie et que cet évènement l'a plongé dans l'affliction.

Nous nous sommes donné bien du mal le 13 mai, inutilement, car nous sommes rentrés le soir sans même avoir tiré.

White et Harris examinent les provisions qui nous restent; ils trouvent le riz avarié, le sucre et le café presqu'entièrement finis; en conséquence, il est décidé qu'Harris partira pour la baie avec le chariot, afin de nous rapporter des épices, du grain, du plomb, etc. Ce serait folie d'aller plus loin dans l'état de pénurie où nous sommes. Il doit, en outre, se procurer des Cafres pour son service et pour le mien. Pendant ce temps-là, White et moi nous irons chasser dans les montagnes de l'Omgowie, où nous passerons trois semaines sous la toile. Harris et le conducteur partent pour Natal, le 16.

Nos vivres sont suspendus à une espèce de potence, érigée en face de la tente et assez élevée pour que nos cinq chiens ne puissent pas y mordre. Pourtant, quelques jours après, les susdits animaux, profitant de mon absence, — j'étais à surveiller la cuisson d'une fournée de pain, — s'enfuirent avec une oie froide et une potée d'amas. Ils ne nous laissaient que deux morceaux de porc salé.

21 *Mai*. — C'est aujourd'hui dimanche ; ce qui nous empêche de sortir : j'en profite pour nettoyer mes trois fusils, ne croyant pas plus mal faire en m'employant à quelque chose d'utile, que de flâner, de siffler, de bayer aux corneilles, pour tuer le temps.

Nous avons passé quinze jours au même endroit, occupés à fondre des balles, à confectionner des souliers, à teindre nos habits, bref à faire tous nos préparatifs pour l'expédition qui doit avoir lieu au retour du chariot.

Il faisait froid, il pleuvait beaucoup, le gibier se cachait, et la marmite par conséquent était fort mal approvisionnée : nous en étions réduits à manger de la soupe à l'eau claire, du riz, de la citrouille, que variait parfois un canard ou un pigeon.

30 Mai. — J'ai tué trois serpents qui étaient nichés dans un arbre mort; tous les trois d'espèce différente, ils gisaient dans le même trou, d'où je les fis sortir en entaillant l'arbre pour en extraire deux balles qui s'y trouvaient logées.

Des hippopotames, que nous découvrîmes dans une étroite rivière, nous ont procuré une chasse émouvante. Impossible de les tirer derrière la muraille de roseaux qui masquait l'eau; il fallait grimper sur l'un des arbres dont les branches s'avançaient au-dessus du courant; j'y parvins, non sans peine, et finis par avoir une position avantageuse; mais bientôt les fourmis noires m'attaquèrent avec tant de violence, leur nombre était si grand, leur morsure tellement cruelle, qu'il n'y eut pas moyen d'y résister. Je descendis en toute hâte; et un superbe hippopotame, que je harcelais depuis deux heures, fut sauvé par ces fourmis.

Le claquement d'un fouet nous annonça, le jour suivant, l'arrivée de notre wagon; c'était le 5 juin; il avait été retenu par le grossissement des rivières, et nous l'attendions avec impatience. Deux autres chariots l'accompagnaient; mais point de lettres d'Europe: il n'y avait pas eu de courrier depuis deux mois. Des amis nous rejoignirent le lendemain. Pour célébrer cette heureuse circonstance, on fit les préparatifs d'un magnifique repas: dix couverts, trois services; potage à l'antilope et au buffle; étuvée d'antilope et d'hippopotame aux oignons, relevé de poivre, etc.; légumes de trois espèces; rôti de canards sauvages, de pigeons et de pluviers (*sikkop*); enfin un plat de poisson que

Barcel s'engageait à nous fournir. Ce dernier article fit défaut, attendu que notre pêcheur, ayant bientôt perdu ses lignes, revint tout déconfit ne rapportant qu'un barbillon. Le dîner fut suivi d'un punch, fabriqué avec du gin, du citron, de la cannelle et autres ingrédients, le tout brassé dans une terrine à savon (1). Un whist et une masse de chansons du plus haut goût terminèrent la soirée.

Le lendemain matin, les cinq chariots se mettaient en route, suivis de nous tous; ils firent ensemble environ deux kilomètres et demi; puis la bande se sépara : les uns retournaient à Port-Natal, les autres se rendaient au Marché du Roi; et notre parti se dirigeait vers la Pongola.

Maxwell m'a donné un gros morceau de fromage, ce qui, dans cette région, est un véritable régal.

12 *Juin*. — Dételé au bord de l'Omsindoussie. White a formellement résolu de retourner à la baie; en conséquence le wagon est déchargé, nous nous partageons les vivres, les munitions, et chacun va de son côté.

Le lendemain, Francis m'ayant prêté son cheval, je sortis avec mon Cafre et, après avoir reçu deux averses, je me réfugiai dans un kraal où je rencontrai Maclean. Le dîner se composa d'amas, en guise de potage, et d'un rôti de pintades. Nous étions dans une misérable

---

(1) *Soap boiler*. Cet ustensile, inconnu en Europe, se rencontre dans tous les ménages de l'Afrique australe. On y fait le savon avec de la graisse et de la soude; ce sel est tiré de la cendre de certains buissons, brûlés lorsqu'ils sont secs. — J. B.

hutte où il se trouvait dix Cafres; deux d'entre eux nous éclairaient avec des brins de paille : quand l'un des brins allait être consumé, ils en allumaient un autre, de façon à ne pas interrompre la lumière. Chaque fétu durait à peu près une minute.

Le 14, j'étais au bord de l'Omphilosie. Il me vint à l'esprit de laisser derrière moi les deux tiers de mes provisions, et de n'en emporter que le moins possible. Dans ce dessein, je convertis une vieille culotte en bissac; je la bourrai de café, de sucre, de thé, de balles de plomb, d'ammoniaque, de verroterie etc., et la moitié d'un essuie-main, gardée à cette intention, renferma ce que la culotte ne put contenir. Quand j'eus fini, je me retrouvai seul, car Maclean me quitta dans l'après-midi.

J'avais le plus grand désir de me mettre en marche le jour suivant; mais, ne connaissant pas le chemin, je devais attendre le passage d'un ami. Les Zoulous, par un motif que j'ignore, avaient tué tous les parents de mon Cafre; celui-ci était persuadé qu'il lui en arriverait autant, et je craignais que cette conviction ne lui fît prendre la fuite. Ses alarmes, après tout, me paraissaient légitimes : il n'y avait pas deux jours que sa sœur avait été empalée.

Un indigène m'avait cédé pour quelques grains de verre une poêle à frire, dont il ne connaissait pas l'usage; et, au moyen de cet ustensile, d'une cuiller de bois, d'une assiette et d'un gobelet d'étain, je me faisais d'assez bonne cuisine et mangeais commodément. Mais, quand on n'a rien à faire, qu'on n'a pas de livres, pas d'éclairage, les nuits de quatorze heures sont terriblement longues, et le bruit abominable que font les Cafres, sous prétexte de chanter, n'améliore pas cette situation.

J'étais à peine dehors, le 17 juin, que je tuais une oie dorée magnifique; elle pâturait dans un champ de sorgho, à cent mètres du kraal. Comme il fait toujours très-froid avant le lever du soleil, je rentrai dans ma case et fus bientôt rendormi. Peu de temps après, j'étais éveillé par un enfant dont les cris annonçaient la douleur; j'allai voir ce que c'était, et je fus témoin d'un singulier bain chaud. Un gamin d'une dizaine d'années était couché sur le sol; le docteur, après s'être chauffé la plante du pied sur un pot de terre, placé à côté du feu, appuyait sur le corps du garçonnet, et le frictionnait du haut en bas avec énergie. Or, le sabot d'une vache n'est pas plus dur que la plante du pied d'un Cafre, où la peau a largement un centimètre d'épaisseur et d'où toute sensibilité a disparu; le docte personnage y allait d'ailleurs de manière à justifier les cris du petit patient.

J'attendais toujours la compagnie à laquelle je devais me joindre; mais de nouveaux empêchements lui faisaient remettre son départ. Je résolus donc, le 23 juin, de ne pas m'arrêter plus longtemps; et bien que je ne connusse pas la route que je voulais prendre, je me mis en marche avec Fly, l'un de mes chiens, et deux serviteurs cafres.

A en croire tout le monde, il était impossible que je ne me perdisse pas; mais je me tirai fort bien d'affaire.

Nous traversâmes d'abord une contrée plate, sur un bon sentier sablonneux, où la moitié du temps je marchais pieds nus. On voyait des gnous, des couaggas, des coudous et des waterbucks. Vers la fin du jour, nous nous arrêtâmes à six kilomètres environ de l'autre côté de la Sainte-Lucie; mes gens allumèrent un grand feu; nous fîmes rôtir un koran, je pris du thé, et nous nous couchâmes avec l'intention de dormir. Mais le froid était rude et le vent très-fort. J'eus pitié de mes Cafres, et leur donnai la moitié de ma couverture, qui heureusement était double. Ils se pelotonnèrent à mes pieds, pareils à une balle de laine; de temps en temps l'un ou l'autre se relevait pour jeter du bois dans le feu. Les lions et les loups se firent entendre toute la nuit, mais ne vinrent pas nous inquiéter.

Repartis au lever du soleil, nous avions parcouru une vingtaine de kilomètres, quand nous fûmes rejoints par sept ou huit Zoulous. Ces malheureux mouraient de faim et venaient me prier de leur tuer quelque chose. L'occasion ne s'en fit pas attendre : un gnou fut abattu presqu'aussitôt.

J'ai mangé avec plaisir un potage d'inyouti. C'était la première fois que je voyais cette petite graine qui a de la ressemblance avec le millet, et qui me parut excellente; mais je regrettai vivement de ne pas trouver ici le lait que les Zoulous ont en abondance. La tribu des Amatongas chez laquelle nous étions, se prive de bétail dans la crainte d'éveiller la cupidité de ses voisins, qui beaucoup plus belliqueux s'en seraient bien vite emparés.

Après sept heures de marche, au milieu d'un fourré très-épais, composé d'arbres et de buissons rabougris, sur un sol qui nous parut très-pauvre, nous étions arrivés à un défrichement, où s'apercevaient des terrains cultivés. Ces terrains appartenaient aux Amatongas, dont je voyais un kraal pour la première fois. Leurs cases ressemblent beaucoup à celles des Zoulous, mais l'entrée en est plus large; en outre, comme ils n'ont pas de bestiaux, le village se disperse éparpillé, sans être entouré d'une palissade. Quelle que fût la direction de mes regards, je ne voyais que la forêt : partout de grands arbres surgissant d'un épais fourré.

Le chef me fit très bon accueil et mit une case à ma disposition.

J'eus à souper des noix de bachou, les meilleures qui m'aient jamais été servies. Grillées sur les charbons ardents, ces noix, dont la grande coquille renferme deux amandes, ont tout-à-fait le goût de la noisette. Décidément la cuisine des Amatongas est supérieure à celle de leurs voisins; mais on ne trouve pas chez eux le substantiel amas des Zoulous.

25 Juin. — Les Cafres m'ayant dit qu'il y avait des inyalas dans la forêt, je sortis dès le matin, et chassai toute la journée sans résultat. Vers le coucher du soleil, comme je revenais au kraal, les habitants du village me montrèrent deux de ces antilopes qui paissaient tranquillement. Jamais je n'avais vu cette espèce. Je finis par tuer le mâle, une très-belle bête, d'un gris foncé à reflets d'argent et passant au basané sur les jambes. Il avait une longue crinière et de grands poils comme une chèvre sur la poitrine et sur le train de derrière.

L'inyala est un bush buck (1), mais d'une taille beaucoup plus élevée que l'inconka du Natal; il pèse de cent quatorze à cent quarante kilos, a de grandes cornes en spirale, et se défend avec fureur une fois qu'il est blessé.

On rencontre souvent les femelles par grandes hardes; ce sont de très-jolies bêtes, rayées et tachetées de blanc, et qui ressemblent au daim; leur robe est toutefois d'un roux beaucoup plus foncé. Elles n'ont pas de cornes, et sont de moitié plus petites que les mâles. Cette espèce habite la côte, d'ici à la baie Delagoa; elle y est nombreuse, et je ne l'ai trouvée dans aucune autre partie de l'Afrique.

28 juin. — Mes deux porteurs sont remplacés par deux autres, et nous nous mettons en route. Nous déjeûnons, après quatre heures d'une marche rapide, et nous buvons de l'abouti inyouti, bière faite par les Amatongas, et d'une très-bonne qualité, lorsqu'elle n'est pas trop épaisse. Une nouvelle traite de deux heures nous fait arriver au kraal, où j'engage un bel indigène pour porter mon fusil et mes munitions pendant toute la campagne. Il doit recevoir, en guise de salaire, aux termes de notre marché, la graisse intérieure d'un éléphant, si toutefois j'ai la chance d'en tuer un. Notre petite bande se renforce d'un autre naturel qui sollicite la faveur de nous accompagner gratis et dont j'accepte les conditions avec joie. Il ne

---

(1) Littéralement bouc des bois, *tragelaphus sylvatica.* — H. L.

manque à mon bonheur qu'une couple de camarades, ou quelques livres, dont l'absence se fait cruellement sentir pendant ces interminables soirées, alors qu'étendu sur ma natte auprès d'un feu établi par terre, je mange des noix grillées, à la croque au sel. Rien ne me serait plus facile que de me fabriquer un éclairage quelconque, s'il devait me servir à quelque chose.

Parti au point du jour le 29, j'ai vu trois lions qui s'éloignaient en tapinois du cadavre d'un gnou. J'avais le plus vif désir de les poursuivre; mais les Amatongas n'ont pas même voulu entendre parler de cette folie, qu'ils ont combattue dans les termes suivants : « Quand vous tueriez l'un de ces lions, en seriez-vous plus avancé? Tandis que le contraire serait fort triste pour vous. » Ils semblaient croire que cette dernière alternative était la plus probable. « En outre, disaient-ils, les lions sont nos amis; ils nous procurent de la viande, et nous ne voulons pas qu'on leur fasse du mal.» Si étrange que cela paraisse, il est très-vrai que les habitants de ce pays doivent aux lions plus d'un bon repas.

J'ai traversé l'Omkusi; une charmante rivière dont les côtés sont bordés de grands arbres, qui se rejoignent au-dessus de l'eau. Nous voyons chemin faisant des loups, des coudous, plusieurs bandes de pallahs, et la nuit se passe dans un village dont le chef s'appelle Job. On m'y apporte une foule d'objets, dans l'intention de me les vendre. J'achète un poulet, des œufs, des noix, du riz de bonne qualité, de la bière, et une belle natte, à la fois solide et finement faite, qui me servira de lit et de valise pour transporter ma couverture; le tout en échange de quelques rangs de perles d'Omgazi, d'un peu de potasse et d'un demi-mètre de passementerie à rideau. Porté autour de la tête, cet ornement constitue chez les Cafres une parure très-appréciée.

Mes achats terminés, je dis à l'un de mes hommes de tuer le poulet et de le plumer avec soin. La dernière opération fut scrupuleusement accomplie; mais, comme la première avait été négligée, lorsque je m'emparai de la bête pour la vider et la mettre à la broche, je la vis avec horreur s'échapper de mes mains, et s'enfuir, nue comme un ver.

Le 1er juillet, je partis de bonne heure, avec trois ou quatre Amatongas, et me dirigeai vers la Pangola. En traversant la forêt, je trouvai un grand nombre de fosses d'environ neuf pieds de profondeur et dont le fond était très-étroit : un animal, en tombant dans ces trappes, y est serré entre les parois qui le pressent de plus en plus à mesure qu'il enfonce; et les indigènes, grâce à la bonne construction de ces piéges, prennent toute espèce de gibier.

Nous avions marché pendant une heure ou deux, quand j'entendis mes hommes m'annoncer un éléphant par leurs cris. En effet, j'aperçus à douze cents mètres un colosse, qui, placé à la lisière d'un bois, s'éventait avec ses énormes oreilles. Mon émotion fut extrême; je mis vingt-quatre balles dans ma ceinture, remplis mes deux poires à poudre, me munis d'une infinité de capsules et de deux fusils, qui malheureusement n'avaient qu'une faible charge de poudre, douze à treize grammes environ. Je ne pouvais les décharger qu'en tirant, ce qui aurait fait évader la proie. Que n'aurais-je pas donné pour un fusil se chargeant par la culasse! Dans cette extrémité, je résolus de viser au genou, s'il m'était impossible de me placer de manière à frapper entre l'œil et l'oreille.

Quand j'eus fait tous mes préparatifs, je levai les yeux et je vis une quinzaine d'éléphants, dont l'un entr'autres paraissait avoir de longues défenses; ce fut celui-ci que je me promis d'abattre. Je m'arrangeai de manière à toujours avoir le vent en face, et parvins de la sorte jusqu'à cent pas du troupeau. Mon guide refusa d'aller plus loin.

C'était une émouvante affaire que d'affronter seul de pareils adversaires. Je leur voyais saisir d'énormes branches et en disperser autour d'eux les minces débris. Néanmoins j'arrivai jusqu'à trente pas d'une femelle de haute taille; mais, peu satisfait de ses dents, je continuai à ramper avec d'indicibles précautions, afin d'en examiner d'autres. Je m'efforçais de retrouver celui dont j'avais remarqué les défenses, lorsque les aboiements de Fly retentirent au milieu de la troupe.

Mon gibier partit aussitôt, écrasant tout sur son passage et manifestant une vive frayeur. En poursuivant ces animaux, je fis une dizaine de kilomètres à travers la forêt, mais je finis par en rejoindre quatre. A l'un d'eux, j'envoyai une balle qui l'atteignit derrière l'épaule; alors tous quatre prirent la fuite et, bien que je me fusse précipité sur leurs pas, je n'aperçus qu'un éléphanteau, et la culotte d'une vieille femelle qui s'éloignait.

Jamais je n'ai rien salué avec plus de joie que la Pangola. Je n'avais pas bu depuis le matin; j'étais à moitié mort de soif, et la rivière coulait à mes pieds, fraîche et limpide, l'une des plus charmantes que j'aie rencontrées. Sa largeur, à l'endroit où je la voyais alors, était d'environ cent mètres, et des figuiers sauvages, qui atteignent ici des dimensions prodigieuses, en couvraient les deux rives.

A la fin, une marche pénible nous a fait gagner un kraal, où je fus accueilli, ainsi que toujours, par une meute de chiens qui, terrifiés à l'aspect d'un blanc comme à la vue d'un spectre (1), ne manquent pas en pareil cas de s'enfuir, en se bousculant et en renversant tout ce qu'ils rencontrent. La première alarme passée, ils viennent aboyer contre vous avec acharnement, et il est impossible de s'entendre au milieu de tout ce vacarme. Je n'ai jamais pu réussir à me faire un ami d'un chien cafre, alors même que je le flattais dès son enfance; et je ne crois pas en avoir vu un seul qui fût bon à quelque chose. Il faut dire que ces pauvres bêtes ont une vraie vie de chien : nourris passablement tant qu'ils sont jeunes, les malheureux sont bientôt abandonnés à leurs propres ressources; ils deviennent d'une maigreur effroyable, sont aussi galeux

---

1) Livingstone constate aussi, à deux reprises, l'effroi qu'inspire la vue des blancs en Afrique. Voyez les pages 121 et 209 de notre abrégé des *Explorations dans l'Afrique australe*. — J. B.

que décharnés, et l'on se demande comment l'existence se perpétue dans de tels squelettes.

6 Juillet. — Je partis au lever du soleil avec un nain bossu pour guide. Il avait bien les jambes les plus extraordinaires du monde ; je ne peux pas dire qu'il en eût une paire, car elles étaient loin de se ressembler ; mais il les manœuvrait de façon à ce que j'eus beaucoup de peine à le suivre.

7 Juillet. — Levés de très-bonne heure pour nous mettre à la recherche de quelques hippopotames, nous arrivons au bord d'un étang où j'en avais tué un la veille. Il flottait à la surface, et un Cafre qui venait de le découvrir se disposait à s'en emparer ; mais en nous apercevant il prit la fuite. Peu de temps après, je tombai sur un groupe d'hippopotames endormis ; j'approchai et tirai le plus gros de la bande. Immédiatement je me vis entouré d'une centaine d'indigènes, qui allèrent chercher la proie et l'amenèrent sur le bord. Impossible d'avoir plus de tenue, plus de courtoisie qu'ils n'en montrèrent, pendant que je prenais de l'animal tout ce dont j'avais besoin ; mais, dès que le reste de la bête leur eut été abandonné, ce fut une confusion indescriptible. Armés de sagaies, de pioches, de couteaux ou de haches, ils s'étaient tous précipités vers la proie, et, criant, hurlant, beuglant, se battant, ils se la disputaient avec une ardeur qu'il faut avoir vue pour se la figurer. De temps à autre, le chef se ruait sur la masse pour distribuer, à droite et à gauche, des coups de chambock. Les plus forts, ayant pénétré jusqu'à l'animal, en détachaient des morceaux qu'ils jetaient par-dessus leur tête et que recevaient des compères; ceux-ci rattrapaient ces lambeaux au vol et, courant toujours, les déposaient chacun sur un tas séparé, auquel personne ne touchait. En quelques instants, la bête y passa tout entière, et la plupart des quatre-vingts individus qui l'avaient entourée avec l'espérance d'avoir une part de la proie, n'eurent pas un atôme de la curée.

La même scène eut lieu après la mort du second hippopotame, qui, de même que le précédent, était dans des conditions de graisse et de délicatesse peu communes. Un chasseur qui viendrait ici avec une habile ménagère, serait sûr de ne pas mourir de faim. Je m'étais procuré ce jour-là environ quatre mille kilos de viande parfaite et une quantité incalculable d'une graisse délicieuse.

Le soleil était couché avant que nous fussions de retour au kraal, où je me trouvai tout à coup devenu un grand personnage. Les cadeaux affluaient dans ma case : du riz, des œufs, du pain, des citrouilles, de la bière, toutes les productions du pays. Le pain ressemblait beaucoup à des pommes de terre grillées; mais il méritait peu d'éloges.

La journée du lendemain s'écoula tranquillement au logis à faire du beultong (1) et à saler les langues de mes hippopotames, etc. Je donnai au chef un beau quartier de la viande que je m'étais réservée, un

---

(1) Viande légèrement salée, coupée par tranches minces, séchée à l'air, et qui se conserve ensuite comme la viande boucanée. — H. L.

morceau de choix, et ensuite j'inspectai la bourgade.

Les indigènes, quand ils défrichent pour créer leurs jardins, ont le bon goût d'épargner les gommiers, qui sont de très-beaux arbres, au feuillage d'un vert sombre, et pendant jusqu'à terre; la ramée en est si épaisse que la lumière du jour ne pénètre jamais à l'intérieur. Les Amatongas sont très-laborieux; hommes et femmes travaillent dans les jardins, ce qui est à peu près inconnu chez les Zoulous, qui croiraient déroger à leur dignité s'ils cultivaient la terre, occupation qu'ils réservent à leurs femmes (1).

Il est rare qu'on rencontre dans ce district un naturel sans lui voir un tison ardent à la main, pour allumer les feux qui consument lentement les buissons autour de la commune.

9 *Juillet.* — Ne me décidant pas à quitter une si bonne station, je me rendis avec une demi-douzaine d'Amatongas à un autre étang, où je vis une foule d'hippopotames; ils dormaient, presque entièrement hors de l'eau, avec de grands oiseaux blancs perchés sur leurs têtes; ils ressemblaient à des coques de navires échouées, mais dans un endroit inabordable.

J'avais tiré l'un de ces dormeurs qui était en face de moi; il avait reçu la balle dans le front, et j'attendais,

---

(1) Y aurait-il ici un indice rapprochant les Amatongas et les Soutos ou Bésoutos? Mochech donne tous les ans, à ce peuple qu'il gouverne, l'exemple du travail agricole. — V. notre édition des *Explorations de Livingstone dans l'Afrique australe*, page 41. — J. B.

pour voir s'il allait se lever, quand tout à coup six éléphants apparurent de l'autre côté de l'eau et m'échappèrent absolument. Je repris le chemin du kraal, où, comme on le pense bien, j'arrivai d'assez mauvaise humeur.

Le 12, nous traversions la Mapouta, jolie rivière de plus de quatre-vingts mètres de large, très-profonde, paraissant navigable, et qui se jette dans la baie Delagoa. Des arbres magnifiques bordent ses rives; elle est habitée par de nombreux hippopotames, et les crocodiles y pullulent : j'en ai compté vingt-deux sur un banc de sable situé au milieu de la rivière. Le courant de ce petit fleuve est rapide; nous en avons suivi le bord pendant deux jours, et je n'ai vu aucun endroit où il me semblât possible de le passer sans canot.

Le 13, au moment où je dus en tenter la traversée, aucun de mes gens n'étant près de moi, j'entrai seul dans une barque; bientôt je fus forcé de renoncer à vouloir dominer le courant, et l'esquif, emporté à la dérive, se heurta contre une branche que se trouvait à fleur d'eau. Le choc me lança par-dessus le bord; j'empoignai la branche, saisis le canot avec mes talons, et parvins à m'y rétablir; mais le croc dont je me servais, étant de bois vert, avait coulé à fond, et je n'avais plus qu'une pagaie pour manœuvrer ma barque. Je finis cependant par approcher de la rive, où, m'accrochant aux branches, j'attendis qu'on vînt à mon secours. Les crocodiles étaient nombreux; toutefois, je n'avais rien à craindre tant que je me trouvais près des arbres. A la fin, je vis arriver un Amatonga ; il venait à mon aide avec une seconde pirogue. Les deux canots furent attachés l'un à l'autre ; je me servis de ma pagaie, l'indigène avait son croc ; et l'une des pirogues ayant été amarrée, la seconde remonta jusqu'à l'endroit où l'on débarque ordinairement.

Le 15 juillet, nous étions grillés par le soleil. Je pris une direction différente de celle que nous avions suivie et je traversai la rivière à la nage dans un endroit où elle n'avait pas plus de vingt-cinq mètres de large. Impossible de ne pas rire à la vue des efforts convulsifs et de la terreur peinte sur tous les traits de ceux de mes hommes qui, ne sachant pas nager, étaient remorqués par leurs camarades. En revanche, quelques-uns de ces derniers semblaient être dans leur propre élément : ils passèrent mes fusils et mes bagages, sans qu'une goutte d'eau eût mouillé l'un ou l'autre de ces objets, ce à quoi je n'aurais pas réussi.

Arrivés au kraal, nous avons trouvé des flots de bière. Une vieille femme apporta d'abord une corbeille remplie de sable ; elle la posa sur le sol, fit un grand trou au milieu, et plaça dans cette espèce de coquetier une grande jarre de bière d'une capacité de quarante litres environ. Le soir, nouveau panier, qui cette fois contenait le breuvage, et qui, fabriqué avec de l'herbe, retenait parfaitement le liquide.

Le 17, il y avait longtemps que nous marchions sans rien voir, lorsqu'un vieux buffle mâle bondit à côté de moi ; je lui envoyai une balle qui l'atteignit derrière l'épaule et le fit tomber sur les genoux; il se releva bientôt et prit la fuite; je le tirai une seconde fois, mais sans aucun résultat.

Un peu plus loin, je vis un gros hippopotame qui dormait près de la rive, derrière un bouquet de roseaux. Je me dirigeai vers lui en rampant; et, juste au moment où je me découvris étant dans l'eau jusqu'à la ceinture, la bête, au lieu de s'enfuir, comme je l'avais pensé, fondit sur moi à toute vitesse. Quand l'hippopotame ne fut plus qu'à une vingtaine de mètres, il s'arrêta une seconde, pendant laquelle je tirai; le coup l'atteignit sous l'oreille et le fit pirouetter sur lui-même comme une toupie. Deux balles lui entrèrent dans le corps sans produire aucun effet; une troisième, destinée à la tête, le manqua; il parut se remettre, s'éloigna peu à peu du bord, gagna l'eau profonde et je craignis de le voir m'échapper.

Le soleil frappait directement sur lui, au point de m'éblouir; le fond de l'eau était glissant; j'enfonçais dans la vase, quand une dernière chance se présenta; la balle cette fois pénétra exactement entre l'œil et l'oreille et tua la bête sur le coup.

La nuit fut brumeuse à l'excès, la rosée abondante, et je me levai le lendemain matin avec des symptômes de fièvre. Il me fallut neanmoins faire quarante kilomètres en plein soleil, et les franchir à pied. Que de fois, durant cette marche accablante, j'ai fait le vœu de ne jamais revenir dans ce pays!

21 *juillet*. — Je voulais gagner le village d'Utumani; mais, après quatre heures de lutte, il m'a fallu

céder; impossible de marcher droit, et qui plus est, de me soutenir. Je m'étendis au pied d'un arbre, j'y passai deux heures, et finis par me traîner jusqu'aux premières huttes d'un kraal. En arrivant, je pris trois doses d'émétique, mais sans aucun résultat; croyant alors que c'en était fait de moi, j'appelai un indigène et me fis ramoner la gorge avec un brin d'herbe chargé de graines. Ce moyen eut l'effet désiré, et, dans l'espace d'une couple d'heures, je me sentis un peu mieux.

Le jour suivant, j'arrivais chez Utumani au coucher du soleil, mais complétement épuisé. Je m'arrangeai de manière à faire un peu de chemin tous les jours, et, dans la soirée du 24, j'arrivai au kraal de Moputa, où je reçus du chef une hospitalité généreuse : il m'envoya beaucoup de choses, entre autres des monceaux d'œufs. Je reposai toute la nuit.

Une marche forcée me conduisit le lendemain au bord de la Pongola. J'espérais m'y procurer de la quinine, du café, du sucre et du pain, dont je n'avais pas goûté depuis sept semaines; mon espoir fut complétement déçu; je ne trouvai pas même autre chose. Cependant, je finis par découvrir un peu de riz, que j'avais laissé lors de ma dernière visite, et qui maintenant était une bonne trouvaille. Tom, le messager, arriva le jour suivant; il apportait une masse de provisions; il me remonta, et je commençai à reprendre des forces.

2 août. — J'avais promis quelques rangs de perles à mon chasseur s'il me faisait voir un inyala. Il m'emmena dans la forêt, où nous marchâmes longtemps au milieu des broussailles. Tout à coup, les yeux de mon

Cafre étincelèrent, il débucha, courut vers un étang et m'adressa des gestes de possédé. Je compris qu'il fallait le rejoindre et suivre la route opposée à celle qu'il avait prise; je fis donc le tour, en avançant avec précaution, ne me doutant pas de ce que j'allais voir, et je découvris à soixante-dix ou quatre-vingts pas un superbe inyala qui s'éloignait tranquillement après s'être désaltéré.

Il se détourna, reçut une balle dans l'épaule, fit en l'air un bond prodigieux, et disparut sous bois. Les Amatongas, légers et rapides, le suivirent à travers les buissons avec une sagacité merveilleuse, finirent par le rejoindre et par l'acculer dans un endroit où mon Cafre, à qui j'avais donné un second fusil, ne tarda pas à l'achever.

En arrivant à la Sainte-Lucie, j'étais très-fatigué de la marche que nous avions faite depuis la Pongola et, d'ailleurs, encore souffrant de la fièvre. Je résolus donc d'envoyer chercher mon cheval Billy par deux de mes hommes. Il leur fallait huit jours pour retourner à la baie Sainte-Lucie. Mon indigène du Natal, ayant grand'peur des Zoulous, me demanda une chemise comme passeport. « Ils verront, disait-il, que je suis le Cafre d'un homme blanc et n'oseront pas me tourmenter. » Je n'avais plus que deux chemises; lui en donner une me paraissait difficile; mais il n'y eut pas moyen de le faire partir sans cela.

13 *août*. — J'ai trouvé au kraal de Makite l'ivoire de neuf éléphants que mes deux chasseurs avaient tués. Ceux-ci avaient enterré les défenses dans le parc aux

bestiaux et m'en avaient prévenu; mais, avant d'autoriser les fouilles, Makite fit indiquer par mes hommes l'endroit précis où l'ivoire avait été déposé, afin d'être sûr de la légitimité de leur revendication. Mes Cafres, heureusement, avaient été renseignés par les chasseurs, et purent faire ce qui leur était demandé.

Le 15, j'appris la mort de Harris. Pauvre garçon! nous avions formé le projet d'aller ensemble, l'année suivante, chez Mosilicatsi; c'était une chose convenue.

20 *août*. — J'ai envoyé jusqu'à l'Om-Schlatousse pour voir ce que devenaient mon Cafre et mon cheval, et pour me faire ramener l'un et l'autre.

J'ai acheté soixante-sept têtes de gros bétail, plus six moutons, à raison de quatorze francs cinquante-cinq centimes par tête, l'une dans l'autre. Cette affaire a exigé plusieurs jours de marchandage, et, pour choisir les animaux, pour les trier parmi les quatre cents bêtes dont un de mes amis avait fait l'acquisition, enfin pour les marquer au fer rouge, il fallut encore passer toute une journée.

Le 26, n'ayant pas de nouvelles de mes hommes, je suis parti pour Durban.

Une semaine après, je rencontrai mes émissaires, mais pas de cheval. Aucun de mes hommes n'avait franchi la Touguéla; des malfaiteurs s'étaient emparés de l'homme de confiance que j'avais envoyé au-devant des autres et ne lui avaient laissé prendre la fuite qu'après l'avoir battu et dévalisé. Il me raconta longuement tout ce qu'il avait souffert; mais je n'en compris pas un mot.

Enfin, je rentrai à Durban le 9 septembre. Comme à l'ordinaire, j'établis mon quartier général dans une ferme. Celle-ci s'appelait Brindle, était dans le district d'Omvoti et appartenait à M. Eastwood, l'un de mes amis les plus intimes, un ancien voisin, avec lequel j'étais parti d'Angleterre pour venir en Afrique.

L'année suivante, dès que je me fus décidé à retourner au pays des Zoulous, mon ami s'occupa autant que moi des préparatifs de l'expédition. Le départ eut lieu le 31 mars 1855, et notre première action d'éclat fut de chavirer le wagon et d'en éparpiller le contenu : il en résulta un délai de deux jours ; après quoi, nous arrivâmes sans encombre à Grey-Town. Là, nous fûmes arrêtés de nouveau pendant trois ou quatre jours par une pluie incessante.

Le 10, près de la demeure d'un missionnaire norvégien appelé Lawson, nous nous trouvâmes en face d'une descente, qui à première vue nous fit tressaillir. Le révérend nous conseilla d'enrayer trois roues et de maintenir le chariot perpendiculairement avec des courroies pour l'empêcher de culbuter ; enfin, passant de la théorie à la pratique, M. Lawson nous prêta un ancien trait, que j'avoue ne lui avoir jamais rendu. Grâce au conseil, au trait, aux courroies, nous arrivâmes au bas de la côte sans accident. Mais nous fûmes moins heureux deux jours après. A force de crier et de frapper sur l'attelage, nous avions gagné le sommet d'une montagne désespérante, dont le versant opposé dévalait trop brusquement ; le conducteur ne nous en avertit pas assez vite pour que le cocher pût enrayer, et nous nous trouvâmes descendant avec une rapidité effroyable. La situation me sembla peu rassurante, et je me jetai sur un gros arbre près duquel passait le chariot. Je m'en tirai sans autre mal que d'avoir mis ma chemise en loques. A peine avais-je accompli ce saut périlleux que j'entendis le chariot s'arrêter subitement. Je courus à l'endroit où je l'apercevais : dix de nos bœufs entouraient un arbre, l'un des Cafres se tordait les mains et, bondissant comme un possédé, criait d'une voix rugissante : « Mammo mammi, mammi mammo! » tandis que le conducteur, l'œil farouche comme celui d'un faucon, gisait couvert de sang.

De quelle manière la chose était-elle arrivée ? Je n'ai jamais pu le savoir. En examinant de plus près le pauvre garçon, je vis qu'il avait le crâne fendu sur la gauche et que, selon toute apparence, l'une des roues lui avait passé sur le bras droit. Je lui fis respirer des sels, lui coupai les cheveux, lavai ses blessures et lui pris la tête, que je fixai entre mes genoux. Les Cafres me regardaient en silence, avec un respect mêlé de crainte; mais, lorsqu'ils me virent prendre mon dé, une aiguille et du fil pour recoudre la plaie, ils poussèrent des cris affreux, auxquels se goignirent ceux du patient. Il fallut renoncer à ma suture et me contenter d'appliquer un bandage le plus serré possible. Je fis un bon lit dans le chariot pour y étendre le blessé; mais rien ne put décider celui-ci à se remettre en route. Ses deux compagnons, le cocher et le bouvier, refusaient également de partir; ils demandaient combien de têtes de bétail je comptais donner au père de ce malheureux pour l'indemniser de la mort de son fils. On ne peut pas raisonner avec des Cafres : lorsqu'ils ont chaussé une idée, ils sont pires que des mules; et, bien qu'il m'en coûtât beaucoup, je fus obligé de laisser ce pauvre garçon derrière moi.

Ma position devenait assez embarrassante : je n'avais plus qu'un homme, pour conduire quatre chevaux et quatre bœufs de rechange, en surplus du wagon. Je fis contre fortune bon cœur et, au bout de plusieurs kilomètres, j'eus la chance de mettre la main sur un garçon qui voulut bien venir avec nous jusqu'à la Touguéla, pour deux francs quatre-vingts centimes.

Le 14, nous atteignions cette rivière, où, faute d'un passeport revêtu de la signature d'un magistrat résident, je fus retenu pendant une quinzaine. Le laisser-passer arriva le 1er mai, et nous traversâmes la Touguéla, qui alors était très-haute.

Pendant ce temps, la maladie m'enleva tous mes chevaux. En conséquence, je voulais désormais éviter la plaine et les lieux découverts; car c'était le seul moyen qui me restât de faire une chasse fructueuse; mais j'essayai vainement de parvenir aux montagnes de l'Omgowie. Les chemins n'étaient pas praticables.

17 *mai*. — Bien avant le lever du soleil, je m'étais mis en quête d'un buffle; mais la stupidité de mon guide et le manque de chiens rendirent cette recherche infructueuse. En revenant, j'aperçus un crocodile échoué à quelque distance de la rivière et qui dormait profondément. Je ne vis d'abord qu'une masse informe

et, ne distinguant pas la tête de la queue, je fus sur le point de le tirer à rebours. Quand la balle l'eut frappé, il releva la tête, ouvrit ses formidables mâchoires, et je compris que je lui avais brisé l'épine dorsale. Il aurait, néanmoins, gagné la rivière si un nouveau coup dans la gorge et un troisième dans la poitrine ne l'avaient achevé. Je restai pendant une heure sur l'autre rive, prêt à lui envoyer une quatrième balle dans le cas où il redonnerait signe de vie. Lorsque je fus certain qu'il était bien mort, je me hâtai d'aller au wagon prendre une hache, et revins bien vite avec mes hommes, afin de couper la tête du monstre dont je voulais faire un trophée. Quelle ne fut pas ma surprise de ne plus voir que des mares de sang à l'endroit où j'avais laissé l'animal. Ses pareils avaient profité de mon absence pour l'entraîner. J'en fus vivement contrarié, parce qu'il est rare de tuer un crocodile à terre, et, dans l'eau, il coule à fond dès qu'il est mort.

26 *mai*. — Longue et triste journée, à la crête des Omgowies. Marche fatigante, pour ne rien voir qu'une femelle d'élan, qui s'esquiva et dont la fuite me fit coucher sans souper.

Le 28, je changeai de route par le conseil d'un nommé Joubert qui revint avec moi chez Nugéla; ce chef fut très-gracieux et m'offrit de tuer quelque bête en échange d'une bouteille de grog.

Nous passâmes presque toute la nuit dehors dans l'espoir d'abattre un hippopotame; mais le vent était si capricieux qu'il nous fut impossible d'approcher de la bande.

Le dimanche suivant, le 3 juin, j'allai à l'église et j'eus sous les yeux un tableau tel qu'en ont vu bien peu d'Européens. L'édifice construit en pisé avait un toit de zinc, soutenu par des poteaux en bois. Du côté du vent, la muraille était tombée et laissait un libre cours à l'air extérieur. Aux poutres et aux solives étaient suspendus la tente et les côtés d'un chariot, des cordes du pays, des charges de grain, des courroies, des jougs, des traits, des fouets, tout l'appareil du wagonnage; de vieilles selles, de vieux chapeaux, de vieilles brides et une portion d'une magnifique dépouille de léopard. Au milieu de ce désordre et d'une masse dix fois plus grande d'objets indescriptibles, s'élevait une chaire dont les coussins et les tentures portaient les marques d'un long service. Dans cette chaire se tenait un Norvégien d'une haute stature, ayant d'épais favoris, une casaque noire qui, boutonnée jusqu'au menton, descendait jusqu'à la cheville, et naturellement des lunettes. Ce Norvégien prêchait. Une trentaine de Cafres des deux sexes, accroupis sur une natte, gisaient pêle-mêle, serrés les uns contre les autres; deux sous une couverture, dont ils relevaient les bords pour chercher...., et crac, ils les tuaient par monceaux; ou bien ils arrachaient avec des épingles de bois les épines qu'ils avaient dans les pieds, — tout cela inaperçu du missionnaire dont le sermon dura plus de trois heures.

C'était néanmoins le plus doux, le plus hospitalier des hommes, le meilleur qu'on pût voir. Pour appeler ses ouailles à l'office, il avait suspendu au cou de son

Descente trop rapide. (Page 70.)

Crocodile enlevé par ses compagnons. (Page 73.)

cheval une petite clochette, et s'en allait, faisant *ding ding* tout le long du chemin. Je suis bien forcé de raconter les faits tels que je les ai trouvés ; mais, quels qu'ils soient, j'aurai toujours la plus haute opinion de M. Schrœder, et je lui conserve une profonde gratitude pour l'hospitalité généreuse qu'il m'a donnée à diverses reprises. Si jamais on peut christianiser les Zoulous, c'est à lui que cette tâche devra être le moins impossible. Il est d'une instruction rare, possède à fond le langage des indigènes, leurs mœurs, leurs coutumes, et a sur eux une très-grande influence. Je ne crois pas qu'il en ait converti ; mais je suis certain que les Zoulous ont pour lui du respect, qu'ils le vénèrent et que, pour rien au monde, ils ne voudraient l'offenser.

4 juin. — Nous avons rencontré des buffles. Une chance extraordinaire ! Deux fois mon fusil rata du premier canon et, chose que je ne reverrai sans doute jamais, les deux seconds coups ont tué *raide* une femelle adulte et une génisse. Toutes les deux étaient grasses, et la viande en fut excellente.

A partir de cette époque, les jours se ressemblèrent tellement que je fus un mois sans rien noter.

Le 22 juillet, nous traversions l'Omphilosie noire, et le jour suivant nous passions l'Inyoni. Les habitants du kraal paraissaient très-curieux de savoir comment j'en étais venu à posséder un chariot et son attelage, moi qui, l'année précédente, n'avais même pas un Cafre à mon service. Il était clair que j'avais gagné cinq cents pour cent dans leur estime, car ils méprisent le pauvre autant qu'ils respectent le riche, à l'égard duquel ils sont rampants et serviles.

En gravissant la montagne, je vis deux rhinocéros. Comme je pensai qu'ils allaient descendre, j'envoyai mon Cafre se placer au-dessous d'eux. Je ne pouvais pas m'en approcher suffisamment; toutefois, dès qu'ils s'ébranlèrent, je tirai l'un d'eux à l'épaule; il fut touché, mais un peu trop bas, et il s'éloigna. Les chiens, pendant ce temps-là, avaient détourné son compagnon et le ramenaient de mon côté; il arrivait au grand trot, la tête haute, la queue roulée sur la croupe, avançant d'une allure superbe, à la fois puissante et rapide. Il avait l'air très-disposé à me charger; mais une balle qui l'atteignit derrière l'épaule, et qui le fit tomber sur les genoux, modifia ses intentions. Il se releva et partit.

Convaincu de l'avoir frappé mortellement, je me mis à sa poursuite. En effet, nous trouvâmes un rhinocéros couché dans l'herbe, et dans une pose si naturelle qu'on n'aurait jamais pensé qu'il fût mort : il avait bien été frappé derrière l'épaule; mais son dernier soupir remontait à quelques heures. C'était le premier que j'avais tiré. J'enlevai les cornes et la langue; je taillai quelques chamboks, suspendis le tout à un arbre, et nous nous éloignâmes pour chercher de l'eau.

A peine étions-nous partis que nous vîmes un nouveau rhinocéros; il n'était guère à plus de vingt pas, nous regardait avec inquiétude, et paraissait vouloir se cacher; c'était une femelle. J'attendis qu'elle se fût détournée, et la frappai derrière l'épaule; elle revint immédiatement sur moi ; mais une balle au milieu du front l'arrêta dans sa course ; elle tomba morte à dix pas. Un coup de bonheur ; car je ne savais où tirer et n'avais pas de temps à perdre : si je ne l'avais pas tuée, elle m'empalait sur sa grande corne.

Le 13 fut une rude journée à cause du trafic que je fis avec Mopitas pour remplacer les bœufs que j'avais perdus. Je lui en achetai quatre, un peu cher.

Le lendemain, je gravis une haute montagne et passai quelques heures à étudier les environs. C'est un pays tourmenté, déchiré au delà de tout ce qu'on peut dire ; une foule de montagnes ; mais la beauté de la vue me dédommagea amplement de la peine que j'avais prise.

15 *août*. — Je suis reparti dans la direction de la Pongola. Il a soufflé, toute la journée du 19 août, un vent d'une chaleur excessive, le plus accablant que j'aie eu à supporter dans la colonie. Je ne savais où me mettre, et passai la moitié du jour dans l'eau. Ces vents brûlants sont toutefois assez rares.

Le lendemain fut aussi froid que la veille avait été chaude ; il plut à verse ; heureusement que j'avais pu emprunter le livre de Martin Chuzzlewitt. Sorti le soir, je tuai un florican, un steinbok et un dikkop.

J'ai rencontré plusieurs serpents de grande taille aux environs de la Sainte-Lucie, entre autres une horrible vipère *inflata*, qui m'effraya singulièrement. J'essayais de la tuer avec la baguette de mon fusil, une baguette de fer ; tout à coup je vis sa gorge et sa tête se gonfler outre mesure et prendre une teinte livide, en même temps qu'un volume.

énorme; puis elle s'élança vers moi en sifflant d'une manière effroyable. Je ne parvins pas à la tuer, mais je fis tant et si bien que, fatiguée de la lutte, elle disparut.

Après avoir cherché mes bœufs pendant deux jours et m'être engravé une couple de fois, je gagnai la mission sans accident.

Il plut toute la soirée d'une manière affreuse, et je me hâtai d'entrer dans un kraal pour y passer la nuit. Le souper fut excellent : amas et canard sauvage, arrosés de bière et suivis d'une tasse de café. Je m'étais, en outre, fabriqué du pain, que j'avais fait cuire entre deux fragments d'un pot grossier. C'était donc un repas de luxe. Ma tente résista d'une façon miraculeuse à cette averse diluvienne, et le sol, étant sablonneux, absorba l'eau à mesure qu'elle tombait, en sorte que la nuit, qui d'abord m'avait effrayé, se passa le mieux du monde.

L'année suivante, je repartis de la ferme de M. Eastwood un mardi, le 7 octobre 1856, pour aller chez les Zoulous voir ce que faisaient mes chasseurs et leur porter des munitions. J'étais accompagné de six indigènes. Arrivés au bord de la Touguéla, nous fûmes retenus pendant quatre jours, et il s'en fallut de bien peu que mes hommes ne mourussent de faim. Un matin, comme je partais pour la chasse, l'un d'eux se laissa tomber sous un arbre et refusa de me suivre, disant que sa dernière heure était venue; mais, à mon retour, lorsqu'il apprit que j'avais tué un buffle, il se raviva immédiatement.

Je n'en étais pas réduit à cette extrémité, non plus qu'un autre de mes Cafres. Voyant que le gibier était trop farouche et la forêt tellement impénétrable que, pour y entrer, il fallait faire un bruit qui mettait tout en fuite, nous traversions chaque soir la rivière à la nage, et nous trouvions au kraal voisin un pot de lait et un bon plat de farine bouillie; mais le courant était trop rapide et trop large pour que nous pussions rapporter la moindre chose à nos compagnons.

Le 20, nous arrivâmes chez M. Schrœder, le pasteur norvégien, qui nous donna l'hospitalité pendant plusieurs jours d'une pluie qui fut torrentielle. Je m'estimai fort heureux d'être chez lui, car ma petite tente, ni même la hutte d'un kraal, n'ont rien d'agréable en pareille circonstance.

Je quittai M. Schrœder le 23, emportant une provision de médicaments qu'il avait la bonté de me donner; mais la chasse ne nous réussit guère, et le 26, qui était un dimanche, nous revit à la mission. Grande affluence de Cafres à l'église.

Les Norvégiennes passent pour avoir le talent de faire un excellent dîner avec de piètres éléments, et, en cette circonstance, mistress Aftebro soutint avec honneur la réputation de ses compatriotes. Il faut dire après tout qu'un canard musqué, jeune, gras et tendre, n'est pas une mauvaise base d'opération culinaire. Toujours est-il que la farce de sorgho et de jaunes d'œufs, qui bourrait celui de madame Aftebro, est une excellente chose, et que la sauce dudit canard, où les pommes étaient remplacées par de l'oseille sauvage, mériterait d'être connue. Les Norvégiens ont l'étrange coutume de servir de la soupe à la fin du repas. J'avais d'abord refusé; mais, apprenant que ce potage, fait avec de l'arrow-root, des conserves, etc., était au sucre, je changeai d'avis et n'eus pas à m'en plaindre.

Je quittai la mission le lendemain matin, et fis bonne chasse.

Le 28, les Cafres m'importunèrent pour que j'allasse tirer deux antilopes de roseaux qu'ils avaient aperçues dans le voisinage. Ayant donc pris mon fusil, je tuai l'une des antilopes et bientôt après une magnifique outarde. Nous avions déjà plus de viande que nous ne pouvions en consommer; les chiens eux-mêmes se détournaient des meilleurs morceaux; mais, bien qu'on les vît plier sous le faix, les Cafres ne purent se résoudre à rien laisser derrière eux. On nettoya, on éplucha, on enleva tout ce qui pouvait être détaché, et on emporta jusqu'à la moindre parcelle de chair, sans excepter la grosse outarde.

Nous traversâmes l'Omsidousie dans le courant de la journée, et, pressant le pas, nous atteignîmes l'Omphilosie dans la soirée, et le 4 novembre, au coucher du soleil, nous étions au bord de la Sainte-Lucie.

Le 5, nous entrâmes dans la forêt, où l'épaisseur du feuillage et du sous-bois, jointe à celle des grandes herbes, rendait la marche difficile et empêchait de bien tirer. Je tuai néanmoins deux boucs des bois (*bush-bucks*). Ragman, un chien de six mois, fit des merveilles : il s'attacha à la seconde bête, qui était une femelle, la suivit pendant trois kilomètres à travers les broussailles et finit par la mettre aux abois près de la rivière ; il râlait de fatigue quand nous arrivâmes et n'en tenait pas moins ferme. C'est un chien d'un grand avenir, moitié limier moitié bouledogue, avec quelque chose d'un chien d'arrêt : la meilleure lignée possible. Jamais je n'ai connu un plus grand mangeur : il dévore d'énormes tranches de chair palpitante, quel que soit l'animal, peu lui importe, et sous un soleil qui empêche les autres chiens de manger, si affamés qu'ils puissent être. Nous n'avons pas besoin de nous charger d'aliments pour lui. Les indigènes font transporter à leurs chiens leur propre nourriture, en leur passant au cou une pièce de viande qu'ils ont percée au milieu. J'ai vu souvent des meutes d'une vingtaine de chiens tous parés d'une collerette de ce genre, taillée dans un cuisseau de venaison, la partie de l'animal qui, pour les indigènes, a le moins de prix ; chacune de ces tranches équivalait au moins à la moitié du poids de son porteur, qui ne pouvait ni la ronger ni s'en défaire.

7 novembre. — Je passai la Sainte-Lucie, l'une des meilleures rivières que je connaisse pour la chasse, la pêche, le sport de toute espèce, et très-près de la colonie. Elle prend sa source quelque part au pied des montagnes d'Ombonbo (1), et traverse une belle vallée, admirablement boisée. Les lions y abondaient.

Une nuit, je me trouvais sous ma tente, dont le poids n'était que de dix livres ; et, comme à l'ordinaire,

(1) Au chapitre 1, il a été dit qu'elle était formée par les deux Omphilosies. Y avait-il une erreur ? — J. B.

je l'avais plantée au pied d'un arbre, où je pusse me réfugier en cas de besoin. Mon vieux bœuf de charge, Dancer, retenu par une courroie qui lui traversait le mufle, était au piquet, tout à côté de la tente. Pour plus de sécurité, deux jeunes Cafres (j'avais envoyé les autres au chariot pour chercher des provisions), deux Cafres, protégés par une ceinture de mimosas, étaient à côté d'un grand feu à dix mètres de moi, juste en face de l'ouverture de la tente. Les grondements étouffés d'un lion qui s'approchait peu à peu m'arrivèrent; le vieux Dancer était troublé : il s'agitait; une masse de viande, placée hors de la portée des chiens, était pendue à l'arbre au pied duquel je me tenais sur la défensive.

La nuit était sombre; le lion approcha sans bruit et s'efforça d'attirer la venaison. J'étais assis, les jambes croisées, ma carabine à double canon sur les genoux, m'attendant à chaque minute à voir la silhouette de la bête se dessiner entre moi et le feu, près duquel je supposais mes Cafres endormis. Le lion qui s'efforçait toujours d'atteindre la proie, retomba sur les cordes qui fixaient la tente par derrière, et dans sa chute ébranla tout ce qui m'environnait. Au même instant, une masse se précipita dans la tente, vint rouler à mes pieds, et je fus sur le point de foudroyer mes deux Cafres, qui, parfaitement éveillés, s'étaient tenus immobiles jusqu'alors, mais n'avaient pas pu résister plus longtemps à leur frayeur.

Je croyais toujours que le lion allait sauter sur le vieux Dancer, qui, par parenthèse, avait retrouvé son calme habituel ; mais, après avoir fait de nouvelles tentatives pour atteindre la viande qu'il ne pouvait saisir, le lion s'éloigna comme il était venu.

8 novembre. — Une marche prolongée à travers des marécages, des étangs et des sentiers où l'eau ruisselait, nous conduisit aux premières cases des Amatongas, les demeures les plus misérables qu'on puisse imaginer. Ces pauvres gens n'avaient pour toute nourriture que des figues sauvages, des oranges cafres et autres fruits du même genre ; ils mouraient tous de faim.

Je tirai, le 12, un hippopotame que je crus avoir frappé mortellement ; toutefois, comme il ne revint pas sur l'eau, j'en cherchai un autre et l'atteignis au-dessous de la naissance de l'oreille, la meilleure balle qu'on puisse faire. La bête plongea, et se débattit pendant une dizaine de minutes ; puis ses mouvements s'éteignirent, et nous l'attirâmes sur le bord à deux cents pas environ au-dessous de l'endroit où je l'avais frappé. Les pauvres Amatongas, ravis de cette aubaine, emportèrent la proie, dont ils ne laissèrent que la tête et la colonne vertébrale.

Le lendemain, comme je marchais précédé d'un indigène, je voulus lui faire remarquer une espèce de cynhyène que je croyais voir, et je lui donnai un léger coup dans le dos. L'Amatonga, au lieu de se retourner, poussa un cri qui n'avait rien d'humain, fit un bond prodigieux, lâcha ses sagaies, quitta son vêtement, en un clin d'œil, et me supplia de m'éloigner, en disant qu'un serpent l'avait mordu et qu'il allait mourir.

J'eus quelque peine à le persuader du contraire et à lui faire comprendre ce qui s'était passé.

Le 14, un vieux buffle mâle nous faisait courir longtemps au bord de l'eau. Je réunis toutes mes forces pour vaincre Maoutcha, un Cafre superbe, qui me vexait en passant devant moi avec une vitesse de chemin de fer. Je finis par l'emporter, lui étant chargé d'un fusil et moi n'en ayant pas. Il avait eu l'avantage à six reprises différentes ; j'étais entièrement hors d'haleine, et j'allais lui céder la palme, bien qu'alors je fusse le premier, quand, heureusement pour ma gloire, le buffle prit l'eau et disparut dans le fourré qui s'élevait en face de nous.

Le dimanche, 16 novembre, j'étais dans ma petite tente ; je savourais un poème de Byron, et comptais sur un jour de repos, lorsque les Amatongas, plus importuns que jamais, vinrent me supplier de leur procurer de la viande, attendu qu'ils avaient grand'-faim. Ils s'étaient fait accompagner d'une masse de jolies filles pour appuyer leur supplique, et m'apportaient de petits présents : un peu de riz, de la farine, de la bière et des œufs. Je finis par me laisser toucher. Ils eurent bientôt découvert les traces de deux buffles qui au point du jour étaient venus pâturer dans la plaine. Nous relevâmes brillamment la passée au travers d'un bois épais, sombre comme la nuit et tellement silencieux que la chute d'une feuille en troublait le repos. Tous les Amatongas, sans exception, m'ouvraient le chemin avec une politesse remplie d'égards, et sans rien dire m'indiquaient la piste du doigt. Seulement alors, je commençai à prendre intérêt à la chasse; j'enlevai mon fusil à deux coups des mains de celui qui le portait; je défis mes souliers, et j'avançai en me tenant sur mes gardes.

J'avais fait ainsi à peu près cent mètres lorsqu'à un détour du sentier je me trouvai face à face avec un vieux buffle endormi, qui gisait à dix pas. Je mis un genou en terre; j'armai le canon gauche en retenant la détente pour l'empêcher de claquer; sitôt que je sentis le point d'arrêt, je visai au milieu du front; j'appuyai sur la gâchette; mon fusil s'abaissa et le chien s'arrêta au repos. Le buffle ouvrit immédiatement les yeux ; il se levait déjà lorsqu'il reçut la balle de mon deuxième coup. Je m'élançai au milieu de la fumée, à quinze pas en arrière, et je m'accroupis derrière un buisson pour juger de l'effet produit. Tout craquait dans le hallier : c'était mon buffle qui, debout cette fois et la tête haute, aspirait l'air pour découvrir où je pouvais être. Il ne tarda pas à me sentir et plongea au milieu de mes broussailles. J'évitai sa charge par un bond de côté; il se retourna immédiatement et me livra un nouvel assaut. La moitié d'un buisson nous séparait à peine; il était à dix pas, le regard plein de rage, la face inondée de sang; je l'avais frappé entre les deux yeux, mais trop bas pour que la blessure fût mortelle. Il chargea de nouveau, et je ne lui échappai cette fois littéralement que de l'épaisseur d'un cheveu. Pendant tout ce temps-là, quelques minutes qui furent pour moi des heures, pas un Cafre, pas même l'un de mes chiens, ne vint à mon secours en détournant son attention : ils devaient pourtant savoir ce qui se passait, ils devaient l'entendre.

Nous n'étions plus séparés que par les débris écrasés du buisson. J'avais l'œil rivé sur les siens; il recula d'un pas, baissa la tête comme s'il voulait charger, et pendant deux minutes une mince broussaille de quatre pieds de haut fut la seule chose qui nous sépara.

C'est à peine si je peux dire comment j'évitai sa dernière attaque. Je jetai mes deux bras en avant, me repoussai moi-même de son corps, et m'enfuis aussi vite que possible, l'entraînant sur mes pas. Son haleine me brûlait le cou; deux enjambées de plus, et rien ne pouvait me sauver; mais le sentier tournait à droite, et, passant près de moi comme la foudre, le buffle alla tomber dans un effroyable hallier, d'où il déboucha, portant sur les cornes une demi-charretée d'épines. Il arrivait dans une clairière; je me couchai sur le dos au milieu du fourré pour l'empêcher de me voir. Juste au moment où il sortait du bois, je lui envoyai la balle de mon premier coup que je n'avais pas pu tirer; elle l'atteignit à l'extrémité supérieure de la dernière côte du flanc gauche, en face de la hanche. Il releva la queue, fit un bond effrayant et se précipita dans un tissu d'épines tellement fort et serré que je ne comprends pas comment il y pénétra. Il y fit néanmoins une trouée de deux cents mètres, et tomba mort, en exhalant ce mugissement étouffé, si doux à l'oreille du chasseur. Mes braves Amatongas descendirent aussitôt des arbres où ils s'étaient réfugiés, et m'accablèrent d'éloges. Peu sensible à leurs compliments, je voulus en retour leur reprocher leur couardise; mais il se trouva que j'avais perdu la parole : ce n'est que longtemps après que je recouvrai le libre usage de ma langue; aussi fis-je vœu sur vœu de ne plus chasser le dimanche, en connaissance de cause.

Le 20 novembre, je campai dans un lieu charmant, sous un arbre touffu; des rivières couraient de trois côtés, et de l'autre s'élevait une grande montagne, appelée Tégonan, que je ne manquai pas de gravir. Une tribu tout entière fut massacrée sur cette montagne. Poursuivie par les gens de Djakka (1), elle en avait gagné le sommet, où l'ennemi, l'ayant rejointe,

(1) Contemporain de Napoléon, ce chef organisa les Zoulous et en fit une nation forte et guerrière. — Persuadé que les chaussures nuisent à la rapidité de la marche, il interdit l'usage des sandales; et, depuis cette époque, les Zoulous vont pieds nus. Jusqu'à lui, la sagaie était une arme de jet; il ordonna à ses guerriers de n'en prendre qu'une seule et de la représenter à la fin du combat, teinte du sang de l'ennemi. La moindre infraction à ses ordres étant suivie de mort, on n'avait garde de lui désobéir. Tout guerrier brisa donc la hampe de sa lance afin de la manier plus facilement, et désormais la lutte eut lieu corps à corps. Les régiments composés de mille guerriers, sûrs de mourir s'ils n'étaient victorieux, furent invincibles, et auraient, suivant le capitaine Jarvis, détruit un million d'hommes. Après douze ans de despotisme, Djakka, monté sur le trône par le meurtre de son père, fut assassiné et remplacé par son frère Dingaan. Celui-ci, dont les caprices ne furent ni moins despotiques ni moins cruels, ne manqua pas d'être à son tour détrôné par Panda. On verra dans les pages suivantes que les fils de ce dernier n'ont pas attendu sa mort pour se disputer son héritage. — H. Loreau.

la mit en pièces et jeta les survivants dans les précipices. Aujourd'hui, le pays est désert, et les babouins pullulent.

Chasser à pied la grosse bête et le faire avec succès, est une science complète qui demande beaucoup d'adresse. Il faut reconnaître le pays, en relever les moindres détails, étudier le vent avec une exactitude rigoureuse ; si l'on est vu des animaux, suivre la direction contraire à celle qu'ils ont prise, remarquer l'endroit où ils se trouvent, et s'en approcher graduellement, en décrivant un cercle, sans jamais s'arrêter pour les regarder, à moins que l'on ne soit parfaitement à couvert. On ne saurait y mettre assez de patience. J'ai entendu dire à un vieux chasseur que, lorsque dans sa journée il était parvenu à tuer une pièce, il était satisfait. Le lever du soleil est l'heure la plus favorable pour commencer la chasse, et un bon télescope est d'un immense secours.

Les crocodiles sont le plus grave inconvénient de cette contrée. J'avais découvert dans la Sainte-Lucie un bassin profond, des bords charmants, une eau transparente : j'étais accablé de chaleur et de lassitude ; un bain en cet endroit était d'une valeur inappréciable ; mais au moment où j'allais me donner cette jouissance, la piste d'un grand crocodile m'avertit du danger. Il fallut me contenter d'une eau basse et rapide, où je n'avais pas à redouter leur présence.

L'oiseau indicateur nous a fait trouver six ruches dans le voisinage ; mais ce n'était pas la saison, et les gâteaux renfermaient peu de miel.

J'avais envoyé Mahoutcha au kraal pour acheter de la farine d'Amabella ; en revenant le 25, il nous a rapporté la nouvelle que tous les guerriers et tous les jeunes gens avaient quitté le village. Deux fils de Panda se disputaient d'avance la succession de leur père, et la guerre civile était imminente.

Je fus immédiatement décidé à partir : la guerre transforme les Cafres en bêtes féroces ; dès qu'ils ont goûté du sang, ils ne pensent plus qu'à frapper et à tuer tout ce qu'ils rencontrent.

Le 4 décembre, j'arrivai à l'endroit où nous avions laissé le chariot ; j'espérais y trouver Johnson, et je me figurais d'avance la longueur du chapelet que j'allais défiler, moi qui depuis cinq semaines avais la bouche close. Du riz, du pain et du sucre apparaissaient à mon esprit charmé. Tout cela, hélas! n'était qu'un rêve! Pas le moindre vestige d'un aliment quelconque : Johnson était parti depuis cinq jours, et mes chasseurs, à qui j'avais stipulé un maximum de trois semaines, n'avaient pas donné signe de vie.

Le 8 décembre, Mahoutcha est venu me dire que l'armée avait tué cinq blancs et tous les Cafres de leur suite ; il en concluait qu'il était fort inutile d'attendre mes chasseurs, vu que pas un Amatonga ne mettrait le pied chez les Zoulous dans un pareil moment. Suivant lui, nous devions partir, nous cacher dans les roseaux de l'Omphilosie et nous rendre le soir à un kraal pour y apprendre les nouvelles.

Le conseil était bon. J'emballai aussitôt mes effets, et nous prîmes un chemin détourné pour éviter les rencontres. J'avais laissé tous mes bagages au chef du kraal, un vieux docteur qui me pressait de m'éloigner, en me disant que, malgré tout le désir qu'il en aurait, il lui serait impossible de nous défendre.

Voilà six ans que je lui ai fait ce dépôt et je ne le lui ai pas redemandé; mais, si jamais je le lui réclame, je retrouverai, j'en suis sûr, tout ce que les rats auront épargné, tant les Zoulous sont d'une probité scrupuleuse.

Apercevant de nombreuses têtes de bétail, nous nous dirigeâmes vers une cabane pour nous informer de ce qui se passait. On nous raconta les choses les plus épouvantables; mais on nous assura que pas un blanc ne serait inquiété, si lui-même n'attaquait personne. Les Cafres du parti victorieux nous dirent que les eaux de la Touguéla étaient rougies par le sang, et que celles de l'Inyoni, rivière qui passe à treize kilomètres au nord de la première, étaient empoisonnées par les cadavres; que personne ne pouvait en boire et qu'on marchait sur les morts depuis le Matakoula jusqu'à la Touguéla, c'est-à-dire sur un espace de vingt-cinq kilomètres. En conséquence, je résolus de traverser la rivière, en dépit de ce qui pouvait advenir et malgré la répugnance de mes hommes. Les pauvres gens tremblaient pour eux, et néanmoins ils ne voulaient pas me quitter.

Le lendemain, 9 décembre, nous partîmes avant le jour; il me tardait d'arriver chez les missionnaires et d'avoir des nouvelles positives. La pluie tomba du matin au soir; je n'en marchai pas moins pendant douze heures, et j'atteignis la mission peu de temps après le coucher du soleil.

J'appris de M. Aftebro que des milliers d'hommes, de femmes et d'enfants avaient été massacrés, ou s'étaient noyés en voulant franchir la Touguéla. D'après son estime, un quart de la nation des Zoulous avait été détruit ; il me dit avoir vu passer huit mille têtes de gros bétail qui n'avaient plus de maître. Les vainqueurs avaient également perdu beaucoup de monde. Rien de plus extraordinaire que de les entendre parler du combat : ils ne paraissaient pas plus se soucier de la vie d'un homme qu'un Anglais ne s'inquiète de celle d'un lapin. L'un me disait, j'en ai tué six ; un autre, cinq, ou neuf, ou dix. Un grand guerrier avait tué vingt personnes ; il les comptait sur ses doigts : tant d'hommes, tant de femmes, tant de jeunes filles, et riait de tout son cœur en faisant ce calcul.

Panda, qui se portait fort bien tandis que ses fils se disputaient sa succession, avait tué lui-même sept de ses frères !

13 *décembre*. — Quelques ondées avaient rafraîchi le temps ; la journée était superbe. Nous partîmes au pas de charge, et le soutînmes pendant seize heures et demie ; le soir, nous avions parcouru quatre-vingt-huit kilomètres. C'est la plus grande prouesse que j'aie accomplie en fait de marche. Je tombai en arrivant et m'endormis avant la venue de ma couverture ; l'ascension de la montagne du Matakoula, que nous avions gravie pour éviter les moustiques, m'avait complétement épuisé.

Le missionnaire m'avait dit vrai : tout le pays était dépeuplé; les récoltes étaient détruites. Nous vîmes sur notre passage des quantités de nattes, de calebasses, de paniers, de bâtons, de ces tabourets qui servent d'oreiller (1), une foule d'objets épars, abandonnés par les fugitifs.

Le 14 décembre, l'air que nous respirions, sur un parcours de vingt kilomètres, était empesté par les morts. Des cadavres d'hommes, de femmes et d'enfants de tous les âges couvraient la route. Parmi eux, des guerriers gisaient dans leur habit de combat; celui-ci était demeuré intact, mais les corps étaient dans un affreux état de décomposition (2).

Pendant longtemps, mes Cafres avaient fait de nombreux détours pour s'éloigner des morts, qui leur inspirent une crainte superstitieuse; mais, en approchant de la Touguéla, les cadavres se pressaient tellement de chaque côté de la route, qu'il n'y eut plus moyen de les éviter. Mes compagnons marchèrent alors d'un pas rapide, sans répondre à aucune de mes paroles; leur frayeur égalait leur dégoût, et rien n'aurait pu les décider à toucher l'un de ces corps.

Au nombre des victimes, j'avais vu de pauvres mères, la chose était commune, ayant leurs bébés

---

1) Ces meubles sont usités dans tout l'orient de l'Afrique, depuis la Touguéla jusqu'au nord de Gondocoro. — J. B.

(2) La férocité semble innée aux Africains, car voici des guerres aussi meurtrières que celles des Aïahouas et des Mazitous, sans avoir pour mobile la chasse aux esclaves. — Voyez les chapitres XI et XII de notre abrégé des *Explorations dans l'Afrique australe*, par D. et C. Livingstone. — J. B.

cloués sur le dos par les sagaies qui les traversaient elles-mêmes. Des enfants de tous les âges avaient été frappés entre les deux épaules.

Nous venons de rencontrer une partie de l'armée victorieuse : elle rentrait dans ses foyers, portant des branchages en l'honneur de Kitchouayo, qu'elle abritait de ses palmes et faisait marcher avec une noble lenteur, afin, disait-elle, de lui apprendre à être roi.

Je n'étais pas sans crainte au sujet de la réception qui m'était réservée ; mais, faisant contre fortune bon cœur, je posai mon fusil à terre à quarante pas du cortége et demandai si tout allait bien. Les sagaies furent déposées de la même manière, et le prince me fit répondre que « tout allait bien avec moi. » J'avançai alors, suivi de mes gens qui me marchaient sur les talons, et j'eus une assez longue conférence avec les chefs. Ils furent très-polis et me dirent que, n'ayant pris aucune part au combat, j'étais libre d'aller partout sans avoir rien à craindre ; tous les bœufs qui avaient été pris à des Anglais seraient envoyés au bord de l'Om-Shlatousse, où les propriétaires pourraient les réclamer ; ils ajoutaient même que des dommages-intérêts seraient donnés à ceux dont le bétail avait péri. On apporta de la bière et, après de copieuses libations, nous nous séparâmes dans les meilleurs termes possibles.

Arrivés à la Touguéla, nous y trouvâmes environ cent cinquante malheureux qui attendaient sur la rive que l'eau fût moins grande, et j'eus beaucoup de peine à faire venir le passeur. Je tirai en vain des coups de fusil à diverses reprises ; enfin il fallut mettre habit bas pour montrer que j'étais un blanc.

Ce ne fut que sur la rive opposée que je pus respirer à mon aise. Jamais je n'ai éprouvé de joie plus vive en mettant le pied sur le territoire de la colonie. Le vent qui nous soufflait à la face nous avait saturés d'effluves cadavéreuses, et même l'estomac de mes Cafres n'avait pas pu y résister.

CHAPITRE III

De mai 1857 à janvier 1858.

Ladysmith et Harrysmith. — Prétorius, président de la république du Transvaal. — Une nuit dans la plaine. — Le Mérico. — La maison Swartz. — Hospitalité, veillée de cour, mariage et dotation chez les boërs. — Colobeng et ruines de la maison de D. Livingstone. — Séchéli. — Attends-un-peu. — Lopépé. — Sicomo. — Harrisbuck. — Aspect et habitants du Calahari. — Ignorance des boërs. — Mosilicatsi nous défend d'entrer sur le territoire des Tébélés et tire de nous tout le profit possible. — Collins. — Chasse à l'antilope roanne. — La Noël au désert. — Le chacal chasse pour le lion. — Je rentre à Blœmfontein avec cinquante-cinq bœufs.

Le 25 mai 1857, nous sommes partis de Ladysmith avec un wagon chargé, seize bœufs et sept chevaux.

La jolie ville qui fut notre point de départ tire son nom de la femme de sir Harry Smith, l'ancien gouverneur de la colonie du Cap. Elle est située sur le bord du Klip, à deux cent quarante kilomètres de Durban, à une trentaine au sud-est des monts Drakens, et doit à cette chaîne, qui sépare le territoire de Natal des républiques Transvaalienne et d'Orange (1),

(1) Ces républiques ont été fondées, celle du Transvaal, en 1848, et celle de l'Orange, en 1854. — Voyez notre abrégé des *Explorations dans l'Afrique australe*, p. 26. — J. B.

un panorama splendide où se remarquent la Tête de Nelson et la montagne de Job.

C'est du versant des Drakens, d'où l'œil embrasse un immense horizon, qu'on a la plus belle vue de la colonie : son territoire, bien arrosé, bien boisé, vous apparaît de cette hauteur comme un jardin soigneusement tenu quand on le compare à l'immense plaine qui se déploie au couchant, et dont le sol aride, entièrement dépourvu de bois, semble n'être d'aucun rapport. Néanmoins, on y trouve de grandes fermes, où s'élèvent beaucoup de chevaux et de moutons.

Harrysmith, placé de l'autre côté de la chaîne, immédiatement au pied de la montagne de la Table, ne voit le soleil que lorsque celui-ci est déjà levé depuis trois heures. En hiver, c'est un lieu glacial et d'une horrible tristesse. Déjà les nuits y sont tellement froides, il gèle si fort tous les matins, et la bise est si violente, que j'ai dû faire couvrir nos chevaux jusqu'aux yeux.

Le gibier est rare : un petit nombre de gnous, de couaggas et quelques autruches défiantes sont, jusqu'à présent, tout ce que nous avons vu. L'herbe est aussi sèche que du bois; elle n'a plus de propriétés nutritives ; aussi, nos chevaux et nos bœufs maigrissent.

Joubert a tué hier au soir une femelle de gnou, et lorsqu'après avoir dépouillé la bête je suis revenu au camp, il m'a semblé qu'il n'y avait pas d'existence au monde plus heureuse que la mienne : un bon chariot, un feu ronflant de bouse de vache, des chevaux, des bœufs attendant leur ration et tout aussi familiers que des poules ; trois canards gras et tendres, fumants et crépitants, juste cuits à point pour le souper ; deux lampes qui brûlent et, autour de mon domicile roulant, une vaste solitude, le désert où, pendant de longues journées de marche, nous ne trouverons pas un arbre. C'est un pays morne, sans aucun intérêt ; mais l'air qu'on y respire est tellement sain et vivifiant que vous vous sentez, quoi qu'il arrive, plein de courage et d'ardeur.

8 *juin*. — Nous n'avons plus que neuf heures de route pour gagner Mooi-River-Town. Aucun incident digne d'intérêt n'a signalé notre marche, si ce n'est qu'hier nous nous sommes embourbés et qu'il a fallu décharger le wagon. En outre, Donker, le meilleur de mes bœufs, a mangé d'une herbe vénéneuse que les Hollandais appellent *tulp*, et qui produit sur le bétail le même effet qu'un excès de trèfle vert : l'enflure a été effroyable ; la pauvre bête est morte. C'est la seule à qui soit arrivé malheur ; mais nous avons bien failli en perdre plusieurs autres.

Hier, en chassant un blesbuck (gazelle *albifrons*), je suis tombé avec Jack dans un torrent de formation récente ; j'étais noir comme un nègre lorsque j'en suis sorti ; mais ce n'était pas la faute de Jack : je le forçais d'allure, il est aveugle, il a mis le pied dans un trou, et nous avons roulé du haut en bas, circonstance qui n'a rien d'extraordinaire et qui se présente fréquemment.

J'ai fait bon nombre de ces culbutes ; deux fois, par parenthèse, je me suis trouvé à plat en face de la gueule de mon fusil dont les deux coups étaient armés.

Un vieux cheval de chasse est toujours sur ses gardes, afin d'éviter les trous dont l'expérience lui a donné une crainte salutaire; mais, quelle que soit la bête que vous montiez, quand vous êtes lancé à fond de train, vous n'avez plus qu'à vous fier à votre étoile. Presque toujours la bande après laquelle vous courez soulève une telle poussière que vous ne distinguez plus rien; et souvent, après avoir entendu frapper la balle avec force, il faut attendre que le nuage se soit éclairci avant de savoir si la bête que l'on a tirée est un couagga, un blesbuck, un springbuck ou un gnou. J'ai vu maintes fois des troupeaux innombrables où ces quatre espèces réunies passaient comme l'ouragan, sur ma droite et sur ma gauche, au milieu d'un flot poudreux tellement épais que, dans l'impossibilité de voir à qui j'adressais ma balle, ma seule préoccupation était de viser bas. Le résultat de mes deux coups s'apercevait ensuite, dès que le voile commençait à se dissiper.

Il faut que je mentionne mon succès d'hier, car il est possible qu'il ne se représente jamais. Six canards sauvages étaient dans une petite fosse. J'approchai en rampant dans l'herbe. Arrivé auprès d'eux, j'en tuai quatre du premier coup; un autre fut abattu comme il prenait son vol; j'eus le temps de recharger et de frapper le sixième, qui, après avoir décrit un cercle, venait rejoindre ses camarades. Ainsi, j'eus la demi-douzaine en moins de trente secondes. Ils sont gros et gras, d'une chair savoureuse, et, pour le fumet, ils égalent ceux d'Angleterre.

Je suis allé voir M. Prétorius, président de la république sud-africaine (1); je lui ai remis une lettre de recommandation du docteur Kelly, magistrat résidant à Klip-River, et, de plus, quelques volumes que lui envoyait ce docteur.

J'étais paré de mes plus beaux habits et je m'inclinai assez bas devant l'auguste personnage qui, dans cette région, est tout-puissant.

Il examina les livres, les feuilleta, lut quelques phrases, et la seule observation que lui inspira sa lecture fut celle-ci : « Combien y a-t-il pour le port ? » Je restai pétrifié, et la conférence en demeura là.

C'était la première fois, ou à peu près, que j'avais des relations avec les boërs transvaaliens, et j'ignorais leurs coutumes. Je ne savais pas qu'il est chez eux d'une haute politesse de toujours offrir le payement d'un service quelconque, afin de vous donner l'occasion de dire que vous l'avez fait par obligeance, et de les mettre en mesure de vous exprimer leur gratitude. Je dois ajouter qu'il est très-rare, si le fait s'est jamais vu, qu'ils acceptent le prix des aliments que vous consommez chez eux : leur hospitalité est des plus généreuses.

Au fond, j'étais peu tourmenté du résultat de mon audience : les Cafres étaient paisibles, en bons termes avec les boërs; le commerce était libre entre les deux

(1) Prétorius, fondateur de la république Transvaalienne, réside à Mooi-River-Dorp. — J. B.

pays ; je n'avais pas à craindre que le président s'opposât à mon voyage. Nous sommes arrivés hier au soir chez un boër nommé Versell Bartness. La route nous avait fait traverser un beau pays couvert de mimosas ; ce fut une véritable joie que de trouver cette forêt au sortir de la plaine sans limites. La résidence est jolie : un charmant ruisseau y décrit mille détours entre les arbres et est tout rempli de cresson ; un verger magnifique ; des orangers, des citronniers, chargés maintenant, en plein hiver, de fruits délicieux. Mais aujourd'hui, quand on m'a offert douze cent cinquante hectares de terrain pour une charrue, je me suis rappelé que nous étions aux dernières limites de la civilisation.

14 *juin*. — Une admirable journée ! Le climat de ce pays-ci est assurément l'un des plus beaux du monde dans cette saison ; il va faire un temps délicieux pendant six ou sept semaines, et tout nous fait espérer qu'il durera davantage.

J'arrive d'une longue promenade ; j'ai flané ; la vue etait belle ; j'ai pensé à la maison, à ceux que j'aime, aux chances que je peux avoir de revenir en Angleterre.

Mes Cafres m'ont beaucoup amusé hier au soir ; ils voulaient acheter des plumes d'autruche à des Betjouanas dont ils ne parlent pas la langue, et cherchaient à persuader à ceux-ci que des boutons étaient une monnaie avec laquelle ils pourraient se procurer le cheval, la vache ou le fusil d'un blanc. Ils finirent par y arriver et reçurent un lot considérable de plumes noires pour la somme de dix boutons. Curieux de connaître le résultat de l'affaire, je perdis mon souper en attendant qu'elle fût conclue.

Au moment d'être payés, les Betjouanas, dont l'éloquence s'était traduite par des gestes effrayants, allèrent chercher des monceaux de tiges de sorgho, qu'ils embrasèrent afin de bien voir à la clarté de la flamme si on leur donnait exactement le prix convenu.

Vers midi, nous arrivions, le 16 juin, chez Joubert, à qui jadis j'ai prêté deux paires de bœufs dans une circonstance où il n'en avait plus qu'une. Il se l'est rappelé et m'a fait le meilleur accueil ; mais il habite une simple cabane construite en roseaux, et son excellente femme a regretté vivement de ne pouvoir m'offrir qu'une énorme tranche de gnou, assez pauvre chère, en effet, pour un voyageur exténué. Toutefois, il me restait quelques biscuits, et j'ai fait un bon repas : il était loin des traditions anglaises ; mais je suis maintenant habitué à la vie des colons et, dès qu'on me reçoit de bon cœur, la partie est plus qu'à moitié gagnée.

Le pays est couvert de bois fourré d'épines ; du gibier en masse ; l'endroit me plaît beaucoup, et j'y resterai probablement dix ou douze jours, pendant lesquels mon attelage, épuisé de fatigues, se rétablira.

Il gèle très-fort toutes les nuits. Mon hôte a fait mettre dans la salle un grand vase rempli de feu, et le soir nous nous pressons autour de ce brasero, comme si nous étions en Angleterre, chose nouvelle en Afrique.

Qand je suis arrivé, Joubert et ses fils, qui sont de très-grands chasseurs, étaient à court de munitions. Franz avait tué, *mirabile dictu*, avec la même balle, trois ou quatre mâles de caama (1), l'espèce la plus farouche, la plus difficile à rallier de toute la famille des antilopes, et qui, par surcroît, a la vie dure.

Il était dehors au point du jour, n'épargnant ni son temps ni sa peine, se traînant dans l'herbe jusqu'à ce qu'il fût bien sûr du coup ; il n'avait dans son fusil que juste la quantité de poudre suffisante pour que la balle pût traverser la peau et arriver à l'endroit où elle donnait la mort. Il ouvrait la bête, reprenait sa balle et rechargeait son fusil. Chaque dépouille de caama, une fois tannée, lui valait de treize à dix-sept francs.

Pauvre garçon ! il a été victime depuis lors d'un affreux accident. Les lions, chose tout à fait exceptionnelle, lui avaient tué son cheval en plein jour, et il promit d'en tirer vengeance. Peu de temps après, lui et son frère John, ayant vu trois lions, les poursuivirent. Tous deux étaient à pied. Franz, celui dont je parle, arriva, de broussaille en broussaille, à se placer au-dessous du dernier de la bande qui se trouvait être une lionne. Il se releva en face d'elle, l'attendit de pied ferme, appuya sur la détente, mais sans résultat, et, au moment où son arme, un fusil à pierre, ratait pour la seconde fois, la lionne sautait sur lui et, le déchirant, le mordant avec fureur, le mutilait pour toujours. Elle lui broyait la cuisse, lorsqu'une balle de John la lui tua sur le corps.

(1) Antilope voisine du bubale et qui a près de cinq pieds de haut et sept de longueur. — J. B.

Le 26, après m'être donné beaucoup de peine, j'ai tué un oiseau que je n'avais jamais vu, et qu'on nomme ici la perdrix des Namacois (1). Il est d'un brun sale, tacheté sur le dos et les ailes de brun jaunâtre, bleuâtre, grisâtre (que l'on se figure, s'il est possible, l'effet produit par ces diverses teintes); il a le cou jaune, la queue longue, les ailes croisées de façon à représenter une fourche, le tarse emplumé comme les tétras, un peu la tête de la perdrix, et porte un demi-fer à cheval sur la poitrine. C'est un oiseau gras, potelé, mais qui, pour la taille, n'est guère que moitié de la perdrix anglaise. Il a le vol très-rapide, très-soutenu, et il fait entendre un sifflement analogue à celui du pluvier doré.

J'avais rapporté le même jour une outarde huppée, la plus forte et la plus grasse que j'aie rencontrée de ma vie : n'ayant ni peson ni balance, nous n'avons pu savoir exactement son poids; mais l'estime la plus faible qui en ait été donnée s'est élevée à 21 kilog. 670. Le seul ustensile qui pût contenir cette admirable pièce, était la chaudière à fabriquer le savon (2); elle paraissait faite exprès. L'outarde fut cuite dans son jus, et cette merveilleuse daube reparut à chaque repas durant toute une semaine. La graisse que nous avions retirée du corps nous fournit une bouteille d'huile, tout ce qu'il y a de meilleur pour graisser les fusils.

(1) *Namaqua partridge;* ce n'est pas une perdrix, mais un ganga (pterocles namaqua). — H. L.
(2) Voyez la note de la page 51.

Je commence à croire que je ne pourrai pas aller plus loin : mes bœufs et mes chevaux sont d'une excessive maigreur, et l'hiver est très-rude. Il me faudra remettre la partie à l'an prochain : dans l'état où il se trouve, mon attelage ne pourrait jamais traîner le chariot à travers les sables profonds. L'herbe est tellement sèche et rare que je crains même que ces pauvres bêtes n'aient de la peine à passer l'hiver, tout en ne faisant rien. Le soir, mes chevaux ont une ration de sorgho que j'achète aux indigènes et que je paye avec de la verroterie, des couteaux, du fil et du cuivre ; mais le grain est très-cher dans ce pays-ci.

Je vais essayer de troquer mon chariot pour des bœufs, des provisions, etc. ; je laisserai mes chevaux à Joubert, jusqu'à la fin d'avril, époque à laquelle j'essayerai d'exécuter mon projet. En attendant, je retournerai dans le Natal.

Les naturels n'ont pas reçu des boërs une forte dose de civilisation : je les vois continuellement aller chercher de l'eau dans une vieille corne de bœuf, tout ce qu'il y a de plus primitif ; et ils ne sont vêtus que de la dépouille des animaux, dont ils prennent un grand nombre dans des espèces de trappes. Leurs piéges, composés de fosses de toutes les formes, ovales, rondes, carrées, oblongues, ressemblent à un gâteau d'abeilles ; chacun d'eux renferme environ cinquante fosses, et l'on en voit de quinze à vingt dans un espace de trois kilomètres. Une forte palissade, élevée de chaque côté du piége et s'avançant en manière d'avenue, empêche le gibier de s'écarter de la route que lui font prendre les rabatteurs. Poursuivis par ces derniers, les animaux tombent pêle-mêle dans les fosses, où ils s'étouffent et s'assomment mutuellement (1).

Qu'on me permette de donner ici quelques détails à propos d'une nuit que j'ai passée sur la route de Feight-Kop, entre le Vaal et Harrysmith, alors que je me dirigeais vers la colonie.

Depuis neuf jours, les wagons roulaient sur une plaine immense, entièrement dépourvue d'arbres, lorsque, dans l'après-midi, par un temps superbe, je tirai sur un gnou ; j'étais à cheval et n'avais pour société que Hopeful, un magnifique limier. La route se déployait à perte de vue sans faire aucun détour. Je pris à droite pour suivre la bête, pensant qu'il me serait aisé de rejoindre la piste et de rallier les chariots, soit qu'il fallût revenir en arrière ou continuer mon chemin. La chasse m'entraîna beaucoup plus loin que je ne l'avais supposé ; les wagons avaient pris sans doute à gauche, car il me fut impossible de retrouver leurs empreintes. Le soleil déclinait à l'horizon ; je n'avais pour tout vêtement qu'une chemise et des guêtres ; le froid commençait à me saisir, et je n'étais pas sans inquiétude.

Dès que le soleil eut disparu, les chacals se montrèrent ; un cochon de plaine (2) sortit d'un trou ; je

(1) C'est le *hopo* déjà décrit par D. Livingstone. — Voyez notre abrégé des *Explorations de l'Afrique australe*, p. 24. — J. B.

(2) L'auteur écrit flac-farc ; c'est le vlaacke-vaark des boërs, le sanglier à large groin, que les Zoulous ont nommé petit élé-

le tirai afin d'avoir à souper ; mais j'avais oublié mon couteau, et il me fut impossible d'écorcher la bête.

Comme la nuit arrivait promptement, j'entravai mon cheval et me mis à chercher de la bouse de vache afin de faire du feu ; mais elle était si rare que je dus renoncer à l'entreprise. Avant que l'obscurité fût complète, j'enfonçai dans la terre la baguette de mon fusil, je m'emparai d'Adrien et le mis au piquet, où je l'attachai avec la courroie qui ne le quitte jamais ; enfin, je me pelotonnai sur moi-même, n'ayant pour abri que la petite couverture qui me sert de chabraque et n'a pas plus de soixante centimètres carrés.

Il faisait un froid pénétrant, une gelée blanche compliquée d'une brume épaisse. Je m'étais, comme un idiot, installé près d'une mare, l'endroit le plus glacial de toute la plaine, et les grandes herbes commençaient à se couvrir de rosée. J'employai tous les moyens imaginables pour faire coucher mon cheval : je le frappai au-dessous des genoux avec mon fusil ; la pauvre bête levait les jambes tour à tour, comme si elle eût marché sur des tisons, mais ne faisait pas ce que je désirais. Je m'adossai contre elle, afin de me mettre à l'abri du vent, et n'en fus pas moins glacé. Je me creusai une fosse avec les dents et les ongles, et ne parvins qu'à m'étouffer en avalant de la terre.

Une effroyable symphonie retentissait dans la plaine : la voix des lions, des hyènes, des chacals se

---

phant, à cause de la longueur de ses défenses. — H. L. — Voyez d'ailleurs la note de la page 45.

mêlait au renâclement des gnous, qui détalaient avec bruit; les couaggas aboyaient et, par instants, les blesbucks et les springbucks, venus pour boire à la mare, prenaient l'alarme et, dans leur effroi, nous rasaient en fuyant.

Craignant l'attaque des lions, j'entourai la batterie de mon fusil avec mon mouchoir pour la préserver de l'humidité, et m'assis devant Adrien afin d'être prêt à le défendre, le goût prononcé des lions pour la chair de cheval étant bien avéré. Mais, après m'avoir tenu dans cette inquiétude pendant une heure au moins, leurs rugissements sourds, qui décrivaient autour de moi un cercle d'épouvante, s'éloignèrent peu à peu et finirent par s'éteindre.

Hopeful exhalait par intervalles un grondement de fureur; je le gardais auprès de moi, rassuré que j'étais par sa présence. Quant à lui, sa grande occupation était de lécher avec soin deux trous qui lui avaient été faits par le sanglier. J'avais tiré celui-ci en pleine poitrine; le voyant sur les genoux, Hopeful s'élança pour le coiffer; juste comme il arrivait, la bête se releva et l'emporta sur ses crocs à une distance de quatorze pas, où elle tomba foudroyée; la balle, à ce que je suppose, lui avait traversé le cœur.

La position devenait de plus en plus inquiétante; le froid me faisait horriblement souffrir, lorsque je m'avisai du moyen suivant: je défis les courroies de mes étriers; avec la première, je fixai les reins d'Hopeful sur mes genoux; la seconde fut passée derrière l'épaule du chien, puis entre ses jambes de devant; je la lui ramenai derrière la tête, la bouclai au dernier trou, et je me la mis ensuite en bandoulière.

Défiant comme le sont tous les limiers, le pauvre Hopeful s'alarma dès qu'il se vit attaché; il se débattit avec une vigueur effrayante et fit claquer ses dents comme un renard aux abois. Je me couchai, l'ayant sur le corps, lui saisis le museau de la main gauche et, de ma droite, demeurée libre, je le frappai jusqu'à lui faire perdre haleine, ce qui arriva d'autant plus vite qu'il ne pouvait pas ouvrir la gueule. Tout d'abord sa fureur en augmenta; il écumait comme s'il avait été enragé; un instant j'eus peur de l'avoir tué; mais il recommença la lutte avec une force qui dissipa toute inquiétude. Je resserrai les étrivières et recommençai le même traitement, ce que je fis à diverses reprises. A la fin, il reconnut ma voix et ne bougea plus de la nuit. C'est à la chaleur qu'il m'a communiquée, à elle seule, que je dois de n'être pas mort; j'en ai la ferme conviction. Le froid a dû être, cette nuit-là, d'une rigueur exceptionnelle, car j'ai vu des gnous qui en étaient raidis au point de ne pas pouvoir remuer.

Dès que j'eus retrouvé le complet usage de mes membres, je fis un violent exercice afin de rétablir la circulation. Puis, gagnant l'endroit le plus élevé que je pus découvrir, je tirai d'abord un coup de fusil dans une fourmilière pour ne pas perdre ma balle, puis je rechargeai le canon d'une énorme quantité de poudre que je bourrai fortement avec six pouces d'herbe. La détonation fut effroyable, mais n'obtint pas de réponse.

Enfin, vers quatre heures du soir, je ralliais mes compagnons Proudfoot et Schikkerling, qui m'avaient cherché toute la matinée.

Je m'estimai fort heureux d'avoir regagné les chariots : il fallait sept journées de marche pour atteindre la première habitation et, alors même que j'aurais eu du feu et des aliments, je n'aurais certes pas résisté à une seconde nuit pareille à la précédente.

16 *août*. — Voilà plus de six semaines que mon journal est abandonné, je suis donc obligé de revenir en arrière pour reprendre mon récit.

Après avoir troqué mon chariot, mes marchandises, tout ce que j'avais, contre des bœufs, je me dirigeai vers Hartebeest-Fontein, pour y faire l'acquisition d'une charrette et me rendre ensuite à Graham's-Town. Je rencontrai là, par hasard, M. Vermaas, qui allait dans le Mérico ; mon itinéraire fut immédiatement changé : on convint que je serais de la partie, et, comme nous devions chasser la girafe, j'ajoutai à la poudre, au plomb, au sucre, au café que je devais fournir, une provision de fourrage pour mes chevaux et pour deux paires de bœufs.

Le lendemain, nous nous dirigions vers le Mérico, où M. Vermaas devait attendre son fils, qui avait été chasser l'éléphant. Nous nous perdîmes en route, et il nous fallut sept jours pour gagner notre destination. Swartz et le jeune Vermaas étaient revenus quand nous arrivâmes ; ils avaient fait une expédition glorieuse, tué vingt éléphants superbes et, en outre, acheté aux Cafres une assez grande quantité de défenses. A la vue de ce bel ivoire, je résolus de gagner sans plus de retard le pays où on se le procure. Swartz y retournait avant peu ; je m'arrangeai pour aller avec lui. Il fut arrêté que je fournirais l'attelage d'un wagon, et qu'il se chargerait du transport de mon ivoire jusqu'à l'endroit où nous étions alors. Je partis immédiatement pour aller chercher mes bœufs, mes chevaux et mes fusils.

Je laissai à mon ami Joubert cinquante-quatre bœufs, et je repartis le surlendemain pour le Mérico avec John, cinq chevaux, neuf bœufs, cinq fusils, quatre chiens, etc.

Cinq jours après, nous arrivions chez Swartz, accompagnés d'un Anglais appelé Metcalf.

Le territoire de Mérico est un bel et bon pays : un sol éminemment fertile, des récoltes merveilleuses, des fruits tant qu'on en veut. La température y est chaude ; la contrée, bien boisée ; il est fâcheux qu'on n'y voie pas de rivière, seulement deux petits cours d'eau ; mais les fontaines y abondent. C'est, en somme, une région charmante, où il ferait bon vivre ; un pays accidenté, peut-être un peu rocailleux, mais avec de fort belles vallées entre les pentes. Son unique désavantage est la rareté du gibier ; et cependant il n'est pas d'endroit qui lui paraisse plus favorable ; d'où cela peut-il provenir ?

L'habitation de Swartz est à l'extrémité du Mérico ; les boërs n'ont pas pénétré au delà ; il n'y a pourtant pas de meilleurs pionniers pour attaquer un pays neuf. Quatre journées de marche seulement nous séparent du territoire de Séchéli (1), un chef très-puissant des Betjouanas.

Notre départ est fixé au 31 août.

Impossible de trouver une hospitalité plus large que celle dont je jouis. Tous les boërs des environs nous accueillent de la façon la plus cordiale, et Swartz (2) a une table excellente. Il a pour ainsi dire maison ouverte ; chaque jour des allants et des venants, et pour tous un verre d'eau-de-vie du Cap. Jamais les flacons ne rentrent dans le buffet; et la journée se termine invariablement par le tir à la cible, auquel tous ces boërs sont extrêmement adroits. Une cheville de joug ou même une bouteille mise à cent pas, voilà le but le plus ordinaire; les fins tireurs le méprisent et réclament des fioles à eau de Cologne pas plus hautes qu'un verre et qui, à cent mètres de distance, paraissent singulièrement réduites; néanmoins ce but est encore souvent brisé.

On fait aussi des courses de chevaux; les conditions de la lutte sont de mettre la bride sur le cou de la

(1) Séchéli a été converti au christianisme par M. D. Livingstone, qui donne sur ce chef, dont il sera souvent question dans ce volume, de nombreux renseignements; nous les avons réunis au chap. 1 de notre édition des *Explorations dans l'Afrique australe*. — J. B.

(2) Le nom de Martin Swartz, qui se retrouvera plusieurs fois dans ce livre, a été rappelé récemment à l'Europe par le *Daily News*, qui cite un extrait du *Transvaal Argus*, d'après lequel ce chasseur d'éléphants, célèbre dans le Transvaal, était, en juillet 1867, au-dessus des chutes Victoria, où il a rencontré des indigènes qui venaient de servir de guides au docteur Livingstone : ils l'avaient quitté à vingt journées de marche au nord du Zambèse. — J. B.

bête, et le cavalier, frappant des talons et des poings, les cheveux et les bras au vent, doit parcourir mille mètres.

Enfin, ces boërs sont très-grands musiciens, fort amateurs de danse et paraissent mener une vie excessivement heureuse. On voit chez eux beaucoup de jolies filles, et ce sont des gens d'une grande moralité.

Ils ont pour déclarer leurs sentiments une coutume singulière. Le jeune homme qui ressent une admiration particulière pour une jeune fille, saisit la première occasion qui se présente de demander à celle-ci la faveur de veiller avec elle. Si cette demande lui est accordée, la jeune fille, dès que chacun est endormi, reparaît dans la salle tenant à la main une chandelle plus ou moins longue, suivant le degré d'intérêt que lui inspire celui qui la recherche. En effet, l'entretien doit se prolonger tant qu'il y aura de la lumière. Un simple rideau est fréquemment la seule cloison qui s'élève entre les chambres à coucher et la pièce où causent les deux jeunes gens. Ils parlent donc très-bas pour ne pas réveiller les dormeurs, et se tiennent bien près l'un de l'autre afin de pouvoir s'entendre.

La veillée dure souvent jusqu'au jour; mais aussi quels soins l'heureux jeune homme a prodigués à la chandelle pour l'empêcher de couler ou de pétiller, pour la préserver des courants d'air et la faire brûler le plus longtemps possible, car il devra partir au moment où elle s'éteindra : l'obligation est rigoureuse.

Étendu sur le plancher, roulé dans ma couverture et paraissant dormir, j'ai assisté à deux de ces veillées qui se passaient en même temps, chacune dans un coin de la grande salle ; et j'entendais, au milieu du silence de la nuit, le murmure étouffé de ces heureux couples.

En vérité, cette coutume a quelque chose de charmant, dont l'effet, dans tous les cas, fut d'éloigner de moi tout penchant au sommeil et de m'amener à cette conclusion : qu'il vaut beaucoup mieux prendre une part active à la scène que d'en être simple spectateur.

Ces boërs sont des gens primitifs, hospitaliers et généreux : ils se marient très-jeunes, parviennent presque tous à un âge avancé, ont une nombreuse famille, sont pour la plupart dans une grande aisance et prennent le temps comme il vient. Toutefois, quelques-uns des plus pauvres sont obligés de travailler dur, et pour eux la vie est rude; mais ils n'ont pas beaucoup de besoins et sont élevés de manière à y pourvoir eux-mêmes. Excepté les épices, quelques images, une grosse étoffe velue appelée peau de taupe, de la poudre et du plomb, ils n'achètent jamais rien : tout le reste est de leur production ou de leur fabrique. Mais, des coutumes qui les distinguent, je n'en vois pas de meilleure que celle de la veillée. Pourvu que cela convienne aux deux parties, le mariage est toujours approuvé des parents, et la conclusion ne s'en fait jamais attendre; pas de langueurs, de pourparlers qui traînent : à quoi bon?

La dot de l'épousée consiste généralement en un certain nombre de vaches, de chèvres et de moutons.

Un chariot et son attelage de douze bœufs constituent l'apport du mari, qui parfois y ajoute un cheval de selle. Les jeunes gens, ainsi pourvus, sont assurés de bien vivre : ils peuvent compter sur de riches troupeaux, qui leur seront une fortune et leur permettront de doter garçons et filles, sans s'inquiéter du nombre, car ils ont à cet égard une coutume excellente. A la naissance de chaque enfant, une vache, une brebis et une chèvre sont appropriées au nouveau-né, qui, à l'époque de son mariage, entrera en possession de la progéniture de ces trois souches, dont pas un descendant n'aura été vendu. Sur sa dot, le jeune ménage prélèvera une somme plus ou moins ronde destinée à l'achat des objets de luxe, tels que le wagon, le cheval de selle, le fusil, les étoffes, les rubans et les babioles qui peuvent plaire à la jeune femme. Quand la bourse est grosse, ils achètent tout ce qu'il y a de plus cher, soit au Cap, soit ailleurs. Un cheval fringant, bridé de manière à le faire continuellement encenser, est indispensable au jeune dandy qui va faire sa cour, et aucune démarche n'est épargnée pour le découvrir.

Le 1er septembre, nous avons déjeuné d'un œuf d'autruche au beurre ; il était excellent ; nous étions cinq et nous n'avons pas pu tout manger.

Nous avons peinturluré un chariot que nous espérons vendre à Mosilicatsi. On n'imagine pas les soins que nous avons apportés à cette opération : toutes les couleurs de l'arc-en-ciel y figurent avec éclat. Est-ce le goût hollandais qui l'a voulu ou, simplement, veut-on capter l'œil du sauvage ? C'est ce que j'ignore.

J'ai écrit, il y a huit jours, une grande lettre à ma famille; elle ne partira pas avant deux mois, et qui sait si jamais elle arrivera? Il n'y a pas de courrier, pas la moindre occasion pour une ville où soit un bureau de poste. Les gens de ce territoire sont à plus d'un siècle en arrière du monde civilisé. Ils n'en paraissent pas moins heureux, je l'avoue, et sont très-contents de leur sort.

Une bonne chance vient de nous adresser un missionnaire allemand; il se rend à la côte et ne s'arrête que pour faire manger ses bœufs. J'ai tout juste le temps d'ajouter quelques lignes pour lui donner ma lettre avant son départ.

15 *septembre*. — Enfin, nous voilà en route avec trois wagons, neuf chevaux et quarante-deux bœufs.

16 *septembre*. — Le pays est très-beau : une vallée bien boisée. L'ancienne résidence de M. Edwards, à laquelle nous arrivons, était parfaitement située. On y voit encore un beau jardin; mais les bâtiments, qui étaient spacieux et solidement construits, ne seront bientôt plus que des ruines. La chapelle est maintenant habitée par des Cafres, et sert de retraite à leurs animaux; j'y ai trouvé six chiens à côté des restes d'un grand feu.

Kleinboy, l'ancien écuyer de Gordon-Cumming, nous a rejoints dans la matinée; c'est un amusant petit drôle.

John et Swartz sont partis de bonne heure le 19 septembre en quête d'un tsessébé (*acronatus lunata*), d'une girafe ou d'un coudou. Pendant ce temps-là, j'accompagnais les chariots. Nos amis nous rejoignirent à l'endroit où nous avions dételé; mais ils n'apportaient rien, et nous ne possédions pas une bouchée de viande au camp. Je pris une tasse de café avec un biscuit, et nous repartîmes : il nous fallait une girafe. Je montais le vieux Bryan, un grand cheval étroit, d'une longueur remarquable, ayant un cou de brebis, un poil bleu, une allure dégingandée, beaucoup de ressemblance avec la bête que nous allions poursuivre. Il pèse à la main; il a la bouche fort dure, mais aussi, la poitrine profonde, l'épaule très-large et certaines qualités rares qui font oublier sa laideur.

Six indigènes, que nous rencontrâmes bientôt, nous dirent qu'ils avaient croisé la piste fraîche d'une troupe de girafes, et rebroussèrent chemin pour nous la montrer. Nous suivîmes les traces pendant six ou sept kilomètres, sur un terrain pierreux et couvert de broussailles; tantôt nous gravissions les hauteurs pour découvrir la bande et tantôt nous revenions sur la piste, où nous marchions aussi vite que le pas des Cafres le permettait. Le premier de tous, je reconnus à près de quatre cents mètres un détachement de sept ou huit bêtes; mais, ayant sifflé pour en avertir Swartz, je les vis détaler avec une vitesse prodigieuse.

Nous partîmes à toute bride, franchissant les buissons et les pierres, et, après une traite assez longue, je finis par gagner les fugitives. Je n'en étais pas à vingt mètres lorsque Bryan s'arrêta court, tremblant de tous ses membres, ayant peur de ces grandes bêtes à l'allure maladroite. Je l'éperonnai d'une façon vigoureuse et lui fis tenir le dessus du vent pour l'empêcher de sentir la girafe, dont les émanations très-prononcées effrayent les chevaux qui n'en ont pas l'habitude.

Nous débuchâmes dans la plaine; Swartz à quarante ou cinquante pas de la bande, moi derrière lui, à peu près à la même distance. A la vue d'un autre cheval, Bryan reprit courage; il bondit, fut immédiatement à côté de celui qui le devançait, prit la tête et allait fondre sur les girafes quand elles se rembuchèrent. Peu de temps après, Swartz détournait une femelle que, précisément, j'avais distinguée. Je me mis aussitôt à la poursuite d'un mâle gigantesque; il s'enfuit en bondissant, la queue roulée comme un tire-bouchon, parcourant d'un saut l'espace que je ne pouvais franchir qu'en trois pas.

Bryan se précipitait, sans souci des épines, écrasant tout devant lui, me mettant les mains et la chemise en lambeaux.

Arrivé cependant au niveau de la bête, je lui envoyai ma balle, qui l'atteignit dans le haut du cou, mais ne produisit aucun effet. Alors, modérant l'allure de Bryan, je rechargeai mon fusil; j'avais conservé le petit galop; aussi, quelques instants me suffirent-ils pour reprendre notre ancienne position.

Au moment où je pesais sur la bride afin de mettre pied à terre, mon cheval se heurta contre un hallier qui lui fit faire un mouvement de recul; la girafe, pendant ce temps-là, prit une avance de cent mètres. J'eus bientôt regagné le terrain perdu. Je voulais tourner la bête; mais elle filait comme un vaisseau à pleines voiles, battant l'air de ses pieds de devant, dont elle me rasait presque l'épaule. Si j'avais pu descendre, j'aurais cent fois eu l'occasion de tirer; mais impossible d'arrêter, car Bryan ne sentait rien du mors. Toutefois, chez lui, pas le moindre signe de défaillance; toujours la même ardeur. Je le rapprochai de l'animal, en tenant mon fusil d'une main. Lorsque je ne fus plus qu'à deux mètres de la girafe, je tirai droit à l'épaule. Le recul me lança mon fusil par-dessus la tête, et faillit me briser le doigt. Quant à la girafe, elle avait l'épaule pulvérisée et tomba raide avec un épouvantable fracas. J'avais chargé au hasard et mis sans doute une énorme quantité de poudre.

Bryan fut arrêté du coup; je le dessellai même avant d'avoir regardé ma girafe, la première que j'abattais, et, prenant la petite couverture qui était sous la selle, je me la posai sur la tête pour me préserver du soleil, dont les rayons étaient brûlants.

Je devais avoir fait près de huit kilomètres, toujours en ligne droite, franchissant des roches, traversant les halliers et pendant quinze à seize cents mètres suivant l'animal à vingt pas, au milieu de cailloux qu'il faisait jaillir et qui parfois me sifflaient au-dessus de la tête.

Swartz, que j'avais dépassé, tua sa femelle d'un coup tiré par derrière, à une distance d'environ cent mètres. Quant à John, il était trop mal monté pour avoir affaire aux girafes, et dut se borner à les voir bondir de loin.

Combat entre Baldwin et un buffle. (Page 86.)

Chasse à la girafe. (Page 118.)

BALDWIN, pop.

20 septembre. — Nous ne bougeons pas; c'est aujourd'hui dimanche. J'ai envoyé de bonne heure les hommes et les chiens prendre leur part de viande : hier, il était trop tard pour que l'on pût retourner à la place où nous avions laissé le gibier.

21 septembre. — Nous arrivons à Kolobeng, où nous voyons les ruines de la maison de Livingstone, maison que les boërs ont pillée lors d'une razzia qu'ils firent sur le territoire de Séchéli (1).

22 septembre. — Partis de bonne heure pour chasser la girafe, nous nous sommes perdus les uns les autres en poursuivant des tsessébés. Arrivé sur la route, j'y ai vu l'empreinte récente d'un wagon; elle m'a conduit au village de Séchéli, où deux missionnaires allemands, installés depuis peu, m'ont fait très-bon accueil. L'un d'eux, M. Schroeder, m'avait reçu plusieurs fois chez les Zoulous.

23 septembre. — Après l'arrivée des chariots, nous eûmes bientôt la visite de Séchéli, un beau *Cafre* (2), bien vêtu, à l'air intelligent, mais qui a trop bonne opinion de lui-même. Il ne veut pas permettre que l'on chasse sur ses terres, et il a commencé par me prier de déguerpir. Il trouvait d'ailleurs que j'avais manqué d'usage en n'allant pas tout d'abord lui présenter mes

(1) Voyez les détails de cet événement dans le premier chapitre de notre édition des *Explorations dans l'Afrique australe.* — J. B.

(2) Il est peu important de signaler que M. Baldwin se trompe plusieurs fois sur l'ethnographie de l'Afrique et n'est d'accord ni avec le docteur Livingstone ni avec Sébitouané; pourtant on ne peut guère donner Séchéli pour un Cafre, puisqu'il est notoirement un Betjouana. — J. B.

respects. J'ai essayé de lui faire comprendre que tel était mon désir, mais que j'ignorais le chemin de sa résidence, et qu'ayant voulu m'approcher de quelques femmes pour le leur demander, celles-ci, au lieu de me répondre, avaient pris la fuite en appelant à leur secours. Enfin, pour lui prouver les bonnes dispositions que j'avais à son égard, je lui ai fait un présent; il m'a serré la main et nous nous sommes très-bien quittés.

25 *septembre*. — En partant de la résidence de Séchéli, j'ai fait une longue marche en dehors de la route, afin de nous procurer de l'eau. Presque toutes les terres que nous avons vues étaient cultivées en jardins; les femmes du pays ont énormément travaillé.

26 *septembre*. — L'endroit où nous sommes est appelé Kapong; nous y attendons Séchéli, avec qui nous devons partir mardi soir. La première eau que nous trouverons ensuite est à trois jours de marche. Cela me désole pour les chevaux, surtout pour les bœufs, qui auront jour et nuit trois chariots à traîner, et la plupart du temps dans un sable profond. Ici, le pays est plat et d'un parcours difficile; le fourré est continu; le soleil, dévorant : du sable, aucun gibier. Je n'ai pas déchargé mon fusil depuis deux jours; il faudra ce soir tirer à la cible pour nous entretenir la main.

Dimanche, 27. — Nous avons eu un magnifique orage, qui vaut pour nous tous les trésors du monde, car il est probable que, grâce à lui, nos animaux trouveront à boire sur la route. Chacun de nous était occupé à convertir en amphores des œufs d'autruche, des vessies, des cornes de bœuf, tout ce qui avait quelque capacité.

28 *septembre*. — Séchéli est arrivé à cheval, escorté de soixante hommes et suivi d'un certain nombre de bœufs de charge, portant des objets de troque. Il m'avait bien amusé le jour où nous avons quitté sa résidence, en venant nous faire ses adieux, à la tête de ses gardes du corps, un sabre nu au poing. Aujourd'hui, changeant d'idée, il ne veut plus nous accompagner. Depuis midi, il est en marché avec Swartz pour le chariot dont la peinture nous a donné tant de peine, et qui était destiné à Mosilicatsi.

Définitivement, c'est lui qui achète le wagon : il le paye trois cent soixante kilos d'ivoire, ce qui représente près de six mille trois cents francs, car il est entendu que les défenses seront d'un beau volume.

Nous tirons ensuite à la cible; Séchéli est battu, ce qui, dit-il, lui fait mal au cœur. Il possède une très-belle carabine à deux coups.

Swartz vient de me céder Luister, un cheval vicieux, qui lance des coups de pied à tout venant, a le dos écorché, de grosses attaches et une quantité de suros. J'ai donné pour l'avoir deux dents magnifiques, du poids de soixante-dix kilos, ce qui représente au moins douze cent cinquante francs. Luister n'en vaudrait pas trois cents si nous étions dans le Natal; mais ici je ne le paye pas trop cher, vu qu'il est à l'épreuve de la maladie, qu'il ne mourra pas et qu'il est infatigable. On le monte tous les jours, sans qu'il s'en aperçoive, et pour l'éléphant c'est une bête exceptionnelle.

Je pense n'avoir plus de chevaux à perdre : ils n'ont aucun des symptômes qui font pressentir le mal ; tous d'ailleurs ont payé leur tribut. Mais Croppy et Jack ne valent rien : celui-ci est aveugle et s'emporte ; l'autre est boiteux, ankilosé, myope et stupide. Séchéli voudrait bien me vendre un cheval pour un fusil ; mais la chose est trop scabreuse : si elle arrivait aux oreilles des boërs, ils confisqueraient probablement une partie de mon avoir ou m'infligeraient une grosse amende. Séchéli nous quitte le 29, pour retourner à son kraal.

La couche de sable où nous nous traînons est d'une épaisseur peu commune. Tout le chemin se fait au travers d'un hallier formé principalement d'acacias-girafes et déchiré çà et là par de vastes clairières.

1er *octobre.* — Nous gagnons les citernes de Batlanarmi, où nous trouvons une eau copieuse. J'éprouve une extrême jouissance à m'y débarbouiller largement, car, depuis deux jours, il a fallu se contenter d'un linge à peine humide pour enlever la poussière collée à notre épiderme.

L'eau est trop éloignée du sol pour que nos bêtes puissent y atteindre ; mais nous faisons boire les chevaux dans un baquet et, pour le reste, une fosse a été creusée. Nous sommes nombreux, on fait la chaîne et l'on verse l'eau dans cet abreuvoir : quand elle y présente une hauteur de vingt-trois centimètres, les bœufs y sont amenés six par six ; et Kleinboy, accroupi sur les talons, les retient sur la rive, à coups de chamboks, afin d'empêcher qu'ils ne délayent le sol en piétinant dans l'eau. De cette façon, toute la bande se désaltère convenablement.

L'échelle qui nous permet de gagner le fond de la citerne est composée d'une tige d'acacia-girafe, dont les branches latérales ont été coupées à deux pieds du tronc et représentent un bâton de perroquet; les Saras occupent ce perchoir, emplissent les seaux de zinc, les passent à leurs voisins, et la chaîne s'établit.

Après le coucher du soleil, Swartz, John, Kleinboy et moi, nous montons à cheval pour chercher une girafe. Il en paraît bientôt sept, qui passent d'une allure tranquille ; nous prenons le galop, en tâchant de les rabattre du côté des wagons. Chargé de les attendre, je retiens Bryan tant que je le peux, mais il pèse vigoureusement sur la bride, la gourmette casse, il part comme un trait et me met bientôt sur la même ligne qu'une énorme femelle qui me présente le travers à une distance de trois cents pas. Je tire ; le fusil rate. Comme le cheval ne peut pas être dirigé, c'est à grand'-peine que je remets une capsule. Je me rapproche de la girafe et vais bientôt l'atteindre, lorsque Bryan m'emporte à toute vitesse au milieu d'un fourré d'*attends-un-peu* (1), qui me met en lambeaux, m'enlève

---

(1) « Les ramilles de la *wagt-een-beetje* (en anglais *wait a bit*) sont armées d'une épine droite; mais les épines en crochet y poussent en paires, opposées l'une à l'autre. Il faut bien en effet *s'arrêter un peu*, comme le nom l'indique en hollandais, si cette plante prend une fois vos vêtements. » Baines, *Voyages dans le Sud-Ouest de l'Afrique*, p. 29 de notre traduction. Baldwin reparle de cette épine deux pages plus loin. — J. B.

mon fusil et le lance au loin. Tout ce que je peux faire, c'est de me maintenir en selle.

Bryan se détourne et débouche du fourré; d'abord je le ramène sur ses pas afin de ramasser mon fusil; puis je m'élance dans la direction où j'ai vu la girafe pour la dernière fois. Je la découvre au loin; mais je suis au milieu des épines; le taillis est compacte. En vain, je cherche une clairière où je puisse forcer de vitesse. A la fin cependant, nous gagnons la bête; je tire de ma selle et envoie à la girafe une balle qui l'atteint par derrière, mais trois pouces trop bas. Malgré les flots de sang qu'elle perd, elle n'en conserve pas moins une bonne allure. Je me contente de la garder en vue pendant que je recharge; elle continue en ligne droite. Bryan l'a bientôt rejointe; nous galopons côte à côte; je la devance en quelques bonds et, au moment où elle passe auprès de moi, je lui traverse le cœur d'une balle qui la fait tomber morte à dix pas.

Mon cheval est immédiatement dessellé, entravé; au bout de cinq minutes, arrivent les Cafres et les chiens. Malgré la courroie qui lui maintient la tête à un pied du genou, Bryan s'échappe et reprend le chemin du camp. Un vilain tour qu'il me joue là!

A demi mort de fatigue et de soif, je suis obligé de courir après lui; je ne le rattrappe qu'à trois kilomètres de distance, et il faut que je le ramène au point de départ afin de reprendre la selle et la bride. Je suis d'une humeur d'autant plus massacrante que les épines m'ont affreusement déchiré.

En arrivant aux wagons ou, pour mieux dire, en

en suivant les traces, car ils étaient partis, j'apprends d'un indigène que ce pauvre John s'est cassé le bras. La nouvelle est malheureusement vraie. John montait Luister : comme il l'arrêtait pour sauter à bas et tirer la girafe, la mauvaise bête se dressa, retomba vivement, détacha force ruades et fit un bond de côté. John fut lancé au loin et entendit produire à son avant-bras le craquement d'une capsule qui éclate. Par bonheur, Swartz et Kleinboy se trouvaient dans le voisinage; ils le pansèrent immédiatement, et je le trouvai, sa fracture remise, le bras en écharpe, et avalant une tasse de café. Le dos d'un livre et un fragment de caisse à thé avaient fourni à Metcalf les matériaux des attelles.

Deux Cafres m'ont travaillé les jambes une partie de l'après-dînée du lendemain; ils en ont extrait quarante-deux épines. Je souffre beaucoup, cela va sans dire; pourtant mes mains sont encore plus malades ; elles ont enflé, suppuré; elles me donnent la fièvre, qui m'a fait des élancements au point de m'empêcher de fermer l'œil. Une application de pierre bleue (1) que j'y ai faite aujourd'hui est loin d'avoir calmé la douleur.

Ces broussailles, que les boërs ont si justement appelées vaac-um-bechi, nom qui veut dire *attends-un-peu*, sont tout ce qu'il y a de plus effroyable. Elles forment une cime carrée, inflexible, épaisse, armée d'épines trapues, à doubles crochets acérés. Aucun vê-

---

(1) *Blue stone*, sur-sulfate de cuivre (vitriol bleu). — H. L.

tement, de quelque nature qu'il soit, ne résiste à leur extrémité fixe et tranchante, et, plus vous faites d'efforts pour vous y soustraire, plus vous vous enferrez. Il n'est pas de cheval, de chien, de bœuf, de Cafre, ni d'Européen qui les affronte volontairement. Enfin, elles ne se contentent pas de nous déchirer, elles sont des plus venimeuses. J'ai le coude et le genou droits complétement ankylosés par suite de leurs piqûres.

Nous avons vu à l'étang une foule de Calacas (1) venus pour y chercher de l'eau. C'est tout ce qu'il y a de plus misérable. Traités de chiens par les Betjouanas, ces malheureux ne peuvent manger que les entrailles des animaux qu'ils ont tués : la viande en est réclamée par Séchéli. Des œufs d'autruche et de grands

---

(1) D'après Sébitouané (chap. II de notre *Abrégé de Livingstone*), il n'y a, du Zambèse au cap de Bonne-Espérance, que trois races africaines : les Cafres à l'est, les Betjouanas au centre, et les Hottentots à l'ouest. Au nord du Zambèse, il met les nègres qu'il appelle *Calacas*; mais cette épithète est donnée sans rapport à la couleur de la peau. Elle signifie vilain, comme le mot *Boschiman* veut dire homme des bois ou vagabond. De même, beaucoup de noms de tribus n'ont pas de relation avec l'ethnographie; ainsi *Macoubas* désigne les bateliers. Ils peuvent être transitoires : les *Cololos*, formés par Sébitouané, sont dispersés depuis la mort de Sékélétou. Pour l'ethnographie, la confusion est telle que nous ne voulons entamer aucune discussion. Nous nous contenterons donc de reproduire, sans commentaire, les noms que nous fournira Baldwin, en retranchant ordinairement *ba* ou *bé*, *ma* ou *mé*, préfixes qui répondent à notre article *les*. Ici, par exemple, *Calacas* désigne, non pas des nègres, mais, comme le mot *Saras*, synonyme de *Boschimans*, des hommes méprisés et subordonnés. — Quant à la description du Calahari et de la façon dont on y fait sa provision d'eau, nous renverrons le lecteur au docteur Livingstone ou à notre abrégé de ses *Explorations dans l'Afrique australe*, chap. I. — J. B.

boyaux fortement liés à l'un des bouts sont les seuls vases qu'ils aient apportés. Ils les remplirent au moyen d'écailles de tortue, mirent les œufs dans une espèce de filet, ou dans une peau de bête, qui en contenait douze ou quatorze, et les emportèrent sur leur dos.

L'étang dont je parle est celui de Lopépé. On n'y aperçoit aucune empreinte annonçant que des animaux viennent y boire, et, comme j'ai vu des canards s'en éloigner d'un vol ferme et direct, je suppose qu'il y a un autre étang dans le voisinage.

Les gens de ce pays-ci ont le caractère bien fait. Un Boschiman, qui, revenant à son kraal, s'est joint à notre escorte, avait gagné deux génisses par deux années de travail et les ramenait chez lui. C'était toute sa fortune. Avant-hier, il confia ses deux bêtes à l'un de ses camarades tandis qu'il allait chercher la viande d'une girafe que j'avais tuée. Quand il revint, les génisses avaient pris la fuite. Le pauvre homme suivit leurs traces jusqu'au soir; le lendemain, ayant continué ses recherches, il vit la piste du lion se mêler à l'empreinte de ses bêtes, dont il finit par retrouver les débris un peu plus loin. Revenu tout à l'heure, il nous a dit, en souriant, d'une oreille à l'autre : « Le lion les a mangées. »

5 octobre. — Nous sommes arrivés ce matin chez Sicomo; l'endroit est sauvage et d'un aspect bizarre. Les huttes sont établies à la crête d'une montagne où l'on ne peut arriver que par une gorge étroite, une déchirure profonde aux entrailles du rocher et qui partout ailleurs serait le lit d'un torrent écumeux.

Sicomo est à la chasse; nous ne pouvons donc pas le voir.

Bien que cette crête soit habitée par plusieurs milliers de gens, on la croirait déserte. Mais, le soir et le matin, la gorge fourmille de travailleurs qui, sur une ligne continue, reviennent de leurs jardins ou s'y rendent, au milieu d'un babillage perpétuel.

J'ai acheté deux karosses (1), un lot de plumes d'autruche et à peu près dix-huit kilos d'ivoire. Les habitants sont beaucoup plus civils que je ne m'y attendais.

6 *octobre*. — Metcalf reste ici, et nous poursuivons notre voyage. Nous marchons droit au nord; mais nous mettrons deux jours pour tourner la montagne.

Les bœufs sont déteiés au coucher du soleil, et nous creusons le lit desséché d'une petite rivière, où nous trouvons de l'eau à trois pieds de profondeur; elle est fraîche et nous paraît d'autant plus délicieuse qu'il règne depuis deux jours des vents d'une chaleur accablante. Pourtant nous avions à notre usage des flots d'une bière qui est un peu acide et très-rafraîchissante.

9 *octobre*. — Hier, nous avons franchi une haute montagne, jonchée de pierres et couverte d'un fourré qu'il a fallu ouvrir à coups de hache. Heureusement il faisait frais, au point que, malgré mes deux habits, j'ai eu beaucoup de peine à me réchauffer en marchant.

J'ai vu hier pour la première fois l'antilope de Har-

---

(1) Manteaux faits avec des peaux de bêtes et que Levaillant appelle *Kross*. — J. B.

ris (1) (egoceros nigra), mais de très-loin et sur le flanc d'une montagne à pic. Au roulement de nos chariots sur les pierres du ravin, elle s'éloigna d'un pas majestueux et s'arrêta lorsqu'elle fut hors de péril. Elle m'a semblé d'un noir de jais ayant un vif éclat. J'ai couru pour l'examiner; mais elle avait disparu, ou plutôt les buissons, les arbres et les quartiers de roche, qui encombraient la ravine, me l'avaient cachée.

Le 9 au soir, Kleinboy a négligé de rentrer ma selle que j'avais prêtée à Swartz, et, bien qu'elle ne fût pas à deux mètres des chariots, elle a été prise par les loups, qui l'ont saisie au milieu d'une foule de Cafres et de chiens couchés à la belle étoile. Nous n'en avons revu que les étriers, les sangles et une boucle, à huit cents pas des wagons. C'est un désastre d'autant plus fâcheux qu'il est irréparable. Si j'avais seulement retrouvé le bois, je pourrais le recouvrir d'une manière ou d'une autre; mais sans cela comment faire? Or, une bonne selle est indispensable dans ce pays-ci, où les chevaux s'écorchent très-facilement, quelle que soit l'attention qu'on y mette.

13 *octobre*. — La chaleur est cruelle : impossible de marcher au milieu du jour; bêtes et gens sont incapables de se mouvoir. Je ne veux plus chasser en été : le soleil qui vous grille, le vent qui vous étouffe et le sable qui vous brûle vous soutirent toute la séve du

(1) Th. Baines (*Voyages dans le Sud-Ouest de l'Afrique*, p. 242 et suiv. de notre édition) a eu le soin de défendre la véracité du capitaine Harris, au sujet de cette chasse faite en 1837, et dont le récit a été reproduit dans le *Tour du monde*, 1863, p. 389 et suiv. — J. B.

corps; ils vous dessèchent comme une momie et vous vieillissent de dix ans. Nous sommes dévorés par les mouches et fort mal protégés contre ce soleil féroce, dont la puissance est telle qu'il a entièrement liquéfié un quartier de lard maigre, enveloppé d'une double toile à voile et placé au fond du chariot.

J'ai toujours mal aux mains; les plaies n'en veulent pas guérir, et ce pauvre John souffre beaucoup de sa fracture. Il a vu hier un docteur indigène qui lui a pratiqué dans le bras une foule de petits trous et les a frictionnés avec une certaine préparation, composée de feuilles et de racines. J'ai peu de confiance en l'habileté de ce personnage, et ne voudrais pas subir le traitement qu'il impose.

Nous allons droit au nord, en inclinant tantôt vers le couchant, tantôt vers l'orient, pour nous procurer de l'eau; quelques Saras nous précèdent et nous conduisent d'un réservoir à l'autre.

Cette région est bien ce qu'il y a de plus triste au monde : elle est plate, sèche, aride et morne; tout ce que j'ai vu de plus désolé. Pas un brin d'herbe, les habitants ont brûlé jusqu'à la moindre tige. Le paysage est tellement uniforme que je n'ose pas m'éloigner des chariots, dans la crainte de ne plus me retrouver. Quand l'un de nous est absent, on allume de grands feux et, de temps à autre, on décharge les fusils. Il y a de quoi frémir à la seule idée de se perdre. Comment se procurer de l'eau et rejoindre les wagons? Le sol est si desséché que les roues n'y laissent pas la moindre trace. Nous formons un parti de vingt personnes, y compris deux femmes et leurs enfants, plus nos Cafres, et nous jurons bien de ne jamais revenir dans ce désert.

Bryan et deux de nos bœufs sont malades. Jack a disparu hier au soir, et je me demandais s'il n'avait pas été la proie des lions quand, à ma grande joie, le Hottentot l'a retrouvé. Nos Cafres ont rapporté dix œufs d'autruche qui étaient très-bons. Ce matin, nous avons déjeuné d'une bosse de rhinocéros cuite au fond d'un trou et dans sa peau : chair tendre et grasse, succulente, un peu glutineuse et de bon goût.

Dans tous les endroits où il y a un petit filet d'eau vaseuse, lequel demande cinq à six heures pour emplir la moindre fosse, vous trouvez quelques indigènes établis dans les environs. De quoi ces malheureux peuvent-ils vivre? Ils n'ont pas de bétail, pas de jardin : quelles sont les plantes qui pourraient croître dans ce misérable sol? Cinq ou six chèvres étiques et un petit nombre de chiens affamés composent tout leur avoir (1).

Swartz et moi, nous avons tué un élan, quatre

---

(1) Pour eux, tout est gibier, depuis l'éléphant jusqu'aux chenilles et aux fourmis ; les sauterelles viennent parfois leur servir de manne, et ils déterrent les grenouilles qui attendent la saison pluvieuse sous la croûte desséchée du sol. Ils y ajoutent les fruits sauvages, surtout les racines des plantes qui croissent dans cette région, et qui, pour résister à la sécheresse, sont pourvues de tubercules nourrissants et aquifères. Malheureusement la dessication progressive du pays rend les plantes de moins en moins nombreuses et fait émigrer les animaux, qui fuient à la fois la disette et les poursuites plus actives dont ils deviennent l'objet. — H. L.

buffles et deux rhinocéros. Maintenant, nous ne chasserons plus, dans la crainte d'effrayer les éléphants; car, une fois qu'ils ont pris l'alarme, on ne sait pas où ils s'arrêteront. Nous venons de tuer sept grosses bêtes; mais rien n'en sera perdu : les malheureux indigènes ont établi de grands feux à côté de chaque pièce et en ont dévoré ou séché tous les débris jusqu'à la dernière parcelle. Une masse de ces pauvres gens avaient transporté leur domicile auprès de trois rhinocéros que j'ai tués il y a deux jours et qui étaient à peu de distance les uns des autres.

23 octobre. — J'ai gravi ce matin une haute montagne, d'où l'œil embrasse tout le pays environnant : une plaine immense, couverte de bois, se déployant à perte de vue et parsemée de collines, qui ressemblent aux rocailles artificielles d'un parc. Rocheuses et boisées au sommet, la plupart sont arrondies; mais il y en a de toutes les formes, de toutes les dimensions. Bref, un joli paysage; mais pas d'eau, et le sol est tellement desséché qu'il suffit de le voir pour que la langue s'attache au palais.

Nous rêvions depuis deux jours au bain que nous prendrions dans le Sassy; mais, en arrivant, nous n'avons trouvé qu'un lit de sable. Il a fallu faire un trou au milieu à coups de bêche, pour avoir bien juste de quoi désaltérer nos bœufs et nos chevaux. L'eau était froide et a surgi dès que nous l'avons atteinte, comme il arrive toujours, mais en petite quantité.

On prétend que nous ne sommes plus qu'à deux jours de marche du kraal de Mosilicatsi. J'entends dire que nous y trouverons M. Moffat (1), un homme habile, intelligent, qui connaît les indigènes mieux que personne.

Les Betjouanas ont épouvanté mes hommes en leur disant qu'en leur qualité de Zoulous, ils seront considérés comme espions par Mosilicatsi, qui les fera mettre à mort. Je ne parviens pas à leur persuader le contraire.

Je n'irai plus avec des boërs : à peine sont-ils au-dessus des Cafres; ils ne connaissent rien en dehors de leurs chariots et n'ont jamais ouvert un livre quelconque. Leur ignorance est poussée aux dernières limites; ils ne savent pas même ce qui est familier à tous les enfants d'Europe, et vous adressent les questions les plus absurdes. Ils emploient tous leurs loisirs à fumer leur pipe en avalant du café. Je ne comprends pas comment ils supportent l'existence. D'interminables récits de leurs exploits de chasse, que vous savez par cœur, sont la seule chose que vous puissiez en tirer, et leur superstition est presque égale à celle des Hottentots.

Nous avons parmi nous un de ces derniers, une petite brute crasseuse, qui, lorsque je lui reproche de ne jamais se laver, me répond qu'il attend pour cela d'être arrivé dans son pays, où l'eau ne renferme pas de serpents. Les boërs, à cet égard, ne valent pas

---

(1) M. Moffat, chef de la mission anglaise établie à Courouman, chez les Betjouanas, est un homme des plus estimables. D. Livingstone, qui fut son gendre, parle de lui souvent. — Voyez surtout les chap. I et VII de notre abrégé des *Explorations dans l'Afrique australe*. — J. B.

beaucoup mieux : ils n'entrent jamais dans une rivière, sous prétexte qu'un homme a été jadis mangé par un crocodile.

25 *octobre*. — Nous voilà enfin dételés au bord d'une eau limpide ; nous y attendons la réponse de Mosilicatsi (1), que nous avons fait prévenir de notre arrivée, il y a déjà trois jours.

Nous avons quitté hier un kraal macatisse, dont le chef tenait à nous garder : il ne voulait permettre à aucun de ses hommes de nous servir de guide, et s'efforçait de nous retenir en nous disant qu'il n'y avait pas d'eau sur la route, pas d'éléphants, et que les Cafres nus ou sanglants (ceux de Mosilicatsi) nous chasseraient de leur territoire. Il nous débita une foule de mensonges et se contredit tant et si bien que nous finîmes par découvrir sa ruse.

Les Macatisses sont aussi connus sous les noms de Betjouanas, de Bacouans et de Soutos ou Bésoutos.

Disons de suite que Mosilicatsi, persuadé que nous

---

(1) M. Baines (*Voyages dans le Sud-Ouest de l'Afrique*, p. 243 de notre édition) dit que Mosilicatsi, dont le nom se retrouve plusieurs fois dans ces récits, a fui, vers 1834, la domination de ce féroce Dingaan, chef des Zoulous, dont il a été question dans le chapitre précédent. Il s'est retiré, avec ses Cafres Tébélés, au sud du Zambèse ; il a longtemps disputé à Sébitouané la possession de la vallée moyenne de ce fleuve et est demeuré l'ennemi de Sékélétou. (Voyez notre abrégé des *Explorations dans l'Afrique australe*, chap. II et VII.) Aucune relation des visites que des Européens lui ont faites ne nous est encore connue ; mais nous savons que Mosilicatsi est plus que jamais redoutable, car un numéro du *Natal Mercury*, cité par le *Moniteur du soir*, du 31 mars 1868, estime qu'il peut mettre en ligne quarante mille combattants. — J. B.

étions des espions, nous laissa pendant deux mois au bord de cette rivière. Non-seulement il ne permettait pas à notre bande de mettre le pied dans ses États, mais il avait envoyé une troupe assez forte pour surveiller nos mouvements, tandis que plusieurs escouades parcouraient ses frontières, afin de le prévenir de ce qui se passait. Des boërs, partis pour aller chasser au nord du Limpopo, ayant aperçu l'un de ces corps d'observation, reprirent immédiatement la route du sud-ouest, bien que le but de leur voyage fût de se rendre au nord-est. La chose se rapporta au quartier général, et M. Moffat, qui s'y trouvait, comme on nous l'avait annoncé, nous écrivit pour nous demander si nous connaissions ces chasseurs.

Mosilicatsi n'en fut qu'un peu plus inquiet : des blancs qui abordaient son territoire par deux routes différentes devaient nécessairement s'être entendus ; le complot lui semblait si évident, qu'il s'attendait à voir commencer l'attaque (1). Sa consolation était de penser qu'il nous avait sous la main, et qu'à la première tentative d'envahissement, il nous ferait subir la peine des espions et des traîtres.

Ne sachant rien de tout cela, nous espérions qu'il répondrait à notre message, et, en attendant, je profitais de la rivière pour me baigner.

Le 27 octobre, j'ai tué mon premier tsessébé, et, le lendemain soir, j'ai eu l'extrême satisfaction de cou-

(1) Cela rappelle les soupçons qu'inspirait à Camrasi la double arrivée de Speke et de Grant dans le Nyoro. — Voyez le ch. IX de notre édition des *Sources du Nil*. — J. B.

cher bas mon premier harrisbuck. Celui-ci est un noble animal. J'ai mis tous mes soins à en préparer la peau ; malheureusement, je n'avais que du sel pour la conserver, et la pluie, que nous attendions depuis si longtemps, est arrivée avant que la peau fût sèche.

Ils étaient quatre, au milieu d'une foule de couaggas. John, qui les découvrit avant moi, m'appela d'un signe, et la chasse commença. Je courus au large, à fond de train, pendant que John les suivait. Ils s'arrêtèrent pour le regarder ; je sautai de cheval ; le coup de John, qui les avait manqués, les fit bondir, et, au moment où ils repartaient, ma balle traversa la croupe du dernier, que je vis s'abattre avec la joie la plus vive. Le soleil se couchait lorsque j'ai tué cette magnifique antilope, et nous étions loin du camp ; mais je tenais à la dépouiller tout de suite. John m'a été d'un grand secours. La peau fut lestement enlevée, puis attachée sur Croppy, et nous sommes revenus sans encombre, ayant par bonheur pour nous guider le lit desséché d'une rivière avec un peu de lune qui éclairait le chemin.

Nous avons fait ensuite une excellente collation, grâce à un fruit sauvage nommé clapper, et qui est trois fois plus gros qu'une orange. Il est enveloppé d'une coquille tellement dure que, pour la briser, on est forcé de la frapper contre un arbre (1).

(1) *Clapper noot.* C'est une espèce de noix de coco produite par un palmier nain, qu'on rencontre fréquemment près de la baie de Sainte-Lucie. — H. L.

Je ne résiste pas au plaisir de raconter d'un bout à l'autre une chasse dont je garderai la mémoire :

Je poursuivais une antilope rouanne. Quand je l'aperçus, elle arrivait au galop, évidemment poursuivie. J'essayai de lui couper le chemin, galopant moi-même à toute vitesse et conservant un arbre entre nous. Luister, sur lequel j'étais monté, n'ayant rien fait depuis longtemps, était plein de vigueur. A cent pas de l'antilope, je sautai de cheval, et manquai mon coup de la façon la plus nette, bien qu'en passant la bête m'offrît le travers. J'avalai mon ennui le mieux que je pus, rechargeai à la hâte et repris la chasse. En ligne droite, celle-ci est toujours longue ; vers la fin du cinquième kilomètre, la distance qui nous séparait n'était pas diminuée. Le fourré devenant plus épais, je fis un détour d'une centaine de pas, avec l'espoir de gagner du terrain dès que la bête ne me sentirait plus derrière elle. Effectivement, quand elle déboucha dans la plaine, j'avais gagné d'une centaine de mètres. L'antilope s'en aperçut et reprit son ancienne vitesse ; elle fuyait à toute vapeur, et j'allais m'arrêter, en désespoir de cause, lorsque le vent m'apporta le bruit de sa respiration haletante : elle avait la bouche ouverte, et le souffle s'en échappait à flots pressés ; évidemment elle serait bientôt rendue. Mais Luister aussi respirait avec effort ; le sol, effroyablement pierreux, le forçait à chaque instant de changer de pied, de modifier son allure ; il n'allait que par sauts et par bonds, toujours en l'air comme un volant rejeté par la raquette.

Cependant je gardais une lueur d'espoir : que le terrain s'améliorât, je tirerais la bête à longue portée. Aussi m'appliquais-je à bien gouverner mon cheval : je l'éperonnais avec force et le retenais de la bride, afin de lui ménager un vigoureux élan dès que l'occasion s'en présenterait. De cette manière, je me soutins à deux cents mètres de l'antilope, dont je vis les bonds se raccourcir en arrivant à une rivière desséchée.

C'était le cas, ou jamais! J'enlevai Luister de la main et de l'éperon. Il partit comme une flèche, et, sûr que j'étais de l'arrêter du premier coup de bride, car il est admirablement dressé, je ne modérai sa course qu'à une vingtaine de pas de la rive. La magnifique antilope sembla comprendre qu'elle était à l'instant décisif : plus rapide que jamais, elle franchit la berge, faisant voler derrière elle sable et cailloux, qu'elle lançait avec bruit. En un clin d'œil, je fus à terre, je me calmai, respirai largement, avançai le pied gauche, le plantai ferme, et tirai, dès que l'antilope fut au bout du fusil; une balle admirable, qui entra juste à la naissance de la queue, brisa l'échine, traversa les poumons et tua la bête à cent vingt pas.

L'animal fut soigneusement dépouillé; et j'en rapportai la peau entière que j'espère bien voir un jour au presbytère de Leyland. Je n'ai jamais plus souffert qu'en faisant cette opération : une armée de fourmis noires, un soleil dévorant, mon couteau émoussé, et la peau de la bête aussi dure que le cuir d'un soulier de chasse.

Il ne me reste plus à découvrir que deux ou trois

espèces pour avoir un échantillon de toutes les variétés d'antilopes dont j'aie eu connaissance dans l'Afrique australe.

Nous avons reçu aujourd'hui des messagers d'Impugnan, un des premiers officiers de Mosilicatsi. Ils nous ont apporté de la bière excellente, et tous ils avaient des plumes blanches dans les cheveux, ce qui témoigne de bonnes dispositions à notre égard et nous annonce d'heureuses nouvelles. Demain nous aurons la réponse de Mosilicatsi. Dans l'espoir de nous le rendre favorable, nous avions fait à ce dernier beaucoup de présents. Les miens se composaient d'une grande et belle couverture écarlate, de verroteries assorties et d'un énorme chien allemand pour coiffer le sanglier, une bête superbe, au poil hérissé et touffu, à l'air sauvage, qui malheureusement a mordu ses conducteurs, a pris la fuite et n'a pas été retrouvée. C'est d'autant plus fâcheux que Mosilicatsi l'aurait, je crois, appréciée, et qu'il n'a pas été content du reste. « Que voulez-vous que j'en fasse? disait le message joint aux présents dédaignés : rien dans tout cela ne peut être mangé, et les objets de toilette ne sont bons que pour les femmes. » Quant à la couverture, il n'en permet l'usage à aucun des membres de sa tribu, cet objet ne pouvant pas leur servir contre l'ennemi. Il nous priait donc de reprendre nos cadeaux et de lui envoyer à la place un cheval, des fusils et des munitions.

Néanmoins, pendant tout notre séjour, il nous fit approvisionner de bière, nous donna des moutons, des chèvres, des bœufs à diverses reprises; et à la fin dissipa toutes nos inquiétudes par l'envoi d'une génisse d'un blanc de neige, preuve certaine que son cœur était blanc pour nous et que nous n'avions rien à craindre. Si elle avait été rouge, à ce que me dit John, qui connaît à fond le langage et les coutumes des Tébélés, tous nos Cafres auraient pris la fuite, cette couleur étant un symbole de sang.

6 novembre. — Mon pauvre cheval Jack est mort; je ne me rappelle rien qui m'ait fait autant de peine. Il reconnaissait ma voix, m'obéissait comme un chien et venait à moi dès que je l'appelais. Il n'a été malade que douze heures, tant les effets de cette maladie fatale sont rapides.

8 novembre. — Pet et John sont à la pêche; cela mord admirablement; mais nous n'avons que des épingles pour hameçons, et le résultat est des plus médiocres; toutefois, le peu qui est pris est d'excellente qualité. C'est pour nous un régal.

L'arrivée d'un certain Collins, qui venait de chez Mosilicatsi, nous a tirés de notre affaissement. J'ai enfin une idée presque exacte de la situation du village de ce chef. D'après notre visiteur, la capitale actuelle des Tébélés peut être sous la même latitude que Sofala, à deux cent vingt-cinq kilomètres est-nord-est du point où nous sommes, à douze journées de marche de la côte, et à cinq jours au sud du Zambèse, grand fleuve navigable jusqu'à trois cents kilomètres de son embouchure, voisine de Quilimané (1).

(1) Ces assertions, relatives aux bouches du Zambèse et à la navigabilité du fleuve, sont singulièrement corrigées par les re-

Collins avait été fort bien reçu par Mosilicatsi ; il était rempli d'ardeur et nous a longuement parlé de ce qu'il voulait faire. Toujours attentif à ses propres intérêts, Swartz lui a proposé les services de Kleinboy, à condition qu'il serait de moitié dans les produits de la chasse. Il valait mieux accepter John ou moi pour associé ; mais il n'avait, disait-il, besoin de personne pour remplir en quinze jours son wagon du plus bel ivoire que produise le pays. A la fin, cependant, il s'est décidé à prendre John, qui est un excellent interprète.

Par un moyen ou par un autre, il avait obtenu de Mosilicatsi le permis de chasse que nous attendons avec une si grande impatience. Il était accompagné de vingt Cafres et recommandé à l'un des fils d'Impugnan, qui devait lui procurer tout ce dont il aurait besoin : de la viande, de la bière, du grain pour ses chevaux, etc. Il était tout-puissant pour le quart d'heure. Jamais personne n'est entré en campagne sous de plus favorables auspices ; et nous l'avons vu s'éloigner avec des yeux d'envie, nous autres pauvres diables qui souffrions amèrement de notre inaction forcée. Pourtant, les exploits de ce fameux chasseur se sont bornés à la mise à mort d'un éléphant mâle dont il avait brisé une jambe de derrière en une dizaine de coups.

J'ai entendu dire aux indigènes que, sur les bords du

lations du docteur D. Livingstone, comme l'on peut s'en convaincre par la lecture des chapitres VI, VII et VIII de notre édition des *Explorations dans l'Afrique australe*. — J. B.

Guia (rivière du Tabac), situé au nord du territoire, près du Zambèse, il est dangereux de traverser le pays, en raison du nombre des éléphants, qui sont très-sauvages et défendent le terrain qu'ils se sont appropriés.

9 *novembre*. — Monté sur Luister, j'ai tué un gros élan mâle et me suis perdu en chassant une autruche qui m'entraîna au loin. Il m'a fallu passer dix-huit heures sans boire, et j'ai beaucoup souffert. De grands trous, que j'ai creusés dans l'ancien lit d'une rivière, m'ont usé les ongles; mais pas une goutte d'eau ne s'est montrée. Je n'ai pas pu dormir: j'avais la langue tellement sèche et enflée qu'il m'était impossible d'articuler une parole. Aux premières lueurs qui parurent à l'horizon, j'ai recommencé mes recherches et j'ai fini par trouver une eau boueuse, vrai nectar pour moi, bien qu'elle sentît mauvais.

J'ai repris ensuite la direction que j'avais suivie la veille, gravi toutes les pentes et reconnu enfin l'une des collines que j'avais franchies; j'ai dessellé mon pauvre Luister qui n'en pouvait plus, et me suis retrouvé au camp vers le milieu du jour. Mes compagnons avaient tiré d'innombrables coups de fusil et allumé de grands feux sur les hauteurs; mais j'étais trop loin pour profiter de leurs signaux.

11 *novembre*. — John a obtenu hier du vieil Impugnan l'autorisation de chasser avec Collins. Ses préparatifs ont été bientôt faits : il a pris Luister et Croppy, qui sont tous deux en bonne condition. Je les lui avais promis à une époque où j'étais bien monté, et je n'ai pas voulu manquer à ma parole. Mais cela me met

dans un cruel embarras. Je dois, il est vrai, avoir la moitié de sa chasse.

J'ai profité de l'occasion pour envoyer quatre numéros du *Blackwood's Magazine*, que je sais par cœur, à deux Anglais qui sont avec Collins, en leur demandant en échange un imprimé quelconque. Je m'ennuie à mourir ; je n'ai pas de monture, et il est impossible de chasser à pied, quand même l'on aurait assez de courage pour braver la chaleur : le gibier est d'une approche trop difficile.

J'ai battu le pays jusqu'à la baie Delagoa, j'ai traversé les républiques d'Orange et du Transvaal ; et c'est le Natal qui est le jardin de cette région. Ensuite vient le Mérico.

Puisque je n'ai rien à faire, je vais écouter Rafféta et Kleinboy. Ils me racontent qu'ils chassaient un jour aux environs du Grand-Lac (1) ; ils étaient largement à huit cents pas du bord de l'eau, quand ils virent un crocodile de trois mètres cinquante centimètres de long, solidement enclavé dans la fourche d'un arbre, à deux mètres soixante-quinze du sol, et respirant encore. Suivant eux, c'était un éléphant qui l'aurait porté là par vengeance. Les crocodiles ne manquent jamais de tourmenter celui-ci quand il va boire ou prendre son bain ; ils lui mordent les jambes ou la trompe ; et Rafféta et Kleinboy, qui adorent le merveilleux comme tous les Hottentots, prétendent que le sagace animal,

---

(1) Ce qu'on appelle dans cette partie de l'Afrique « le grand lac » n'est que le Nsami, dont nous reparlerons au chapitre suivant — J. B.

irrité par le monstre, lui a servi un plat de son métier. Si le fait est vrai, ce que je ne mets guère en doute, je ne vois pas d'autre explication à lui donner.

23 *novembre*. — Nous avons enfin la réponse de Mosilicatsi. Je n'ai pas fait autre chose depuis dix jours que de l'attendre avec impatience; elle arrive, et, relativement à la chasse, nous n'en sommes pas plus avancés.

Mon pauvre Bryan, que j'avais si bien soigné, vient de mourir.

Le vieil Impugnan nous permet de nous rapprocher de plusieurs kilomètres de la partie giboyeuse du territoire; mais il est presque aussi impérieux que son maître. Celui-ci nous fait dire que, si je veux lui donner des fusils, de la poudre et du plomb, il autorise ses messagers à me conduire auprès de lui; et Swartz, pensant que je suis près de partir, a la bonté de nous faire la proposition suivante : si je lui obtiens un permis de chasse, il me cèdera le vieux Kvelt, une bête usée jusqu'à la corde, à tête en marteau, à nez busqué, et n'exigera en retour que quatre-vingts kilos d'ivoire (quinze cents francs), tant il éprouve le besoin de me rendre service. L'offre cependant ne serait pas à dédaigner, si Mosilicatsi nous donnait la liberté que nous réclamons. Entre de bonnes mains, le vieux Kvelt aurait gagné en deux jours le prix qu'on en demande; et je ne pourrais rien faire sans lui.

Samedi j'ai quitté le camp de bonne heure avec ma chienne, Donna, et l'un de mes Cafres. Un effroyable orage a éclaté peu de temps après, et s'est accompagné d'une pluie froide et torrentielle. J'avais, pour tout vêtement, un léger pantalon de toile, et une vieille chemise, des plus minces. Comptant sur mon Cafre, je marchais à l'aventure; mais, quand je dis à celui-ci de reprendre en toute hâte le chemin des wagons, il ne put jamais le reconnaître.

Nous continuâmes à errer au hasard, marchant le plus vite possible afin de conserver un peu de chaleur dans nos veines. Lorsque le soleil fut à son déclin, nous cherchâmes quelque saillie de rocher, qui pût nous servir d'asile, et nous trouvâmes un vieil appentis, que nous nous mîmes à réparer. Bien que le bois y fût très-mouillé, nous parvînmes à faire du feu, et la nuit ne se passa pas trop mal.

Au point du jour, le brouillard était si épais qu'il n'y eut pas moyen de s'orienter. Nous allions vite et en silence, gravissant les collines, montant sur les arbres, mais sans rien voir qui éclairât la situation. Mon Cafre me mettait hors de moi en me désignant l'ouest comme le point où se lève le soleil. C'est une chose affreuse que d'être perdu au milieu de ce fourré : vous escaladez un mamelon, vous grimpez à un arbre pour vous reconnaître, et quand vous en êtes descendu, vous tournez dans un labyrinthe, où il est rare que vous suiviez la direction que vous vouliez prendre. Si vous êtes distrait un moment, si votre regard se détourne, vous êtes certain de choisir le mauvais côté.

Vers midi, n'en pouvant plus, je me couchai sous une roche avec l'intention de prendre un moment de repos; mais en dépit de moi-même les pensées les plus déplaisantes me vinrent en foule : je me rappelai tous les voyageurs qui sont morts au désert ; je me prouvai surabondamment qu'une fois égaré dans cette terre de la soif, on n'avait plus qu'à mourir ; et, bien que depuis quarante heures je n'eusse rien pris, je n'avais pas la moindre faim. Il se trouvait de l'eau dans les environs ; je resserrai ma ceinture et m'abreuvai copieusement. J'aurais pu avoir du gibier, mais j'étais avare de mes balles ; je les gardais pour l'avenir.

Mon pauvre Cafre était désespéré : c'était son entêtement qui nous avait perdus. Il m'avait entraîné, malgré moi, du côté opposé à celui que je voulais prendre ; mais il croyait bien faire, et avait tenu à son opinion parce qu'elle lui semblait bonne. Qu'avais-je à lui dire ? Maintenant que sa confiance l'avait abandonné, il sanglotait à se briser la poitrine, et je ne pensais même pas à lui adresser un reproche.

A la fin, nous tombâmes sur un sentier, où s'apercevaient encore de vieilles traces de bétail ; nous prîmes la piste, bien déterminés à la suivre jusqu'au bout : c'était notre unique espoir.

Peu de temps après, à notre immense joie, nous découvrîmes les empreintes récentes d'un homme, et cela nous fit penser que nous étions près d'un kraal. Mais quelle fut notre déception lorsqu'au bout de quatre ou cinq heures, ayant en effet rencontré le village, nous le trouvâmes inhabité. Nous poursuivîmes notre course, et bientôt nous arrivâmes à une fosse où l'on avait pris du gibier tout récemment.

Jamais je n'oublierai la joie de mon pauvre Matakit,

lorsque je lui dis que j'apercevais des bestiaux et que je lui montrais au loin ces quelques objets noirs. Ce sont des chèvres! me dit-il. Nous pressâmes le pas, mais en approchant nous ne vîmes plus que des souches carbonisées.

Nos figures s'allongèrent, et nous continuâmes à marcher rapidement. Il y avait une heure que nous avions dépassé les troncs d'arbres noircis, lorsque, rompant le silence que nous avions gardé depuis lors, Matakit s'écria qu'il apercevait un chien! Celui-ci, hélas! n'était que dans son imagination. Néanmoins le sentier portait réellement des empreintes, qui avaient été faites depuis qu'il avait plu.

A la fin, le son d'une voix d'homme fut saisi par l'oreille de Matakit; cette fois il ne se trompait pas et nous eûmes bientôt gagné un village de Betjouanas. Le kraal était grand, mais tellement dissimulé par les rochers que nous aurions pu très-bien ne pas le voir. J'étais persuadé que la voix d'homme n'existait, comme le chien, que dans le cerveau troublé de Matakit, et ce n'est qu'en voyant un enfant que je crus qu'il ne se trompait pas. J'avoue sans scrupule que la joie qui me fut causée par cette apparition est la plus grande que j'aie éprouvée de ma vie. Celle de Matakit s'épanchait sans la moindre réserve : dans son ivresse, le pauvre garçon parlait avec tant de volubilité que les indigènes ne comprenaient pas un mot de ses paroles. Nous avions tourné sur nous-mêmes, et ce village n'était pas à plus de quatre heures de marche de nos chariots.

C'était bien l'endroit le plus bizarre qu'on pût imaginer ; précisément le Ben Venue de Walter Scott ; et chaque fissure, chaque saillie du rocher servait d'abri à un troupeau de chèvres.

Les habitants nous firent bon accueil ; ils me donnèrent une case, y étendirent une couche de feuilles vertes, m'apportèrent du grain bouilli ; et le lendemain nous étions de retour aux chariots vers le milieu de la journée.

Impugnan fut extrêmement fâché de cette aventure ; il me fit dire que désormais j'aurais à m'adresser à lui, quand je voudrais faire une course et qu'il enverrait des hommes chargés de m'accompagner. L'effroi que j'avais ressenti avait été si profond que, même arrivé au camp, je n'avais pas faim, bien que, depuis soixante-six heures, je n'eusse mangé que la petite ration de grain bouilli donnée par les Betjouanas.

Il est impossible aux habitants d'un pays peuplé comme l'Angleterre de se figurer l'étendue de ce territoire recouvert d'un manteau uniforme. Partout la forêt, ou plutôt le hallier ; pas de cours d'eau, rien que le soleil qui puisse guider la vue. Nous n'aurions pas retrouvé les wagons, si des gens du village n'étaient pas venus avec nous.

C'était la première fois que ces gens voyaient un homme de race blanche. Ils venaient tous m'examiner ; ma barbe les plongeait dans un étonnement profond : ils la croyaient postiche, et ne furent convaincus de sa réalité qu'après me l'avoir tirée eux-mêmes, à diverses reprises.

26 novembre. — Swartz est de retour d'une tentative à laquelle il s'était obstiné. Mosilicatsi, comme je m'y attendais, n'a pas voulu le recevoir, pas même souffrir qu'il approchât de la résidence royale; et, furieux de l'audace de cet intrus qu'il prenait pour un espion des boërs, il a envoyé à sa rencontre des hommes chargés de le reconduire aux chariots et de lui prendre son cheval ainsi que ses armes. Je crains bien que cet incident ne nous ait fait perdre le peu de chance qui nous restait. Nous saurons cela demain, car un message nous est annoncé. Je m'attends à un ordre péremptoire de quitter le pays; mais, en attendant, je me régale d'une bière cafre de premier choix; c'est vraiment une chose excellente.

John m'écrivait il y a neuf jours qu'il avait perdu ses balles en route et me priait de lui en envoyer d'autres. Ce matin les balles perdues ont été rapportées par un Cafre, qui les a trouvées à deux journées du camp. Ces gens-là sont d'une probité merveilleuse : il n'y a peut-être rien au monde qui excite leur convoitise autant que la poudre et le plomb; voilà certes une aubaine que personne n'aurait disputée à ce Cafre; mais il n'hésite pas à rapporter ces balles et marche dans ce dessein pendant deux jours. Il y a d'excellents traits dans leur caractère; pourtant, comme ce sont de francs païens, c'est autant la crainte qu'un autre sentiment qui leur inspire leurs bonnes actions.

Je me suis fait une paire de souliers et j'ai raccommodé les autres : je m'efforce de tuer le temps. On m'a bien donné quatre volumes en échange de ceux que j'ai envoyés ; mais je les économise, ne lisant qu'un peu à la fois et changeant bien vite d'occupation, pour qu'ils me durent le plus longtemps possible.

Des traces fraîches d'éléphant ont été découvertes ce matin. Je suis allé aussitôt voir si mon cheval Veichman pourrait suivre la bête; mais décidément il a les sabots tout à fait usés.

1er *décembre*. — Je n'ai jamais éprouvé autant d'ennui. Swartz a vendu un chariot à Mosilicatsi pour vingt défenses. Quand il l'aura reçu, le despote nous accordera-t-il la permission de chasser? mais nous pouvons en avoir encore pour une dizaine de jours. D'ailleurs, ce permis arrivera trop tard : Veichman est à la mort; et l'on vient de me dire que John était parti avec Viljoen, et avait emmené mes deux chevaux. Si le fait est vrai, c'est le plus vilain tour qui ait jamais été joué à un pauvre mortel.

J'ai envoyé dernièrement une grande lettre à M. Moffat; et je voulais aujourd'hui expédier à John un de mes Cafres ; mais, bien qu'il ait accepté le beau kaross de peau de mouton que je lui ai offert, Impugnan n'a pas voulu me donner un de ses hommes pour guider le mien.

3 *décembre*. — Il est tombé une grande quantité d'eau la semaine dernière; j'en suis fatigué. J'apprends d'une manière positive que John est parti depuis dix jours pour retourner chez lui. Jamais homme n'a été dupé aussi misérablement que je le suis : après sept mois de voyage sans autre but que la chasse, au moment où nous nous croyons près d'obtenir le droit

qu'on nous a fait payer si cher, je n'ai plus un seul cheval! Or, il est presque impossible de chasser l'éléphant à pied dans cette région : le pays est trop ouvert, trop plat ; les arbres y sont trop petits et l'éléphant ne manquerait pas de vous y saisir.

7 décembre. — Je suis fatigué comme un chien de ne rien faire. Pas de nouvelles des Cafres qui doivent rapporter l'ivoire et la réponse du chef. Il est probable que la pluie a grossi la rivière et qu'ils n'ont pas pu la franchir. Si je n'avais pas un petit volume de Byron que je sais presque par cœur, je ne parviendrais pas à tuer le temps.

8 décembre. — Nous jouons au petit palet avec les rondelles en cuir de nos roues ; après la partie, je m'exerce à lancer des pierres : cela fait toujours passer le temps.

L'ivoire est arrivé. Après des débats sans fin, le marché a été conclu sur les bases primitives : vingt grosses dents pour le chariot, et sept autres pour sept bœufs ; ce qui donne un total de cinq cent quatre-vingts kilos. C'est bien vendu.

Il nous faut encore envoyer à Mosilicatsi un nouveau message, pour savoir positivement s'il veut nous laisser chasser. Il croit que nous avons la patience de Job. Voilà deux mois qu'il nous mystifie : il nous a soutiré tout ce qui dans notre matériel pouvait lui être utile, et va nous accorder notre demande quand la saison sera trop avancée, la chaleur trop forte, le fourré trop compacte, pour que nous puissions réussir. Le vieux renard est même capable, lorsqu'il nous aura tout pris, de ne rien accorder du tout. Son premier message nous dira probablement que les semailles sont faites, que la pluie ne tombera pas tant qu'il y aura des chasseurs d'éléphants sur son territoire, par conséquent pas de moisson; et que, pour prévenir cette calamité, nous devons retourner immédiatement chez nous. Il est possible qu'il nous invite à revenir l'année prochaine (trois mois de voyage), pour nous traiter exactement de la même manière.

9 *décembre*. — Le camp est levé; nous partons enfin, à ma grande joie, sans plus attendre; six indigènes sont là pour nous aider à sortir du territoire des Tébélés.

Swartz a tué dans le chariot un serpent de 2 mètres 75 de long, un mamba, le plus venimeux des ophidiens de ce pays-ci. J'ai manqué hier de marcher sur un de ces reptiles qui avait environ 3 mètres 60; il échappa aux sagaies et aux Tongas, prit les devants et finit par gagner un trou, dans lequel il disparut comme par magie. Nous l'avons atteint plusieurs fois; mais il s'aplatissait tellement qu'il n'en fut pas blessé et n'en devint que plus furieux.

18 *décembre*. — L'essieu du wagon s'est définitivement brisé; il a fallu travailler dur pour en remettre un neuf. La charge est si pesante que nous sommes tous obligés d'aller à pied. Rude besogne que de marcher, dans cette saison, depuis l'aurore jusqu'au coucher du soleil. On ne s'arrête que deux fois, pour abreuver les bœufs et pour prendre à la hâte quelques rafraîchissements.

21 décembre. — Comme nous achevions notre essieu, un défaut s'est découvert dans le bois ; il a fallu tout recommencer. Depuis quelque temps, la pluie nous inonde ; aussi, d'après les conseils que j'ai trouvés dans l'*Art de voyager*, par Galton, je me suis fait une tente de bohémien : deux piquets à chaque bout formant pignon, une perche fixée en travers de ces supports, et deux couvertures à cheval sur la perche, où la retiennent des chevilles en bois ; j'ai creusé un fossé tout autour, et je suis là-dessous, malgré l'ondée continue, sec et chaud comme une rôtie.

Hier, une troupe de soixante-dix girafes environ a passé d'un train rapide auprès du chariot ; les Cafres et les chiens ont crié, aboyé, et tout le monde a couru aux armes. La bande a tourné court et pris sur la gauche, en doublant de vitesse. Je fus le premier à me saisir de mon fusil ; mais, avant que je l'eusse sorti de son fourreau, les girafes étaient à quatre cents mètres. Je tirai néanmoins une femelle, que je frappai à la tête ; le choc de la balle fut entendu de nous tous ; mais, comme la girafe ne modifia pas son allure, nous y renonçâmes, et la troupe disparut dans le fourré.

Vers six heures du soir, Hendrick, le gendre de Séchéli, arriva en chantant : « Monsieur ! Monsieur ! une girafe est morte ! » Il l'avait trouvée en gardant les bœufs. Nous partîmes sur-le-champ. La bête gisait à peu près à seize cents mètres de nous ; c'était une belle femelle grasse : je lui avais coupé la jugulaire, et l'hémorrhagie l'avait tuée.

23 *décembre*. — Aura-t-on fini l'essieu aujourd'hui? J'attends le départ avec impatience, car je n'ose pas me mettre en chasse, de peur de m'égarer : pas un point de repère; ni montagnes, ni cours d'eau, ni rocher, ni colline; un terrain plat, couvert d'épais fourrés, où les traces du wagon sont la seule chose qui vous indique la route. Je me suis déjà égaré deux fois et n'ai pas envie de me perdre tout à fait.

Pour tromper mon ennui, je vais esquisser le portrait de notre servante, une vieille Hottentote que l'on appelle Ida. C'est l'une des vaches maigres de Pharaon; sa taille, droite et raide comme une barre de fer, est de beaucoup au-dessus de la moyenne. Un cou très-long, d'une maigreur raboteuse; les plus petits yeux du monde; pas de nez, mais deux narines énormes; des pommettes saillantes, des joues creuses, une large bouche, de très-grosses lèvres, absolument de la même teinte que le jus de mûre; un front très-bas et une petite tête. Je crois qu'il y a sur cette dernière quelques flocons de laine, d'environ un pouce de hauteur; mais, comme elle est toujours enveloppée d'une marmotte, je n'en suis pas bien sûr. Ida peut avoir de cinquante à soixante ans; on la rencontre rarement sans une pipe courte et noire à la bouche; elle porte un collier, des boucles d'oreille, des bracelets et un châle de couleur voyante, ainsi que le mouchoir qui lui couvre la tête. Elle est d'un cuivré jaunâtre, a la poitrine comme une planche, et son ensemble est aussi laid, pour ne pas dire aussi affreux, qu'il a été possible à la nature de le faire; mais elle a, comme tous les gens de sa race, les mains et les pieds les plus petits, les plus délicats et les plus parfaits qui existent.

Ce croquis n'a rien d'exagéré ; au contraire, je suis loin d'avoir rendu justice aux yeux. Sans doute, ces yeux voient tout aussi loin que n'importent lesquels ; mais je défie qui que ce soit de dire ce qu'ils regardent. Tout ce que l'on peut faire, c'est de constater qu'ils existent. D'ailleurs, ils sont privés de cils et de sourcils ; et l'éclat d'un soleil féroce les a tachetés de rouge et rendus larmoyants.

Je me demandais l'autre jour quelles étrennes je pourrais envoyer au *général* (un de mes frères qui porte ce sobriquet), lorsqu'il me vint à l'idée qu'il saurait tirer bon parti de deux belles cornes de rhinocéros : on peut les redresser au moyen de la vapeur, les travailler au tour et leur donner un poli brillant ; on en fait ici des cannes, des tabatières, des crosses de fusils, des assommoirs, etc. Je voulus mettre aussitôt mon idée à exécution, et je sellai Veichman. C'est une bête nerveuse, timide, rétive, qui n'a rien des qualités d'un cheval de chasse ; mais je n'en possède pas d'autre.

Le premier rhinocéros que j'aperçus était un jeune, à corne brève ; je le laissai donc passer. Peu de temps après, deux femelles apparurent ; je choisis la mieux armée et la couchai bas en quatre coups. A la vue de ces masses informes, Veichman avait tremblé de tous ses membres ; mais les éperons vigoureusement appliqués lui avaient donné du courage. Les cornes sont moins belles que je ne l'aurais désiré ; mais c'est tout ce que j'ai pu trouver de mieux, exactement comme quand je me sers de Veichman, en l'absence de tout autre coursier.

25 décembre. — Quel contraste avec les jours de Noël si gaîment passés dans ma vieille Angleterre, au sein de ma famille et de mes amis! La comparaison m'attriste. Je suis au désert ; j'ai marché, depuis l'aurore jusqu'à la chute du jour, sous un soleil dévorant, et je n'en peux plus. Un morceau de rhinocéros, tellement gras que l'estomac le plus ferme en est soulevé, une petite ration de pâte à moitié cuite, en guise de pain : voilà notre repas de Noël. Il est loin du festin traditionnel de la *christmas* anglaise. Mais, si l'existence du chasseur a parfois de ces mécomptes, elle a aussi des plaisirs pour vous dédommager surabondamment des privations qu'elle inflige. Après tout, les choses sont mieux telles qu'elles sont : si nous étions largement abreuvés et nourris comme les *heureux* de la Grande-Bretagne, nous ne serions guère en haleine et ferions de pauvres chasseurs. J'avoue cependant que j'aimerais à boire un verre de bière anglaise à la santé de mes amis, et à le faire suivre d'une bouteille de vieux porto. Ne disons rien du pâté : j'en ai complètement oublié le goût depuis que j'ai quitté la maison pour frayer avec les hôtes des forêts. C'est égal ; je porterai la santé des amis avec une tasse de café, le breuvage le plus capiteux que j'aie à ma disposition (1).

(1) Il n'y a guère de relations anglaises de voyages où ne se trouve, sous une forme tantôt sérieuse et tantôt plaisante, ce

Nous marchons nuit et jour, afin de sortir d'ici au plus tôt; la lune est dans son plein, le soleil ne nous cuit plus tout vifs, et c'est à peine si nous dormons deux ou trois heures, quand l'occasion s'en présente.

Kleinboy s'est perdu la nuit dernière; au retour, il m'a fait rire aux larmes par la façon dont il a narré sa mésaventure. Deux chacals l'ont mené à voix pendant tout le temps; ils s'efforçaient par leurs clameurs d'attirer le lion sur lui, et l'ont obligé à courir de toutes ses forces; il est tombé cent fois, a roulé de trous en buissons, et le pauvre homme s'est tellement meurtri qu'il ne peut plus bouger.

Enfin nous dételons chez Swartz le 6 janvier 1858, sans avoir eu d'autre accident. Trois ou quatre jours après, je me dirigeai vers Maquazi avec une charrette attelée de quatre bœufs; et de là je me rendis à Bloemfontein, l'une des villes principales de la république d'Orange. Je possédais alors cinquante-cinq bœufs, qui, à l'exception d'un seul, arrivèrent sains et saufs au terme du voyage.

sentiment respectueux et touchant des usages qui se rattachent à la famille et à la religion, et que nous avons en France trop tournés en ridicule ou trop oubliés. — J. B.

CHAPITRE IV

De mars à septembre 1858

Guerre entre les républiques de l'Orange et du Transvaal. — Je suis conduit devant Prétorius comme agent de Boschoff. — Machin a succédé à Sicomo. — Les Hottentots en ribote. — Rivière Beauclekky ou Chapeau. — Chasse aux léchés. — Mes Cafres me font passer une triste nuit dans la forêt, mais ils reprennent leur service. — Chasse aux éléphants. — L'épouse de Wilson retourne chez son père Séchéli. — Le lac Ngami et Léchoulatébé. — Mort du cheval Broon. — Fidélité d'Inyous et de mes autres Cafres. — J'aime les négrillons. — Comment Séchéli reconnaît les services que j'ai rendus à sa fille. — Les menaces de Machin et la guerre de Mochech contre les Orangiens et les Transvaaliens m'obligent à suivre Séchéli. — Piété de ce chef. — Je rentre au Mérico. — Le pays est en proie à la famine.

Vers la fin de l'été, en février 1858, j'avais vendu tous mes bœufs à Bloemfontein. L'opération avait été bonne; elle me permit d'acheter un chariot, des chevaux, des chiens, des denrées, de la poudre, du plomb, de l'étain, des capsules et des pierres à fusil. C'est avec beaucoup de peine que je me procurai ces derniers articles. Je n'y serais même pas parvenu si deux amis ne s'étaient portés caution, et n'avaient garanti que je ne cèderais pas aux Cafres la moindre quantité de ces objets. Grâce à eux, je fus enfin autorisé par le président Boschoff à circuler avec mes munitions, et à me transporter avec elles chez les peuplades de l'intérieur. Il n'en fallut pas davantage pour satisfaire les officiers que je rencontrai depuis Bloemfontein jusqu'au Vaal, dont les rives séparent l'Etat libre d'Orange de la république Transvaalienne. Malheureusement, la paix était troublée entre ces deux États, et j'avais à peine franchi la frontière qu'un officier transvaalien m'interrogea sur le contenu de mon chariot, et me demanda en vertu de quel droit je voiturais ces munitions. Je tirai mon permis avec une entière confiance, m'imaginant qu'il allait produire son effet habituel; mais, aussitôt que le cornette y eut jeté les yeux, il cracha dessus et le foula aux pieds en proférant mille injures; il finit par me déclarer que j'étais prisonnier et que j'allais être conduit à Mooi-River, pour comparaître devant mijnheer Prétorius.

Je montai donc à cheval et partis immédiatement, accompagné de trois boërs, laissant derrière moi tous mes équipages. Nous arrivâmes le lendemain vers trois heures, et l'on me traîna aussitôt devant l'autorité, sous l'inculpation de contrebande en fait de munitions de guerre. Chemin faisant, j'avais rencontré un de mes amis du Natal et je l'avais prié de me servir d'interprète; mais le magistrat lui ordonna de sortir sans vouloir l'écouter, et s'époumona à me lire une foule d'articles de lois dans une langue dont je ne comprenais pas un mot.

Il voulut me faire entendre que les charges qui s'élevaient contre moi étaient des plus graves; que j'étais évidemment un émissaire de Boschoff, ayant pour mission de porter cette poudre aux indigènes afin qu'ils pussent attaquer le pays du Transvaal et seconder les Orangiens; que mon crime était le plus grand que je pusse commettre, aussi la potence même était-elle un supplice trop doux pour moi.

De nombreux amis intercédèrent en ma faveur et finirent par me faire relâcher; mais il ne me fut laissé que neuf kilos de poudre sur soixante-sept, et quarante-cinq kilos de plomb sur deux cent vingt-cinq; des capsules et des pierres à feu, en proportion. Le reste fut confisqué par le gouvernement, et je fus obligé de me contenter de la minime part que l'on voulait bien m'accorder. On me permit d'emporter mes quatre fusils; mais je devais les représenter en revenant, car on en prit bonne note.

Mon vieil ami Franz Joubert, dans l'intention de m'être utile, était venu de Maquazi (deux journées de marche à cheval) pour affirmer au magistrat que, de tous les hommes, j'étais le dernier qui consentirait à donner de la poudre aux indigènes; qu'à diverses époques, j'avais refusé de leur en vendre un seul grain à n'importe quel bénéfice, tandis que je lui en avais cédé deux sacs au prix coûtant. Il produisit des témoins du fait et n'épargna rien pour en établir l'évidence. Sur cette déposition, le magistrat m'incrimina pour avoir fait le commerce de poudre sans y être autorisé, contravention qui entraîne une pénalité assez forte. Cette charge néanmoins tomba comme la précédente, et je pus enfin continuer mon voyage. Ma détention avait duré dix jours; d'ailleurs, en m'obligeant d'aller à Mooi-River, on m'avait beaucoup éloigné de la route que j'avais eu l'intention de suivre.

Je retrouvai Swartz dans le Mérico, et nous allâmes ensemble jusqu'à Letloché, où nous nous séparâmes, après avoir fait quatorze jours de marche; il retournait chez Mosilicatsi et je me dirigeais vers le Grand-Lac.

Letloché, 17 avril. — Me voici complétement livré à moi-même; seul dans les déserts de l'Afrique australe, avec trois Cafres, deux Hottentots, un écuyer, un wagon et son conducteur, dix-huit bœufs de trait, une vache avec son veau, cinq chevaux de selle et sept chiens. J'ai de la poudre et du plomb, des grains de verre, du fil de cuivre, de la farine, du thé, du café, du sucre, etc., au moins pour un an; plus, une douzaine de bouteilles d'eau-de-vie et un tonneau de bon madère du Cap. Enfin il y a là une forte provision de viande de girafe et d'élan, qui est en train de sécher. Jusqu'ici j'ai eu plus de compagnie qu'il ne m'était désirable : onze wagons, dont une couple appartenait à Séchéli. Celui-ci nous a quittés il y a trois jours pour se rendre auprès de Machin (1), qui vient de

---

(1) Ce Machin règne encore à la place de Sicomo. D'après le *Natal Mercury*, il est devenu le vassal de Mosilicatsi et peut mettre sous les armes dix mille guerriers. Quant à Sicomo, on verra plus bas qu'il s'est fait le chef des Saras ou Boschimans vagabonds et qu'il a disputé le pouvoir à Machin, du moins momentanément. — J. B.

succéder à Sicomo, lequel a été forcé de se retirer parce qu'il n'était pas le chef légitime.

J'ai appris tout-à-l'heure que Swartz est contraint de revenir sur ses pas et d'aller immédiatement trouver Machin, sous peine de mort pour lui, sa femme et ses enfants : tel est le début du nouveau règne. Mes Hottentots, saisis d'effroi, sont venus, la figure très-longue, me demander ce que j'avais l'intention de faire. « Attelez tout de suite, ai-je répondu, et sortons de ce pays le plus tôt possible. »

J'ai aperçu du chariot une très-petite troupe de cinq élans et, je le dis à regret, nous les avons tués tous; mais cette boucherie avait une excuse : avec la suite de Séchéli, nous n'avions pas moins de cent cinquante Cafres à nourrir. Pas un atome de cette masse de viande n'a été perdu.

19 *avril*. — Je me suis procuré hier deux cent soixante-dix kilos de grains de sorgho que j'ai payés avec de la rassade. Le wagon est horriblement chargé, et je trouve mes bœufs bien à plaindre d'avoir à traîner un pareil poids, à travers un sable profond, sous un soleil dévorant et sans pouvoir espérer une goutte d'eau avant deux jours.

A présent, c'est un rude voyage que de gagner le pays où se tiennent les éléphants : me voilà beaucoup plus au nord et à l'ouest que n'a jamais été Cumming, et nous n'avons encore aperçu qu'une seule fois la trace de ces animaux; bien plus, je ne m'attends pas à être au milieu d'eux avant trois semaines.

Je n'ai jamais eu d'exemple d'une telle sécheresse;

et voyager dans ce Calahari, dans cette terre de la soif, n'est pas une chose facile! beaucoup de privations à subir et une anxiété continuelle au sujet de vos bœufs.

Je voudrais, s'il est possible, aller jusque chez Sébitouané (1); c'est-à-dire sur les rives de la Tchobé, au nord-ouest de Mosilicatsi, et au nord-est du Ngami, bien loin de ses bords. Malheureusement, mon chariot ne m'inspire pas grande confiance : il y a vingt-sept ans qu'il est fait, et sa membrure est passablement disjointe; on peut encore le faire tenir au moyen de cuir vert de rhinocéros; mais vous avez assez de maux à supporter dans ce désert sans y ajouter la crainte de voir votre chariot vous laisser là, en pleine solitude. A part ce contre-temps, je crois avoir tout ce qui est nécessaire pour explorer cette région : la santé, la force, l'habitude du climat, un fonds inépuisable de bonne humeur et un certain art de gagner les bons offices des indigènes. Cafres, Betjouanas ou Hottentots, ils sont tous disposés à venir avec moi, à faire ce que je leur demande. Cela tient sans doute à ce que je prends aussi ma part des fatigues, et me préoccupe du bien-être de mes compagnons au moins autant que du mien. Je n'ai ici aucun lien de famille ou d'amitié qui me retienne; pas de larmes au départ, de regrets énervants ni d'inquiétudes qui pressent le re-

---

(1) Sébitouané, dont le docteur Livingstone raconte la vie, a été le fondateur de la puissance des Cololos. En 1858, Sébitouané était mort depuis près de six années et avait eu pour successeur, après sa fille Mamochisané, son fils Sékélétou, depuis cinq ans environ. Voyez le chap. II de notre édition des *Explorations dans l'Afrique australe*. — J. B.

tour. Je suis heureux partout, je m'arrange de tout ce qui arrive et m'intéresse à tout ce que je vois.

23 *avril*. — Hier, j'ai poursuivi une girafe qui m'a fait faire une très-longue course. J'étais mal monté; j'avais pris Manelle, un cheval entier, court et trapu, sans vitesse aucune. J'ai eu cependant la girafe, qui est tombée au cinquième coup; d'abord, en désespoir de cause, je l'avais tirée à cinq cents pas, et j'ai fini par lui envoyer une balle dans la culotte. Mes éperons, j'en suis tout confus, étaient bourrés du poil de mon cheval au point de ne plus être d'aucun service avant la fin de la chasse. Quand il n'y eut plus moyen de faire avancer Manelle, mon écuyer, qui montait Final, rabattit la girafe de mon côté, et je pus la frapper au bon endroit.

En mettant pied à terre, je vis avec indignation que cet affreux Manelle n'était pas même essoufflé : il ne manquait pas de vigueur, mais il était paresseux. Dès qu'il fut libre, il se mit à manger et à se rouler comme si de rien n'était, se portant à merveille, et sans plus de honte que de fatigue.

La girafe se fait bien chasser; la poursuite en est entraînante; c'est un beau sport. Dans le Calahari, cette bête est d'un farouche qui permet rarement de l'approcher à plus de cinq ou six cents mètres; il est vrai que, si elle part à cette distance, elle n'a recours à toute sa vitesse que lorsque vous n'en êtes plus qu'à une soixantaine de pas. Vous la voyez alors tordre la queue et fuir avec la rapidité du vent. Son corps se réduit à peu de chose; elle est tout en jambes et en cou ; mais une femelle grasse forme un manger délicieux.

J'ai touché hier deux fois de suite, et à balle, une cheville de joug, brin de bois de 30 centimètres de long sur quatre de large, que j'avais fiché en terre à cent vingt pas. Mes Hottentots m'ont applaudi vigoureusement ; ils étaient en extase, et m'ont prédit toute espèce de succès. Cela valait bien que je tirasse l'eau-de-vie du chariot ; et les malins se sont arrangés de manière à en recevoir plus que de raison ; mais rien n'est amusant comme des Hottentots en ribotte. Ce sont tous des mimes de premier ordre ; et John, qui a servi autrefois dans le corps du Cap et a fait partie de la maison de sir Harry Smith, m'a fait rire aux larmes avec les scènes où il représentait le gouverneur.

Le climat de cette région, à l'époque où nous sommes, offre une série ininterrompue de beaux jours qui se prolongeront encore quelque temps. L'atmosphère est tellement pure que la lune se voit toute la journée. Les nuits sont délicieuses, juste assez fraîches pour vous faire apprécier votre couverture et dormir comme un loir ; tandis que les chevaux, les bœufs, les chiens, le veau et sa mère sont couchés autour du wagon, où ils reviennent de leur propre mouvement, autant par habitude que par besoin de protection.

28 avril. — Pas d'eau et pas de gibier. Le pays est d'une pauvreté absolue ; les Cafres, je n'en doute pas, en resteront les paisibles possesseurs jusqu'à la fin du monde (1). C'est une plaine sans fin, couverte d'épines, de ronces, de buissons, de mimosas et d'arbustes rabougris. Il me semble être sous la ligne par un calme plat. J'avoue qu'hier j'étais complétement découragé. Après avoir pris les devants et trotté à cheval pendant plusieurs heures, la bouche couverte d'un linge mouillé afin de prévenir la soif, j'ai fini par découvrir une fosse où il y avait sept à huit centimètres d'eau, mais tellement fangeuse et nauséabonde que les bœufs, malgré dix-huit heures de joug, n'ont pas même voulu y goûter. Impossible de les retenir : ils ont piétiné la vase, en dépit de nos efforts, et l'eau a disparu ; c'est pour empêcher les animaux sauvages d'en faire autant, que les naturels jettent dans ces réservoirs des branches d'*attends-un-peu* de l'espèce la plus cruelle.

8 mai. — Voilà déjà cinq jours que nous avons gagné la rivière Chapeau ou Beauclekky (2). Au premier

---

(1) Voilà une assertion que rend fort douteuse une nouvelle publiée par le *Natal Mercury* (mars 1868), dont nous parlions tout à l'heure. On y lit qu'un voyageur allemand, M. Mauch, vient de trouver, dans le territoire de Sicomo ou de Machin, de riches mines d'or. Si le fait est vrai, la possession de ce pays par les Cafres de Mosilicatsi et de Machin, pourraient-ils s'armer au nombre de cinquante mille, comme on l'affirme, nous semble bien sérieusement menacée. Quoi qu'il en soit de l'avenir, le bruit se maintient, comme le prouve une lettre écrite du Cap, le 4 juin 1868, et que nous reproduisons à titre de curiosité : « Le vieil *Ophir* est retrouvé. On parle de veines énormes en trente localités différentes, et de champs d'or, dont l'un a trente-cinq kilomètres de large, et l'autre, cent de longueur. Toute la colonie est bouleversée. » — J. B.

(2) Cette rivière est celle que D. Livingstone appelle la rivière des Batletlis, et Th. Baines, la Botletle. Le premier la nomme

abord, je l'aurais prise pour une immense baie qui, à perte de vue, dans toutes les directions, était couverte de pélicans et de flamants. Je suis monté à cheval pour tirer l'un de ces derniers, dont le plumage est superbe; mais la vase était si profonde qu'il n'y eut pas moyen de l'approcher.

Nous sommes allés ensuite à la résidence du chef Chapeau ; celui-ci malheureusement est très-malade, et nous n'avons rien pu en obtenir. On m'a dit, en outre, au village que tous les éléphants s'étaient éloignés depuis qu'il avait plu. Les indigènes ont établi une pêcherie en travers de la rivière ; c'est une cinquantaine de paniers en forme d'entonnoir, placés à un mètre environ les uns des autres, l'ouverture en aval, espèces de nasses dans lesquelles on prend une immense quantité de poissons, barbeaux et brêmes, d'une chair grasse, excellente au goût. J'en ai acheté un monceau pour une bagatelle; je les ai salés immédiatement et je les mange avec grand plaisir.

Six girafes ont été tuées dans ces derniers jours; la recherche en avait été heureuse, et Broom et Luister m'ont porté d'une façon exceptionnelle. L'une de ces girafes a été chassée droit à l'arrière et piquant dans le

encore la Zouga, d'après un chef qui était déjà oublié quand M. Baines a passé par là. Ce dernier explique aussi comment, dans cette région, les eaux prennent le nom de leurs possesseurs, et voilà pourquoi M. Baldwin désigne ici la rivière par le nom de Chapeau, qui est celui d'un petit chef riverain. — Voyez nos éditions des *Explorations dans l'Afrique australe*, chap. I, et du *Voyage dans le Sud-Ouest de l'Afrique*, chap. V et IX. — J. B.

vent. Tandis que nous étions en marche, après avoir reçu ma première balle, elle se laissa dépasser ; je décrivis alors un demi-cercle et, poussant des cris vigoureux, la ramenai droit au chariot, où je la roulai à cent cinquante pas au milieu de mes sept chiens ; ce fut un beau spectacle. Elle était en parfait état de graisse. Les bœufs ont été dételés sur-le-champ ; il y avait de l'eau dans le voisinage ; nous fîmes un bon souper, et il nous resta une masse de viande qui fut mise en réserve.

Les autres girafes se sont fait chasser plus ou moins brillamment ; l'une de ces dernières, à qui ma balle avait traversé le cœur, se trouvant lancée à fond de train, alla se jeter dans la triple enfourchure d'un bauhinia, où elle resta prise par le cou, à douze pieds de hauteur ; elle mourut ainsi enclavée.

Hier, un corps de Bamangouatos, armés de sagaies, d'arcs et de flèches, de haches et de deux mousquets, a suivi notre chariot, en nous disant que nous ne devions pas chasser dans ce pays-ci avant d'être autorisés et que, si nous persistions à poursuivre le gibier, une armée serait envoyée contre nous avec l'ordre de nous tuer tous. Les hommes de ma suite le prirent de très-haut, surtout Auguste, un grand et vigoureux Betjouana, de la tribu de Séchéli : « Si vous voulez vous battre, leur a-t-il dit, vous n'avez qu'à venir ; vous trouverez à qui parler. » Nous étions en effet en mesure de nous défendre, ayant de nombreux fusils et de la poudre en abondance. Je ne pris même pas la parole, et me bornai à faire continuer la marche, laissant les choses suivre leur cours.

Le Beauclekky me paraît immensément large; je ne vois aucun moyen de le traverser; j'ignore la direction du courant (1), et aussi loin que la vue peut s'étendre, je n'aperçois que d'énormes roseaux, tellement serrés qu'il est impossible de s'y frayer un passage. Il y a là une remise assurée pour tout le gibier sud-africain. Je n'ai jamais rien vu de pareil, et mes Hottentots prétendent qu'il en est partout de même d'ici au lac Ngami, dont nous sommes encore à treize jours de marche. Ce n'est pas que ce soit bien loin; mais le sable est si profond et le chariot si lourd que les bœufs se traînent avec lenteur et ne peuvent faire que de très-courtes étapes.

Nous avons maintenant de l'eau en abondance; mais les tortures que nous imposent les moustiques nous la font payer cher. Je ne connais pas d'endroit au monde que l'on puisse comparer à l'Afrique sous le rapport de la chasse. Il faut avouer néanmoins que ce désert sablonneux n'est capable de nourrir qu'un petit nombre de misérables chèvres; on n'y voit pas un brin d'herbe, excepté près des roseaux. Il est vrai que nous sommes en hiver : bien que pendant le jour le soleil soit accablant, il fait très-froid matin et soir, et l'on a besoin d'une somme considérable de courage pour sortir de ses couvertures avant que le soleil se soit levé.

Un bel élan mâle s'est fait longtemps poursuivre; je l'ai rabattu vers le chariot; mais les bauhinias étaient d'une épaisseur tellement exceptionnelle que je ne

(1) Cette rivière coule vers l'est, bien qu'elle communique avec le lac Ngami. Voyez la note de la page 190.

voyais pas à plus de vingt mètres. Un instant nous perdîmes la bête, et nous voilà galopant comme deux fous, John et moi, supposant que l'autre la voyait toujours. Cinq ou six cents mètres au moins avaient été franchis de la sorte, lorsque John s'écria : « Nous faisons fausse route ! » Alors revenant sur nos pas, nous nous remettons sur la piste et la suivons en silence. Au bout d'une heure et demie, j'entends un bruit de sabots dans les pierres, je vole de ce côté-là et j'entrevois l'animal qui fuit comme le vent. Une course effrénée à travers les bauhinias me le fait rejoindre ; il reçoit une seconde balle dans la culotte, et nous l'achevons sans difficulté.

24 mai. — Le 17, j'ai vu des léchés (1) ; c'était la première fois. Très-désireux d'en avoir un, j'essayai de les rejoindre à la rampée, mais sans aucun succès. Mon conducteur me dit, et avec raison, qu'il était capable de tuer un vieux mâle. Chose étrange ! les femelles sont beaucoup moins défiantes. J'ai eu plusieurs fois l'occasion d'en abattre, mais sans vouloir en profiter.

Le lendemain, de très-bonne heure, j'avais repris ma chasse, et, à mon immense satisfaction, je tuai du premier coup un beau mâle à trois cents pas ; je le dépouillai avec soin, en conservai de mon mieux la tête et les cornes, et fus très-fier de ma victoire. Depuis

---

(1) Belle antilope qui se tient au bord de l'eau ; espèce découverte par D. Livingstone, représentée et décrite au chap. III des *Explorations dans l'Afrique australe*, p. 82 et suiv., de l'édition française complète. -- J. B.

lors, j'en ai eu trois autres, non moins beaux, et le charme de la nouveauté, l'excitation qui provient du désir d'avoir une espèce qui vous manque, a peu à peu disparu.

J'avais fini par raccommoder un vieux mousquet du frère de Chapeau avec un vieux clou et des nerfs d'antilope. Je l'ai troqué, le jour même où j'ai tué mon premier léché, contre un petit Sara, un bébé qui n'a certes pas plus de deux ans; mais dont la physionomie est intelligente et qui n'est pas encore décharné par la faim. Je l'ai appelé Léché; c'est un beau petit garçon, vif et réjoui; je l'aime de tout mon cœur. Des Bamangouatos, revenant de chez Sicomo, où ils avaient chassé le lynx, le chacal, le chat sauvage, tous les animaux à fourrure, avaient ramassé ce pauvre bébé; ils passèrent la nuit à côté de mon wagon, et celui d'entre eux qui se disait propriétaire du bambin me le présenta. Mon interprète m'assura que, si je ne m'en chargeais pas, il y avait gros à parier qu'on l'abandonnerait en plein désert, au premier jour de disette ou de fatigue. Je savais d'ailleurs le sort qui lui était réservé, quand même on l'amènerait au village : il y serait l'esclave d'un Bamangouato, qui personnellement vit au jour le jour et subit parfois des jeûnes cruels; bref, j'eus compassion du pauvre petit et l'achetai à son maître.

La journée du 24 mai restera longtemps dans ma mémoire comme l'une des plus misérables de ma vie. C'était le dimanche de la Pentecôte. N'ayant pas l'intention de me mettre en route ce jour-là, je me levai un peu plus tard que d'habitude et remarquai chez mes gens un silence qui ne présageait rien de bon. Comme je prenais mon café, Raffler, le conducteur du chariot, s'avança et, parlant au nom de ses camarades : « Nous avons l'intention, me dit-il, de chercher le sentier qui ramène au pays. » Tous, en effet, semblaient prêts à partir; mais je ne pris pas la chose au sérieux et je répondis à Raffler. « Très-bien; faites ce que vous voulez. » Immédiatement cinq de mes hommes se levèrent et me rendirent en grande pompe les munitions que je leur avais confiées, s'excusant beaucoup de la perte qu'ils avaient faite d'une ou deux balles. Le conducteur me fit en outre la remise de son fouet, des courroies, des bœufs, des traits du chariot, etc.; puis ils réclamèrent leurs gages. « Vous n'aurez pas, leur dis-je, un sou; je regrette même de vous avoir donné quelque chose d'avance. » Ils parurent satisfaits de ce raisonnement, firent leurs adieux à Matakit et à Inyous; puis ils se mirent en marche.

Ces deux derniers revinrent auprès de moi; ils pleurèrent d'abord en silence, et finirent par affirmer qu'avant deux jours nous serions perdus, et que les Saras et les Macoubas (1) nous tueraient.

La situation était claire : je me trouvais au milieu d'une forêt complétement inconnue, à deux mois de ma dernière résidence, dont me séparait surtout cette terre de la soif, devenue plus affreuse que jamais, puisque nous étions dans la saison sèche. Il n'y avait

---

(1) Voyez la note de la page 126.

pas à hésiter. Mon orgueil se révoltait; pourtant je finis par le vaincre et me décidai à rejoindre les fugitifs, à m'enquérir de leurs griefs et à leur offrir toutes les réparations qui étaient en mon pouvoir. Sous l'influence de ce bon mouvement, je donnai l'ordre à Matakit de réunir les chevaux. On ne les trouva nulle part.

Cette pensée me frappa tout à coup : « Ils étaient cinq, ils en auront pris chacun un. » Je dis à Inyous de venir avec moi faire des recherches. Nous nous séparâmes, sachant bien que les larrons avaient dû s'écarter du chemin pour dissimuler leurs traces; mais Inyous finit par tomber sur les doubles empreintes des hommes et des chevaux.

Nous les suivîmes jusqu'à l'endroit où l'on ne voyait plus que ces dernières, c'est-à-dire où les fugitifs étaient montés à cheval. Deux piétons poursuivant cinq cavaliers, l'entreprise était folle. Je restai pendant quelques minutes dans une rêverie profonde, puis je me rappelai qu'il n'y avait personne au wagon et que je pouvais perdre mes vingt bœufs tout aussi bien que les chevaux. J'appelai Inyous pour retourner au camp. Pas de réponse! Je fis retentir le bois de mes cris; je tirai un coup de fusil destiné à l'éléphant, la détonation fut effroyable, et toujours le silence! Ils étaient tous partis! L'abandon était complet.

Je revins au camp le plus vite possible et n'y retrouvai que mon petit Léché, couché sous un arbre, au milieu de ses pleurs. Après avoir consolé de mon mieux le pauvre enfant, je me mis à la recherche des bœufs qui s'étaient échappés; je finis par les réunir et me hâtai de regagner le kraal. J'allai chercher de l'eau et du bois, puis je lavai les plats et la marmite, que mes hommes avaient laissés pleins de graisse. La position n'était pas une sinécure. Je découvris alors qu'il y a une grande différence entre commander une chose et la faire.

Je mis la bouilloire au feu pour avoir du thé, je préparai du sagou pour Léché et pour moi; bref, je n'eus pas le temps de réfléchir; mais, quand j'eus couché la petite créature et que je me trouvai seul devant le feu, ma situation m'apparut dans toute sa gravité. J'étais abandonné au désert, ne connaissant pas une âme vers laquelle je pusse me rendre, et ne sachant pas le langage des habitants. Je maudis mille et mille fois mon fol orgueil; j'aurais dû tout accorder à ces hommes plutôt que de m'exposer à un pareil délaissement, que je n'avais pas même essayé de conjurer.

La nuit fut horrible; quatorze heures de ténèbres! car nous étions en hiver : je n'en souhaite pas une pareille à mon plus mortel ennemi. J'espérais toujours qu'Inyous et Matakit reviendraient, bien qu'au fond je n'eusse pas à les blâmer : cet indigne Raffler leur avait persuadé qu'on les tuerait, et les pauvres garçons en avaient perdu l'esprit. Quand par hasard quelques minutes d'un somme agité venaient interrompre mes réflexions, ce n'était que pour me sentir plus seul et plus désolé au réveil.

Je songeai à laisser là tout mon matériel et à me rendre à pied au lac Ngami. Toutefois, la seule chance d'y parvenir était de suivre la rivière ; et non-seulement la tâche était difficile, mais comment abandonner Léché, le laisser mourir de faim et de soif dans cette solitude? Cette idée me révoltait. Si vous l'aviez vu, chancelant sur ses petites jambes, armé d'un bâton deux fois grand comme lui, m'aider à réunir les bœufs et à les faire entrer dans le kraal! Si vous saviez tout le chemin qu'il avait fait pour aller chercher le veau, et sans que je le lui eusse dit! J'en avais les yeux pleins de larmes. Il était couché devant moi, pauvre bébé! lui aussi avait de l'inquiétude; il comprenait que les choses allaient mal; il se réveillait en sursaut, cherchait mes pieds à tâtons, les touchait bien doucement et retournait à sa place.

C'est ainsi que nous passâmes la nuit. Deux ou trois fois je crus entendre des pas; je me levai, mon fusil à la main; c'étaient les chiens qui allaient et venaient parmi les feuilles mortes. Quand le jour parut, je sortis pour chercher de l'eau et du bois; je fis le café, donnai à déjeuner au bambin et détachai les bœufs. Tout à coup j'entendis parler sur la rivière : c'étaient des Cafres. Je les appelai et déchargeai mon fusil, pour les attirer avec plus de certitude, car ils flairent le sang d'aussi loin que les hyènes, et le bruit d'une arme à feu les met sur le qui-vive. Au bout de quelques instants, une pirogue traversait bruyamment les roseaux, et j'y voyais trois Cafres. Hélas! je n'avais que quatre mots dans mon vocabulaire : bonjour, marche, verroterie et wagon. Les trois derniers produisirent leur effet; les hommes vinrent avec moi au chariot; mais ils s'en allèrent comme ils étaient venus : pas moyen de nous expliquer, même par signes. Lorsque j'essayai de leur faire entendre que je voulais voir Léchoulatébé, le chef du lac Ngami, ils hochèrent la tête et proférèrent leur vilain *ngau*, pareil au grognement d'un enfant gâté. C'est tout ce que je pus en obtenir et je les quittai désespéré.

Néanmoins, toute chose arrivée au pire s'améliore nécessairement : comme je ramenais mes bœufs qui s'étaient dispersés au bord de la rivière et avaient remonté à quelque distance, je tombai au milieu d'un parti de Bamangouatos, hommes et femmes, garçons, filles et chiens, qui se réjouissaient autour du cadavre d'une antilope. Je n'ai jamais été plus heureux qu'en serrant la main de ces braves gens. Ils savaient quelques mots de hollandais, et me prièrent de leur donner de la viande. Cinq minutes après, dans un fourré, les chiens mettaient aux abois un vieil élan mâle que je tuai sur le coup, à l'inexprimable satisfaction des Bamangouatos.

Bien que j'eusse perdu tout espoir de chasser l'éléphant, je bondis de joie, en apprenant que mes compagnons se rendaient auprès de leur chef, et qu'ils me prêteraient volontiers leur assistance, moyennant quelques munitions, plus une génisse pour l'homme qui nous frayerait la voie et pour celui qui veillerait sur les bœufs.

Mes inquiétudes furent immédiatement dissipées, et je leur abandonnai tout l'élan. Mon projet était de regagner le lac, de m'entendre avec Wilson, un Anglais qui s'est fixé là-bas, et d'y tuer le temps jusqu'à ce que l'occasion se présentât de me rendre à la baie de Valfisch (1). Je ruminais cette idée en mangeant un morceau de langue de buffle, quand, tout à coup, je vois arriver un homme qui avait les pieds déchirés et n'en pouvait plus. Qui l'aurait deviné? c'était mon pauvre Inyous! Je me levai d'un bond, et l'aurais serré volontiers dans mes bras. Après m'avoir quitté, lui et Matakit avaient marché toute la nuit, par instinct plus qu'autrement, puisqu'ils n'y voyaient pas. Bref, ils avaient rejoint les déserteurs, les avaient décidés à revenir, et tous arrivaient, ramenant mes chevaux qui ressemblaient à des levriers.

Je le pris sur un ton sévère, et dis à mes hommes qu'ils avaient bien fait de rendre mes chevaux, attendu que j'étais décidé à les poursuivre comme voleurs, et qu'ils auraient passé une bonne partie de leur existence à travailler sur les routes, avec une chaîne au pied. Ils me répondirent froidement qu'ils ne dépendaient que de Séchéli et ne s'inquiétaient pas plus de la loi des boërs que d'une figue. Je sentis qu'ils disaient vrai et que ma plainte, en supposant que je fusse parvenu à la faire, ne m'eût servi de rien. Si je les avais vus sur mes chevaux, j'aurais certainement tiré sur eux et, comme ils avaient des armes, je serais tombé sous leurs balles; cela ne fait pas le

(1) La baie Valfisch ou des Baleines est la tête d'une route que suivent un assez grand nombre de traficants pour aller de l'Océan atlantique au lac Ngami. C'est là que Baines a commencé son voyage pour se rendre au Zambèse. — J. B.

moindre doute. Trouvant donc nécessaire d'être moins altier, je leur demandai les motifs de leur conduite. Ils prétendaient, répliquèrent-ils, avoir deux mois de gages et, comme je ne voulais pas les leur donner, ils s'étaient payés eux-mêmes. Je leur dis enfin que, s'ils rentraient dans le devoir et faisaient convenablement leur service, je ne parlerais pas du vol des chevaux. Ils ajoutèrent que, s'ils m'avaient quitté, c'était à cause de mon emportement; qu'en outre je méprisais leurs conseils; que je leur avais parlé anglais, dont ils ne savaient pas un mot, en sorte qu'ils avaient cru que je leur disais des injures. Bref, les dernières gouttes de grog furent avalées, et maître et serviteurs promirent de faire désormais tous leurs efforts pour vivre en meilleure intelligence.

Auguste a blessé hier une femelle de buffle, qui, accompagnée d'une génisse de belle taille, l'a chargé vigoureusement. Il a escaladé un arbre peu élevé, dont les épines lui ont lacéré les jambes. Tandis que la génisse et la mère lui léchaient les pieds, il a rechargé son fusil et les a tuées toutes les deux. Heureusement qu'il avait jeté son arme dans les branches avant d'y sauter lui-même, sans quoi l'ennemi aurait pu l'y retenir pendant deux jours et plus. Auguste est très-fier de son exploit.

29 *mai*. — Hier, dans l'après-midi, nous avons dételé presque au bord de l'eau, à quelques centaines de pas d'un endroit où des éléphants avaient bu la nuit précédente, et nous avons pris toutes nos mesures pour que, ce matin, nous pussions nous mettre en chasse.

Au point du jour, je fus éveillé par des Saras; ils nous criaient de l'autre rive que les éléphants avaient bu cette nuit même à la place où ils nous attendaient. On mit les chevaux à la nage et on les dirigea au moyen d'une pirogue. La rivière peut avoir ici trois cents mètres de large; mais le fond est bon et le courant peu rapide; l'eau est d'une fraîcheur délicieuse, d'une limpidité parfaite : un grand bienfait dans cette terre de la soif!

Arrivés sur l'autre bord, nous avons suivi la piste de trois éléphants mâles, non toutefois avant qu'on eût interrogé le sort par le jet des osselets, et que le docteur eût prédit que nous trouverions les éléphants, que j'en tuerais un qui serait très-gras et aurait une grande et une petite dent. Les traqueurs, derrière lesquels je marchais en silence, nous conduisirent au travers d'un épais fourré de mimosas. Tout à coup le pressentiment que nous n'étions pas loin des colosses me fit prendre mon fusil, que portait l'un de mes hommes, et, trois minutes après, les Saras annoncèrent par leurs gestes qu'ils voyaient le gibier.

On lança les chiens; quelques instants s'écoulèrent, puis j'entendis Turc donner de la voix et la trompette d'un éléphant lui répondre aussitôt. Je courais dans cette direction, quand Raffler m'appela d'un autre côté; j'allai vers lui; un coup de feu, parti derrière moi, me fit retourner; et je vis que le colosse opérait sa retraite.

La forêt était d'une épaisseur peu commune; je craignais de me perdre et, sans aller plus loin, j'envoyai à l'éléphant une balle qui l'atteignit au gros de la cuisse. On le vit alors se poster dans un hallier, d'où, sonnant la charge, il fit tête aux chiens, dans toutes les directions, écrasant tout ce qui lui faisait obstacle. Malheureusement la capsule de mon fusil était entrée dans la cheminée, lors de mon dernier coup de feu; je brisai la pointe de mon couteau en voulant la retirer, et ne pus l'avoir qu'au moyen d'une forte épingle que je portais à mon chapeau. Tout cela me fit perdre du temps. Il y avait bien là cinq chasseurs armés de fusils; mais pas un d'eux n'osait s'aventurer dans le hallier. Sans aucun doute, ils me croyaient aussi prudent qu'eux; mais, dès que mon fusil fut en état, je fis avancer Broon, que je montais alors, ayant soin de me ménager un passage qui me permît une prompte sortie. Quand il n'y eut plus entre nous que vingt-cinq pas, l'éléphant releva sa trompe et vint droit à moi; le cheval intrépide ne bougea pas plus qu'un terme, et la bête reçut à la pointe de l'omoplate une balle conique de cinq à la livre, lancée par vingt-deux grammes de poudre fine. Il n'est pas d'organisation qui puisse résister à une pareille force : l'éléphant chancela, fit quelques pas et tomba sur la tête, à quinze mètres de mon cheval. Les braves qui m'accompagnaient se précipitèrent alors vers l'animal abattu, lui adressèrent chacun une balle et tout fut dit pour le géant (1).

(1) On conçoit le danger que peut offrir la chasse d'un animal dont le pas de charge équivaut au galop d'un bon cheval et ne connaît pas d'obstacle; d'un géant qui déchire le fourré, soulève

Malgré la proximité des autres éléphants, nous ne sommes pas allés plus loin : la vue de cette masse de viande grasse avait agi sur les Saras avec une puissance irrésistible, et rien n'a pu les déterminer à re-

ou renverse tout ce qu'il rencontre; déracine avec sa trompe, écrase du pied, tout ce qui vous protége (un pied dont l'empreinte a deux mètres de tour), et qui joint à cette force matérielle un cri terrible. « Que celui qui veut chasser l'éléphant, dit Livingstone, se place au milieu de la voie ferrée; qu'il écoute le sifflet de la machine et attende, pour s'enfuir, que le train ne soit plus qu'à deux ou trois pas de lui, afin de savoir si ses nerfs lui permettent d'affronter le colosse. »

Quand le cavalier n'est pas sûr de son cheval, celui-ci est un danger de plus : l'effroi le paralyse et l'empêche de fuir, ou l'affole et le jette au-devant du péril. Vahlberg et Delegorgue chassaient toujours à pied; et, malgré la difficulté de le tuer à l'arme blanche, c'est ainsi que les indigènes, voire les Amazones du roi de Dahomey, attaquent l'éléphant; mais alors ils sont en nombre, et à force de bruit ils ahurissent le colosse. « Cinquante éléphants, dix de front, débouchent d'une clairière, dit Delegorgue; si un homme se présente qui les défie en frappant sur un bouclier retentissant, l'escadron s'arrête et rebrousse chemin. Qu'on veuille pousser la bande et l'acculer dans une gorge, les voix n'ont qu'à retentir, les boucliers à résonner derrière elle; que l'on fasse silence dans la partie où l'on veut qu'elle se jette, et la bande obéira comme un troupeau. » Il suffit même des aboiements de quelques roquets, dit Livingstone, pour que l'éléphant oublie de se défendre contre l'homme; le seul danger, en pareil cas, c'est que la meute, en revenant près du chasseur, ne ramène la bête de son côté. Cette lutte n'en est pas moins encore très-dangereuse : Vahlberg a été tué dans un de ces combats sur les bords du lac Ngami. Mais autre chose est d'engager ce duel terrible seul à seul avec un pareil adversaire, de le relancer jusque dans son fort et de concentrer sur soi toute sa fureur; de l'attaquer dans un milieu où tout vous blesse et vous entrave, et dont il ouvre les halliers pour marcher droit à vous sans que rien ni personne l'en détourne. Voilà ce que Baldwin a fait mainte et mainte fois, et ce qui lui paraît tout simple dès qu'il est à cheval. — H. L.

prendre la piste. Il a donc fallu remettre à une autre fois l'attaque des deux survivants.

Dimanche, 6 juin. — J'ai peu de chose à écrire. Cette dernière semaine a été à la fois pénible et infructueuse. Lundi, nous avons traversé la rivière au point du jour; et il m'a fallu payer d'un sac de poudre et d'une barre de plomb la location de deux vieux canots, qui, à dire vrai, nous étaient indispensables. Le passage effectué, nous croisâmes les traces d'une bande nombreuse d'éléphants et nous les suivîmes sans un instant d'arrêt jusqu'à trois heures du soir. Elles nous conduisirent en ligne droite du bord de la rivière à un bois épais formé de bauhinias, dont le feuillage, fort semblable à celui du hêtre, est, même aujourd'hui, en plein hiver, tout luxuriant. Nous y trouvâmes une bande de cinquante à soixante bêtes, entièrement composée de femelles et de jeunes; elles étaient en train de manger; mais elles disparurent comme par enchantement dès qu'elles nous entrevirent, et se dispersèrent devant les chiens, lorsque ceux-ci tombèrent au milieu d'elles. Après avoir cherché vainement un mâle, je poursuivis une mère, que je tirai à quinze pas et frappai derrière l'épaule. Elle s'éloigna tandis que je m'arrêtais pour recharger, se perdit au milieu des arbres et, la nuit arrivant, je fus obligé d'y renoncer.

Le mardi matin, nous découvrîmes une troupe de onze ou douze éléphants mâles, qui partirent à notre approche, écrasant tout sous leurs pas. Je les suivis à la hâte, en poussant des cris vigoureux; je séparai le plus gros de la bande et le serrai de près, grâce au sentier qu'il voulait bien m'ouvrir. Il se retourna pour voir qui avait l'audace de lui marcher sur les talons, car les naseaux du cheval lui touchaient la culotte. Je le frappai derrière l'épaule en me jetant de côté; il passa et je le perdis de vue tandis que je rechargeais. En suivant ses traces au galop, je me retrouvai en face de lui, au détour du chemin, où il faillit me saisir avant que je l'eusse aperçu. Il m'attendait et fondit sur moi en criant avec fureur. Mon cheval pirouetta et s'enfuit, mes deux éperons dans les flancs, moi étendu sur son cou et la trompe de l'éléphant sur la croupe. Nous traversâmes un hallier que, de sang-froid, j'aurais déclaré impénétrable, et d'où je ne sortis pas sans blessures. Mes pauvres mains sont affreusement lacérées, et mon pantalon, bien qu'en peau de chèvre, est littéralement en pièces.

L'éléphant reçut encore deux balles et n'en fut pas moins perdu; jamais les chiens, qui, mortellement effrayés, ne quittaient pas les talons du cheval, ne voulurent aller le dépister.

Nous avons aujourd'hui rencontré la fille de Séchéli, qu'avait épousée Wilson : elle retourne chez son père avec un marmot d'un brun blanchâtre. Est-ce le mari qui la renvoie? je l'ignore. Je crois plutôt que c'est elle qui l'a quitté. C'est une jolie personne. Je lui ai donné du thé, du sel et de la farine; car sa position m'a touchée. Pauvre créature! Elle ira en canot, tant qu'elle aura le Beauclekky; mais après? Je ne m'imagine pas comment elle franchira le désert. Ce n'est pas qu'elle soit seule : elle est accompagnée d'une suite nombreuse, composée de Betjouanas, sujets de Séchéli, qui traînent après elle une quantité de vaches, de bœufs, de chèvres et de moutons. Voilà une fâcheuse affaire : elle donnera aux Anglais un mauvais renom, et il est possible qu'à l'avenir Séchéli nous défende son territoire.

On est bien obligé d'avoir recours aux Hottentots, vu qu'ils savent la langue des naturels et connaissent le pays ; mais ce sont des paresseux, qui reçoivent de gros gages, ne font rien, veulent être les maîtres et rendent la marche très-désagréable.

Nous sommes arrivés au lac Ngami, un vendredi, c'est-à-dire le 11 juin (1). J'avais reçu de Léchoulatébé plusieurs messages où il me priait de venir en toute hâte.

Pendant cinq jours nous n'avons pas fait autre chose que de débattre le prix de deux chevaux, jusqu'à ce que moi et mon interprète nous ayons été à bout d'haleine. Celui-ci m'a consommé une demi-pièce de xérès pour s'humecter la gorge, et, n'en pouvant plus, j'ai fini par abandonner les deux bêtes au chef et lui ai donné une selle et une bride par-dessus le marché,

(1) Le lac Ngami a été découvert par D. Livingstone et Oswell, le 1ᵉʳ août 1849 ; on en peut voir la description au premier chapitre de notre abrégé des *Explorations dans l'Afrique australe*. Deux ans après Baldwin, Th. Baines et Chapman y sont venus à deux reprises et ont examiné le lac. Les relations de Baines sont reproduites aux chapitres VI et IX de notre édition du *Voyage dans le Sud-Ouest de l'Afrique*. Ces chapitres contiennent aussi une curieuse description de la ville, des régiments et des manœuvres commerciales de Léchoulatébé. — J. B.

moyennant treize dents d'éléphant. Les bidets m'avaient coûté deux cent-vingt-six francs chacun ; l'ivoire en vaut au moins quinze cents : cela méritait bien un peu de patience.

J'arrive des bords du lac. Il m'a fallu à cheval à peu près deux heures et demie pour atteindre le point le plus rapproché du kraal. Les environs semblent parfaitement plats, très-insalubres et fort peu intéressants.

De ce côté-ci est une masse de roseaux brisés ; mais, en face et dans la majeure partie de son étendue, la rive est couverte de bois. D'après ce que me disent les naturels, il faudrait trois jours pour faire à cheval le tour du lac, si la tsetsé ne rendait pas cette course impossible. Les indigènes n'osent pas aller d'un bord à l'autre avec leurs frêles pirogues, attendu que, par une forte brise, la vague est très-mauvaise. Trois canots ont sombré depuis peu de temps ; et ceux qui les montaient se sont noyés.

A peu de distance de la pointe méridionale, route que suivent les wagons pour se rendre à la baie de Valfisch, se dresse une chaîne de rocs élevés, où se retirerait Léchoulatébé, dans le cas où Sébitouané l'attaquerait (1).

Ces indigènes sont toujours en guerre, à propos du

---

(1) Baldwin veut parler des rochers de Quaebie, qui ont en effet servi une fois à Léchoulatébé de refuge efficace contre une invasion des Cololos, que Baines a racontée. Voyez notre édition du *Voyage dans le Sud-Ouest de l'Afrique*, p. 201 et suiv. — J B.

bétail, qui est l'objet de leur convoitise et qu'ils s'enlèvent réciproquement.

Du point où je me trouvais, je n'ai pu avoir qu'une assez triste vue du lac; mais j'avoue que j'ai été trompé dans mon attente. Le chef m'accompagnait et m'a donné avec la plus grande obligeance tous les renseignements qu'il a pu me fournir.

Je ne pense pas que ce soit un méchant homme, mais c'est un terrible mendiant : tout lui fait envie; il ne paraît pas croire qu'on puisse lui refuser quoi que ce soit et ne vous donne rien en retour; il achète aux conditions qui lui plaisent, et demande un prix extravagant de ce qui lui appartient. Il est jeune, actif, chasse l'éléphant lui-même, est bon tireur et possède d'excellents fusils anglais.

A notre retour, je passai la rivière à la nage (trois cents mètres de large à peu près) et je fus invité à dîner par le chef. Le repas eut lieu en plein air et fut servi par les plus jolies filles du village : agenouillées devant nous, elles portaient les assiettes dans lesquelles nous mangions.

On dit que le bonheur parfait n'existe pas sur terre; mais, de tous les mortels, celui qui en approche le plus, c'est certainement un chef de peuplade africaine : l'opposition lui est inconnue ; il a droit de vie et de mort sur tout ce qui l'entoure; on veille sur lui comme sur un enfant; tous ses vœux, tous ses caprices sont satisfaits ; on lui apporte de tous côtés des plumes d'autruche, des karosses, de l'ivoire, qu'il peut échanger aux marchands pour des objets qui le séduisent et qui dépassent tous ses rêves. Et probablement l'ingrat se plaint encore!

Notre dîner se composait d'un rôti de girafe, nageant dans la graisse. Les entrailles de la bête sont ici les morceaux de choix, et, préjugé à part, je vous assure que les Anglais ne savent pas ce qu'il y a de meilleur dans l'animal. A Rome, j'ai toujours fait comme les Romains, toujours mangé (quand je l'ai pu) ce qui m'a été servi, fermant les yeux si l'estomac se soulève; or, pour la saveur, le fumet et la richesse du goût, rien n'approche des parties que recherchent les Cafres. Nous les faisons bien rire en jetant ce qu'il y a de plus fin dans le gibier. Toujours est-il que le dîner me parut excellent. Nous l'arrosâmes d'un grand verre de xérès.

Le repas terminé, je troquai mon chapeau avec le capitaine contre un large pantalon de cuir; puis il fallut y ajouter de la verroterie, un couteau, une fourchette et une cuiller. Ce scélérat était sans conscience: après m'avoir extorqué la promesse de lui donner du thé pour la seconde fois (je lui en avais envoyé une livre en arrivant), il ordonna aussitôt d'aller chercher une énorme jarre qui en aurait contenu au moins deux caisses, et ne put retenir son indignation en voyant le peu que j'y avais mis. Ce fut alors de la farine qui devint l'objet de ses demandes, et quand je lui eus dit que j'en échangerais volontiers contre une quantité double de grain, il me répondit qu'il n'y en avait pas dans ses États. Il ment comme un arracheur de dents, et ne fait qu'en rire lorsqu'on découvre ses mensonges.

On ne peut donc lui refuser un excellent caractère; mais tous les Cafres ont beaucoup d'empire sur eux-mêmes, et bien rarement ils en viennent aux coups.

18 juin. — Nous nous remettons en marche, mais cette fois pour le retour. Je pars plus tôt que je n'en avais l'intention : l'un de mes bœufs est malade, et Léchoulatébé, craignant pour son bétail, ne veut pas permettre à mon attelage de rester ici. Je devais chasser l'éléphant une dernière fois; j'y comptais; la mort intempestive d'un indigène y a mis obstacle. Léchoulatébé n'a pas voulu y consentir, à moins que je ne prisse avec moi l'un de mes hommes, disant qu'il m'arriverait malheur et qu'on l'accuserait d'avoir ordonné à ses gens de me tuer.

J'ai mesuré aujourd'hui deux arbres qu'on appelle ici mowanés (1); l'un a vingt-sept mètres de circonférence; l'autre, vingt-huit. Le tronc se divise à deux mètres de terre en quatre branches énormes, se courbant en dehors et laissant entre elles une chambre spacieuse. La distance qui sépare ces rameaux gigantesques est de trente centimètres entre chacun d'eux, à l'endroit où ils sortent de la tige; ils vont en s'éva-

(1) Des baobabs (*adansonia digitata*); il en existe de trente-deux ou trente-trois mètres de tour. La vitalité de cet arbre, ou plutôt de cet aggrégat végétal, est si grande que l'on peut attaquer le baobab, en creuser la tige avec le fer et le feu, sans en arrêter le développement. Il ne suffit même pas de l'abattre pour le faire périr : le docteur Livingstone en a trouvé plusieurs dans les environs d'Angola qui grandissaient encore après avoir été coupés; chez l'un d'eux, quatre-vingt-quatre anneaux augmentèrent chacun d'un pouce après que le tronc eût été abattu. — H. L.

sant, et l'arbre, à environ six mètres du sol, doit avoir au moins quarante mètres de tour. Si j'habitais ce pays-ci, je ferais ma demeure dans un mowané.

J'ai un nouveau bambin, un second Sara; c'est la pitié qui me l'a fait prendre. La faim, les coups et les mauvais traitements l'avaient mis aux portes du tombeau. On l'appelle Mutla, c'est-à-dire *Epine*. Il est affreux à voir et me fait frémir : des yeux caves, des joues creuses, un squelette ambulant.

Dimanche, 20 juin. — Nous avons eu une longue série des plus beaux jours dont un pauvre mortel ait jamais été favorisé, et ma santé est parfaite. Je voudrais pouvoir en dire autant de celle de Mutla : il aura bien de la chance s'il triomphe jamais du traitement qu'il a subi : son crâne est à moitié défoncé; tout son corps n'est que plaies et bosses, et les roseaux, les racines, qu'il a mangés pour ne pas mourir tout à fait, lui ont mis la peau dans un triste état. A défaut de pommade sulfureuse, nous le barbouillons de graisse et de poudre à canon; j'y ajoute un peu d'onguent mercuriel et je regrette de n'avoir pas à y joindre quelques gouttes de térébenthine. Cependant, vu sa jeunesse, j'espère qu'à force de bons soins l'enfant guérira. Avant d'être à moi, il était gardeur de chèvres; il veillait toute la journée sur son troupeau, qu'il ramenait le soir au kraal. Une fois, on acquit la preuve que le pauvre petit avait tué un chevreau pour le manger; sur quoi, le propriétaire, furieux, battit l'innocent jusqu'à le laisser pour mort, ainsi que Léchoulatébé l'avait fait à un gamin du même âge peu de temps avant. Léché, mon autre garçonnet, est gras comme un marsouin, brillant comme une botte vernie et ressemble à un très-jeune hippopotame. Je n'ai jamais vu de petit cochon prendre la graisse si vite ; j'avoue qu'il ne fait que manger, boire et dormir ; mais à peine s'il peut marcher : quand on le met sur le dos, il est comme un mouton et ne parvient pas à se relever. Hier, il se serait noyé dans quarante-cinq centimètres d'eau, si je n'avais pas été là.

La rivière est fort grande ; elle croît toujours, monte rapidement, inonde au loin ses rives, et nous a contraints de nous ouvrir un sentier dans un fourré tellement épais que la tente du wagon en est hachée : deux fortes toiles à voile, littéralement en pièces. Les clavettes de l'essieu, à force de se heurter contre les arbres, sont tordues dans tous les sens ; on n'en finit pas de cogner avec la hache et le marteau quand il faut enlever les roues pour les graisser. Pourtant, depuis plusieurs mois qu'il n'est tombé une goutte de pluie, tous les ravins, les étangs et les réservoirs sont à sec ! on ne trouve d'eau nulle part, et la rivière déborde ; je ne peux pas m'expliquer ce caprice de la nature (1).

Je pense qu'il y a dans mon chariot plus de trois

---

(1) Ce phénomène est peu capricieux. Le Tiougué qui tombe dans le lac Ngami, avec lequel la Botletle communique par une espèce de marais, et la Tamalucan ou Tamunak'le, affluent de la Botletle, paraissent se joindre, sinon au Zambèse directement, du moins à la Tchobé : elles viennent de régions largement marécageuses et profondément inondées à partir du mois d'avril. Leurs eaux, après avoir rempli tous les lits desséchés, parviennent à la Botletle vers le mois de juin et la font déborder, bien que tous les étangs des environs soient encore évaporés. — J. B.

Dîner chez un chef cafre. (Page 186.)

Marche au clair de lune. (Page 190.)

BALDWIN, pop.

cents kilos d'ivoire, et il est rempli jusqu'au sommet de dépouilles de toute espèce et d'objets appartenant à mes hommes, articles sans valeur, qui seront jetés sur la route si j'arrive à me procurer d'autres dents.

Le chef Makouba, dont le territoire est à l'extrémité supérieure du lac, s'appelle Doubabé. Rien ne peut m'attirer de nouveau dans cette région, où les naturels sont abondamment pourvus de tout ce qu'ils désirent par des traficants qui font un commerce avantageux en y venant par la route de la baie de Valfisch.

22 juin. — Trois de mes gens qui sont mariés voudraient être chez eux; ils ne parlent plus d'autre chose et mettraient les bœufs sur les dents, si je ne m'y opposais pas. C'est pour moi un grand sujet de contrariété, et je n'y vois pas de remède. Les gens de Séchéli reçoivent un prix fixé pour le voyage, qu'il soit long ou qu'il soit court, peu importe : le temps n'est rien pour eux. La combinaison n'est pas bonne. Désormais je ferai d'autres arrangements. Excepté moi, chacun a quelque objet qui l'attire et lui fait désirer le retour : des femmes, un père, une mère, des frères, des sœurs, des parents ou des amis. Cela me vexe de les entendre parler sans cesse de leur chez eux et de leur désir d'y arriver.

Suivant Albert Smith, les colonies ne sont que des refuges pour les déshérités qui vont y accomplir un suicide social; je suivrai sa théorie.

Même lorsqu'ils sont dans l'abondance, les naturels sont trop égoïstes pour me donner un morceau de viande si je suis à court de gibier, même quand les arbres qui nous entourent sont chargés de venaison. Ils ne vous refusent pas d'une manière positive, mais « ce n'est pas à eux, le maître de l'éléphant n'est pas là, etc.; » et ils vous évincent le plus vite qu'ils peuvent. Les meilleurs d'entre tous ne sont que des païens ingrats. Qu'ils soient accroupis sur leurs talons, un gros morceau de viande dans une main, dans l'autre une sagaie d'un mètre quatre-vingts qui leur sert de couteau, et leur bonheur est complet. Tant que le morceau dure, ils n'envient le sort de qui que ce soit. Ne possédant rien, ils n'ont aucun souci, et quand la nourriture abonde, ils ne désirent pas autre chose (1).

26 *juin.* — Nous avons marché lentement depuis quatre jours. Broon, mon cheval de prédilection, est tombé malade mercredi; le lendemain il était mort, en dépit de tous les remèdes que j'ai pu faire : larges saignées, vésicatoires, émétique à fortes doses. C'est le premier exemple de maladie des chevaux que j'aie jamais vu pendant l'hiver. Pauvre Broon! Sa perte m'est cruelle : pas moyen de le remplacer dans ce pays-ci. Je le ménageais pour chasser l'éléphant. Son agonie a été rude; et à son dernier soupir je n'ai pu retenir mes larmes. Jamais je n'ai eu la même affection pour aucun animal; c'était mon meilleur ami. Il avait cessé de vivre que je ne me lassais pas d'admirer ses lignes harmonieuses; c'était un cheval puissant, d'une vigueur et d'un fond incroyables; il luttait de rapidité avec la

---

(1) Tout lecteur remarquera la contradiction de ce passage et de celui qui précède; mais il doit reconnaître qu'ils se rapportent à des gens de tribus différentes. — J. B.

girafe, et dépassait tous les animaux que j'ai poursuivis. J'aurais pu le conduire et l'arrêter avec un fil, même quand il était lancé à toute vitesse.

C'était une noble bête, réunissant tout ce que l'homme peut souhaiter dans un cheval. Il était à la fois d'une douceur et d'une docilité parfaites, aussi plein de feu que de courage; il affrontait l'eau ou la flamme, bravait les plus affreux halliers, ne reculait devant rien, ne détournait les yeux d'aucun des objets en face desquels son maître osait le placer. J'ai tué avec lui vingt-sept grosses bêtes; et il n'a pas fait une seule chute au milieu des fosses, des terriers, des trous ou des arbres abattus qui abondent dans la forêt et dans la plaine. A présent je n'ai plus de cœur à la chasse et m'inquiète peu de savoir quand ou comment finira le voyage.

Dimanche, 11 *juillet.* — Mon journal a été négligé depuis quelque temps. Une fièvre intermittente, compliquée d'affection bilieuse, mon ancienne ennemie, m'a rendu très-malade pendant dix jours. Me voilà mieux maintenant, Dieu merci; mais je suis encore d'une grande faiblesse et incapable d'aucun travail. Grâce à mes drogues, calomel, coloquinte, émétique, quinine, etc., et à la grande expérience que j'ai acquise au sujet de cette maladie, je m'en suis tiré une quatrième fois. Mes gens, peu habitués à voir un homme enveloppé de couvertures et placé devant un bon feu, rester froid comme la glace, et à entendre ses dents claquer comme le bec d'une pie, m'avaient déjà condamné. L'accès, terminé par une transpiration excessive, est suivi d'horribles maux de tête et d'affreuses douleurs dans tout le corps. J'ai beaucoup plus souffert cette fois que dans les attaques précédentes : pas un instant de sommeil ; je n'ai pu dormir qu'en prenant vingt-cinq gouttes de laudanum. La grossièreté des aliments placés devant moi me soulevait le cœur ; impossible même de les regarder ; et je n'ai pas pris autre chose, pendant sept jours, que du thé extrêmement faible ; j'ai avalé ensuite un peu de bouillon de faisan, et suis revenu peu à peu.

Inyous a été rempli d'attention pour moi : il me veillait presque toute la nuit, me frictionnant les pieds et les mains, et souvent, au plus fort de mes accès de fièvre, je l'ai vu tout en larmes. Evidemment, il me croyait perdu. Lui et mes autres Cafres accusaient Raffler, l'un de mes Hottentots, d'avoir mis du poison dans mon café, et il en résulta une violente querelle. Auguste jurait que, si je venais à mourir, il enverrait une balle à Raffler ; et celui-ci voulait partir immédiatement. J'ai eu beaucoup de peine à rétablir l'ordre parmi eux ; cette affaire est maintenant devant Séchéli. La veille du jour où je suis tombé malade, ils avaient refusé de me suivre à la chasse de l'éléphant, à cause de mon mauvais cheval, disant qu'avec une aussi triste monture je ne pouvais manquer d'être tué, et que Séchéli leur en ferait des reproches.

17 juin. — J'ai été cette semaine tantôt mieux, tantôt pire, très-malade en somme, et en grande partie par ma faute. Un léché mâle, auquel j'avais brisé la jambe à une distance incroyable, m'entraînait à sa poursuite ; il prit l'eau et me fit traverser à la nage cinq rivières ; j'étais uniquement vêtu d'un pantalon de peau de chèvre, qui devint glacial dès que la bête fut abattue. Je le gardai toute la journée, courant après le chariot que je ne trouvais pas et que je finis par découvrir au fond d'une trappe, où il était tombé à la sortie d'un ruisseau. On fut obligé de le décharger ; mais on l'en tira sans accident.

Ces wagons du Cap sont merveilleusement appropriés à leur destination : il n'est pas de secousses ni de chutes auxquelles ils ne résistent ; et le harnais est tellement simple qu'on peut le réparer en tout temps et en tout lieu.

Hier, après une chasse très-longue et très-rude au milieu d'une épaisse forêt de bauhinias sans éclaircie, où les trois quarts du temps je n'ai eu pour me guider que le nuage poudreux soulevé par la bande, je suis parvenu à tuer deux girafes, deux femelles grasses, et chacune au premier coup. A la fin, moi et mon cheval, nous étions rendus ; je ne sais pas lequel de nous deux a été le plus long à se remettre. Nous n'avons fait que trébucher pendant les derniers mille mètres. Ma pauvre bête, que je ne pouvais plus ni aider ni soutenir, est presque tombée six fois pendant ce trajet. Enfin, quand j'ai vu les arbres s'espacer, j'ai mis pied à terre machinalement, ai donné à mon fusil un peu d'élévation, et j'ai roulé la girafe la plus grasse de la troupe en lui brisant le cou.

Alors je suis tombé et, durant deux heures, j'ai été couché sur le dos, incapable de remuer ; enfin un de mes hommes m'a découvert en furetant aux environs de ma dernière girafe.

De mauvaises nouvelles m'attendaient au camp. J'y trouvai l'ancien maître de Léché, avec une compagnie nombreuse. Il me rapportait le mousquet brisé; j'étais bien sûr qu'il suffirait de quelques décharges pour détraquer cette arme malheureuse. Le sauvage insistait pour en avoir une autre ou pour que je lui rendisse l'enfant. Toutes les paroles étaient inutiles. Je fus obligé de céder bien à regret, je vous assure, car j'aimais le pauvre petit et je savais quel sort lui était réservé : il n'avait d'autre perspective que le jeûne et les mauvais traitements; mais je ne pouvais rien, seul au milieu d'une horde de sauvages. D'ailleurs je dois reconnaître qu'ils étaient dans leur droit : ils me rapportaient scrupuleusement l'objet qui avait été le prix de l'échange; ils offraient d'accepter un autre fusil; par malheur, je n'en avais plus que deux, des armes précieuses, qui m'étaient indispensables.

Nous avons dit adieu ce matin à la belle rivière de Beauclekky. Il est très-probable que je ne la reverrai plus : cette région m'a trop désappointé pour que je pense à y revenir. Le gibier non-seulement y est rare, mais encore très-farouche, et le nombre des espèces, dont la variété donne à la chasse son plus grand charme, est fort restreint. J'ai cependant tué dans cette dernière expédition, depuis le Natal, six variétés d'antilopes que je ne connaissais pas et qui valent, suivant moi, la dépense, le temps, le voyage, tout ce qui a été fait ou donné pour les avoir.

Certains genres d'antilopes ne se trouvent que dans certaines localités; ainsi on ne rencontre l'inyala que dans les forêts qui bordent la côte, aux endroits les plus malsains. Dans le désert, ce sont d'autres espèces, qui n'ont pas besoin d'eau.

L'antilope rouanne et le harrisbuck ne se voient pas sur la route du lac Ngami, seul endroit au contraire où j'aie trouvé des léchés.

J'ai vu partir avec chagrin mon pauvre négrillon; car j'ai la passion des enfants, surtout des noirs. Je les préfère aux autres : ils ne pleurent jamais, ne demandent jamais à manger, ont la patience de Job, et apprennent avec une grande facilité. Alors qu'un petit blanc ne quitterait pas le tablier de sa mère et demeurerait incapable de se rendre aucun service, les bambins noirs vont chercher de l'eau et du bois, font du feu, préparent leur nourriture, vont et viennent, n'ont pas peur, mettent la main à tout, et dorment par terre, pelotonnés dans une peau de mouton : je parle ici de marmots de deux à trois ans.

19 *juin*. — Nous voilà de nouveau en plein dans cette terre de la soif, où l'eau saumâtre produit le même effet que le sel d'Epsom.

L'herbe y est à la fois sèche et rare, et mes bœufs et mes chevaux sont dans une triste condition : parmi les premiers, il en est deux ou trois qui peuvent à peine se soutenir.

Je dois une mention aux fourmilières de cette contrée, elles sont remarquables; de trois à quatre mètres et même six mètres de hauteur en moyenne, et quant à la forme, c'est un cône à large base, qui va s'effilant, avec une grande pureté (1).

Rien de plus monotone que ce vaste désert, où l'on voit à peine une pièce de gibier. Heureusement que nous avons une forte provision de girafe. En outre, j'ai deux chèvres grasses, que nous tuerons quand le besoin s'en fera sentir.

Décidément je vais mieux; néanmoins je suis très-faible : j'ai toujours envie de me coucher, et le moindre effort m'épuise. Je passe la majeure partie du temps dans le wagon, soutenu par des oreillers et des peaux de bête; mais l'appétit revient vite.

Caballa, 31 *juillet*. — Nous ne sommes plus qu'à trois jours du chef des Bamangouatos, mais non pas au bout de nos peines. On m'assure que, d'ici là, nous n'aurons pas à boire. C'est la plus mauvaise saison de l'année pour franchir ce désert, et voilà bien des mois qu'il n'y est tombé une goutte de pluie.

Le temps a été frais, le vent léger; nous avons marché toute la nuit, chaque fois qu'il y a eu de la lune, et nous avons fait ainsi beaucoup de chemin. La nécessité nous y obligeait; il a fallu se diriger droit à l'orient afin d'abreuver les chevaux, qui, même lorsqu'ils ne travaillent pas, souffrent beaucoup de la soif.

---

(1) Elles sont construites par les termites. Dans la plaine du Kidi, Speke monta sur une de ces collines pour voir par-dessus les hautes herbes. (*Sources du Nil*, p. 280 de notre édition.) Dans la vallée du Nil Blanc, vers les marais Nou, elles servent de refuge aux sauvages qui y mènent une vie misérable tant que dure l'inondation. Voir Baker, *Découverte de l'Albert-Nianza*. — J. B.

Trois jours après avoir quitté la rivière de Beauclekky, nous avons de nouveau rencontré la femme de Wilson, la fille de Séchéli. Peu habituée à la marche, accablée de fatigue et les pieds en sang, la pauvre créature m'a fait peine à voir. J'ai suivi l'exemple du bon Samaritain et l'ai installée dans le wagon avec son marmot. L'enfant m'ennuie beaucoup. Il peut avoir un an, est d'un jaune pâle et maladif, a d'excellents poumons et crie sans cesse : un triste bagage, qui me déplait fort. La mère est en outre accompagnée d'une suite nombreuse, qui, bien que traînant avec elle des bœufs, des chèvres et des moutons, n'en vit pas moins à mes crochets. Il faut souffrir ce qu'on ne peut pas empêcher; heureusement que j'ai assez de farine pour aller jusqu'au Mérico.

Un soir, des Bamangouatos avaient abandonné un petit Sara, trop fatigué pour les suivre. Le pauvre enfant serait mort de faim et de soif ou plutôt aurait servi de pâture aux loups et aux chacals. J'appris le fait le lendemain matin, et commençai par reprocher vivement à ces brutes leur cruauté envers cet infortuné. Ils me répondirent en riant que ce n'était qu'un Sara, c'est-à-dire un chien, et que sa mort ne tirait pas à conséquence. Je m'offris d'aller à sa recherche, y mettant la condition que le bambin serait à moi, si je parvenais à le retrouver; mais ces gens, qui avaient cherché à s'en débarrasser, n'entendaient pas qu'un autre en profitât. J'achetai dix anneaux de cuivre le droit de garder le bambin, et je partis sur les traces de ceux qui l'avaient perdu; mais je battis vainement les buissons : je criai de toutes mes forces, j'exténuai mon cheval et n'aperçus aucun vestige du malheureux.

Nous avons quitté Caballa, où mes vingt bœufs avaient tout mis à sec; les pauvres bêtes ne s'étaient pas même entièrement désaltérées. Arrivés à Letloché, où je m'étais baigné il y a trois mois dans trois mètres d'eau, nous trouvons un filet imperceptible au fond d'un trou bourbeux. Je fais ouvrir une tranchée dans la vase, afin que nos bêtes puissent aller boire; et, comme de tous côtés je vois des traces de couaggas, je plante une perche au sommet de laquelle je mets un linge flottant, de manière à effrayer ces animaux. Cela ne produit pas l'effet voulu. Malgré mon épouvantail, les couaggas absorbent plus de la moitié de l'eau que renfermait notre réservoir. Je m'en veux beaucoup de ne pas m'être couché au milieu des rocs pour défendre notre citerne; mais je ne vais pas assez bien pour passer la nuit en plein air. Me voilà exténué, rien que pour avoir suivi une troupe de girafes pendant deux heures. D'une seconde balle, j'avais cassé la jambe à une belle femelle; nous avons besoin de viande; c'était ma dernière chance et, loin de m'arrêter, je rechargeai au galop, pensant que, dans tous les cas, la bête serait retrouvée par mon écuyer. Parvenu à rejoindre la bande après une longue course, je tirai une femelle et la blessai à la croupe.

Jamais je n'ai vu pareille vitesse : je l'apercevais filer de loin en loin à travers les branches; le sang ruisselait à flots de sa blessure; cependant sa course n'en était pas moins rapide, et je ne gagnais pas une ligne sur elle. A la fin, n'en pouvant plus, ni moi ni mon cheval, je quittai la selle, tirai à longue portée et manquai la bête. Elle m'avait conduit au milieu des pierres, des montagnes, des rochers, ainsi que font toutes les girafes quand on les serre de près, attendu que, dans un pareil terrain, elles ont sur le cheval un grand avantage. Faisant un détour pour la contempler une dernière fois, je fus très-surpris de la voir arrêtée. Cette vue me rendit du cœur et, reprenant le galop, par un suprême effort, je m'avançai vers la bête, qui à mon approche détala rapidement; toutefois, elle n'avait pas fait cent mètres qu'elle s'arrêta de nouveau. Dès lors elle m'appartenait. J'avançai tranquillement, lui laissant gagner un arbre touffu et, lorsqu'elle fut à l'ombre, je la couchai bas en la traversant d'une balle.

Nous arrivons chez les Bamangouatos. J'y trouve Séchéli, qui, au lieu de me remercier de ce que j'ai fait pour sa fille, me la désigne en me jetant ces paroles à la tête : « C'est mon enfant, qu'un de vos compatriotes a renvoyée. Je croyais que les Anglais étaient mes amis; je vois qu'ils sont pareils aux boërs, et voudraient me faire mourir; mais je serai pour eux ce qu'ils ont été pour moi. Vous avez engagé un de mes hommes pour deux génisses, ajouta-t-il; comme vous n'en avez pas, vous remplacerez les deux bêtes par deux sacs de poudre et deux barres de plomb, que vous allez donner tout de suite, car je veux partir immédiatement. »

Lorsque j'eus remis le plomb et la poudre, il ordonna à ses gens de prendre Fleur, un de mes chevaux, et de le conduire parmi les siens, afin de me montrer comment agissaient les Betjouanas, quand on leur avait fait injure. Il fallait bien céder; mais je le fis de très-mauvaise grâce.

Mon conducteur et celui de Séchéli me dirent alors qu'après le départ de celui-ci, les Bamangouatos déchargeraient mon wagon et prendraient tout ce qui s'y trouve, pour me punir d'avoir mis le pied sur le territoire de Machin sans qu'il m'y eût autorisé. Conséquemment, ils me conseillaient d'atteler bien vite et de partir en même temps que les Betjouanas.

D'un autre côté, la route de Notowani m'est interdite, parce que les boërs du Saltpansberg ont frapppé à la tête quatre Betjouanas qui étaient à la chasse, et leur ont enlevé leurs fusils. « N'allez pas par là, me dit Séchéli; on vous prendra pour un boër, et les gens vous tueront bien certainement : ils n'oseront pas vous attaquer dans le jour, mais ils le feront pendant votre sommeil. »

Dans cette agréable alternative : dépouillé si je reste, assassiné si je prends la route que je voulais suivre, je suis forcé de profiter de l'escorte de Séchéli. Tout cela vient de ce que Mochech est en guerre avec les Etats libres d'Orange et du Transvaal. Mahoura, puissant chef des environs de Courouman, de ce côté-ci du Vaal, les Bastards, les Gricois, les Corannas, les Bakatlas, et beaucoup d'autres peuplades se sont, dit-on, rangés sous l'étendard de Mochech ; celui-ci, en outre, a fait demander leur assistance aux Betjouanas, ainsi qu'aux Bamangouatos, afin d'expulser les boërs, dont quatre-vingts sont déjà tombés sous ses coups. Séchéli me dit avoir refusé son concours parce qu'il a juré devant Dieu de ne jamais combattre, à moins qu'il ne soit attaqué le premier.

Les gens de Scoonman (boërs du Saltpansberg) ont, dit-on, assailli une peuplade cafre, qui habite le sommet d'une montagne réputée inaccessible. Ils auraient escaladé cette montagne pendant la nuit, au moyen des traits de leurs chariots. Surpris et terrifiés, les Cafres se seraient jetés en grand nombre dans les précipices qui bordaient leur retraite, et l'ennemi aurait tué mille hommes, trente femmes et dix enfants, sans éprouver la moindre résistance.

Pour en revenir à Séchéli, je fus deux jours sans entendre parler de lui; campé loin de ses wagons, je le fuyais constamment. Le troisième jour, il vint me faire une visite; je ne lui offris pas de siége, ne lui rendis pas son salut et, prenant un air calme et digne, je fis semblant de ne pas le voir. Il me demanda enfin quelle était ma pensée. Je lui répondis que je l'avais cru mon ami; que, par amitié pure, j'avais ramené sa fille du désert, l'avais traitée avec le respect que j'aurais eu pour ma sœur, et qu'au lieu des remercîments auxquels j'avais droit de m'attendre, il m'avait pris mon cheval, nous exposant ainsi à mourir de faim moi et mes gens; qu'il m'avait enlevé un de mes hommes, et que ce n'était pas de la sorte qu'agissait un ami. Après m'avoir débité une kyrielle d'explications à l'égard de la prise de mon cheval, il me dit que, puisque la chose me tenait si fort au cœur, il me rendrait la bête, pourvu qu'en retour je lui donnasse un fusil. Après avoir discuté au point que mon interprète, n'en pouvant plus, nous laissa finir le débat, je cédai le vieux Burrow, que j'estimais deux cent cinquante francs, et je repris Fleur, qui en valait sept cent cinquante. Bien que je n'eusse pas entièrement gagné ma cause, je me félicitai d'en être venu là, car je n'espérais plus remettre la main sur Fleur.

Au départ, les Bamangouatos m'avaient suivi à une assez grande distance, me disant que je ne devais pas partir; que Machin désirait me voir et voulait trafiquer avec moi. Ils finirent par ajouter que, si je ne m'arrêtais pas, je ne remettrais jamais les pieds chez eux; que non-seulement la route me serait fermée, tout commerce interdit, mais qu'on me prendrait tout ce que j'aurais dans mon wagon. J'étais sur le point de céder à leurs instances; mais mon conducteur, qui les connaissait bien, était au contraire fort désireux de rejoindre Séchéli. D'un autre côté, les Betjouanas semblaient tellement inquiets, ils avaient prêté de si bonne grâce leur concours à mes gens pour atteler nos bœufs, afin que nous pussions partir plus vite, que je laissai Raffler agir comme il l'entendait, et nous sortîmes en toute hâte des Etats de Machin.

Plus tard, Séchéli, en protestant de son amitié pour moi et de son dévouement aux Anglais, me jura que, si les Bamangouatos m'avaient pris un objet quelconque, il en aurait exigé la restitution et, en cas de refus, aurait déclaré la guerre. Je ne sais pas jusqu'à quel point ces paroles étaient vraies; mais elles m'ont porté à croire que la pensée de faire main basse sur le contenu de mon chariot était venue à l'esprit de Machin : autrement, je n'y aurais pas ajouté foi.

J'ai acheté environ quarante-cinq kilos d'ivoire à Séchéli à d'assez belles conditions; je pourrai gagner sur ce lot un bénéfice de deux cents pour cent, qui me dédommagera des demandes exorbitantes du vendeur et m'aidera à réparer les pertes que j'ai supportées.

8 août. — Séchéli se pique d'une très-grande dévotion : il ne mangerait pas sans avoir dit un long bénédicité et n'oublie jamais ses grâces. Aujourd'hui dimanche, il va prêcher et psalmodier la bonne moitié du jour. Il ne permet pas de tirer un coup de fusil, ni de faire n'importe quoi, et pratique de la manière la plus exemplaire cette abstention rigoureuse. Certes, il est fort impatient d'arriver chez lui; mais on ne doit voyager le dimanche sous aucun prétexte, et nous restons en panne. J'ignore s'il est sincère, ou s'il n'agit de la sorte que par crainte de Moffat, un missionnaire écossais qui tient tous les Cafres entre le pouce et l'index et en fait tout ce qu'il veut. Moffat habite ce pays-ci depuis très-longtemps, élève les enfants des chefs et possède entièrement leur confiance (1).

11 août. — Il s'en est fallu de bien peu aujourd'hui que nous ne fussions brûlés. Nous traversions une forêt de bauhinias, tapissée d'une couche épaisse de

---

(1) Voir la note de notre page 133.

grandes herbes sèches et blanches comme des allumettes. Le feu y avait été mis derrière nous à cinquante places différentes, et dans la direction du vent. Poussé par une forte brise, l'incendie courait avec une rapidité effroyable; déjà depuis quelque temps la fumée nous enveloppait, lorsque je vis des lueurs rouges percer le nuage, où l'on entendait pétiller les branches vertes. Devant nous s'ouvrait une clairière à deux cents pas environ; j'y courus avec la vitesse que donne le péril, et mis le feu aux grandes herbes à dix ou douze endroits. Immédiatement le nouvel incendie gronda, et les chariots, traversant la fumée d'un pas rapide, atteignirent le vide que j'avais pratiqué. A peine y étaient-ils rendus que les flammes se rejoignaient dans une étreinte suprême et s'éteignaient faute d'aliment; mais la chaleur du sol restait si grande que les semelles de mes souliers en furent profondément brûlées. Nos pauvres bœufs levaient chaque pied tour à tour, ne pouvant pas y tenir, en dépit du sable que nous jetions sur le brasier.

C'avait été un moment critique; je ne me rappelle pas avoir jamais ressenti d'inquiétude aussi vive. Il est certain que, n'ayant pas moyen de l'éteindre, si le feu nous avait gagnés, nous étions tous perdus.

Mutla, ce pauvre enfant que j'ai tant soigné, est devenu fou sous l'influence du soleil et de la soif, et s'est enfui dans les bois. Matakit est parvenu à le rejoindre et l'a ramené; mais l'enfant se débattait si violemment qu'on a dû le garotter. J'espère que ce n'est que l'effet du soleil et qu'il guérira. Son pauvre crâne, ouvert en une douzaine d'endroits par les sauvages qui l'ont martyrisé, n'a pas eu le temps de se raffermir et ne doit pas lui protéger le cerveau d'une manière suffisante, d'autant plus que jamais les Cafres ne portent rien sur la tête.

J'ai été contraint d'embarquer de nouveau la fille de Séchéli, son enfant, ses bagages et la moitié d'un élan mâle. L'autre wagon de Séchéli est tombé en ruines hier au soir : les roues n'avaient plus de jantes, et mon habileté ne va pas jusqu'à réparer ce désastre. Séchéli a eu le bon sens de le comprendre et ne m'a même pas prié d'essayer.

Le 13, nous arrivons enfin chez lui. J'y ai trouvé une légion de missionnaires allemands, tout frais débarqués de Natal, pas moins d'une demi-douzaine; des êtres actifs, pleins d'énergie, tous gens de négoce et bons ouvriers. En une quarantaine de jours, et avec les plus tristes matériaux, ils se sont bâti une maison, où l'on trouve cinq pièces, et qui non-seulement est solide, mais encore très-élégante, avec une large vérandah sur trois côtés. Ce sont des hommes capables, fort instruits, qui, en surplus des travaux manuels, consacrent tous leurs loisirs à l'étude sérieuse de l'idiome des Betjouanas, langue d'autant plus difficile à apprendre qu'ils n'ont pour les assister que le Nouveau Testament traduit par Moffat. Ils paraissent heureux, sont très-hospitaliers et savent tout faire ; ce sont les meilleurs colons du monde. Deux lettres du Natal m'ont été remises par eux; mais pas un mot d'Angleterre. Il faut donc encore modérer mon impatience.

J'entends dire que les boërs et Mochech ont fait la paix; elle est, suivant les Cafres, tout à l'avantage du dernier.

Prétorius et Mahoura se sont mutuellement servis de cible pendant quelques heures; après quoi, les boërs, étant vaincus, se sont retirés; mais ils diront le contraire.

18 *août. Hasfowl-Kop ou Tête-de-Vautour.* — J'ai quitté Séchéli le 15, et n'ai rien tué depuis deux jours, malgré toute la peine que j'ai prise. Mes gens sont affamés. Nous avons traversé aujourd'hui une rivière où il y avait soixante-quinze centimètres d'eau vaseuse, plus de boue que de liquide; mais elle était remplie de barbeaux. En cinq minutes, mes gens en ont pris quinze, pesant en moyenne de neuf cents à treize cents grammes; il y en avait bien de deux mille sept cent quatre-vingts grammes. Ce poisson était maigre et avait la chair molle : néanmoins, nous l'avons mangé avec beaucoup de plaisir.

Cela va mal depuis trois ou quatre jours : les forces me manquent, je ne suis bon à rien, le moindre effort me met en nage, et mon estomac ne digère plus. Je crains bien de ne pas pouvoir me délivrer de ces misères avant de m'être plongé à diverses reprises dans la baie de Natal.

23 *août.* — Je suis dans le Mérico depuis vendredi soir. J'y ai trouvé les boërs campés avec toutes leurs bêtes : chèvres, moutons, chiens et chevaux, oies, pigeons, canards, chats, veaux, poulets, singes, enfants sans nombre. A peine si, en regardant de tous côtés,

on apercevait un brin d'herbe. Situation avantageuse pour refaire mes bœufs exténués ! Je me suis donc empressé de chercher pour eux un meilleur endroit, et Diderick Knitse a bien voulu les recevoir dans sa ferme qui, pour un homme à cheval, est à une heure du camp. J'ai l'intention d'y passer huit ou dix jours. Pendant ce temps là, je réparerai mon vieux chariot qui a tenu jusqu'ici d'une façon merveilleuse.

Les denrées sont horriblement chères ; il y a disette ici. Même à prix d'argent, on ne peut avoir ni vache laitière, ni bœuf de boucherie, ni grain, ni farine; le gibier n'existe plus. C'est pour mes Cafres un rude moment d'épreuve.

J'ai passé la journée d'hier au camp. C'était un dimanche : les hommes, ne pouvant rien faire, s'ennuyaient à périr, taillaient des buchettes, buvaient de l'eau-de-vie et du café à profusion, se querellaient et juraient comme des païens, pour tuer le temps. Je n'avais pas vu d'hommes de ma couleur depuis cinq mois. Dans cette seule journée, j'en ai vu assez. A vrai dire, les boërs du Transvaal ont peu de sympathie pour les Anglais, surtout les femmes, qui nourrissent contre eux des sentiments pleins d'amertume. Il y a néanmoins de braves gens parmi les Transvaaliens, et je dois avouer que, malgré la pénurie générale, tous ont été pour moi fort généreux.

J'ai conduit ce matin le cornette à mon chariot, pour lui montrer que je rapportais bien le nombre de fusils que j'avais au départ. Après m'avoir adressé mille questions et contrôlé mes réponses en interrogeant mes

Cafres et mes Hottentots, il s'est déclaré satisfait et l'a constaté dans un laissez-passer au moyen duquel je puis me rendre chez Prétorius.

31 *août.* — Je me dirige actuellement vers Mooi-River-Dorp, où j'ai l'intention de rester quelques jours pour faire reposer mes bœufs, avant de prendre la route de Natal. Je me suis arrangé de manière à m'en procurer, soit par échange ou par achat, neuf autres qui aideront puissamment mon pauvre attelage exténué. Ici, la disette est telle que des centaines d'indigènes devront mourir de faim avant la récolte. Les pauvres gens seraient trop heureux de travailler pour leur nourriture, mais ils ne trouvent pas d'ouvrage, attendu que chaque boër a dans sa ferme autant de monde qu'il en peut nourrir.

CHAPITRE V

De mai à décembre 1859.

Bons rapports avec Séchéli et avec Sicomo. — Le dernier, devenu un chef des Saras ou Boschimans, est en guerre avec Machin et Mosilicatsi. — La Grande Saline. — Les Saras refusent de me guider vers l'eau et vers les éléphants. — Enfin j'entre en chasse. — Seul, au cœur de l'hiver, le 22 juillet, par une chaleur étouffante. — Nous retombons sur le Beauclekky. — Rareté du gibier. — Troque avec Léchoulatébé. — Désertion et retour de mes Cafres. — Mes deux gamins Saras. — Les missionnaires Helmore et Price. — Générosité des missionnaires. — La famine et la fièvre. — Mon entreprise se solde par un bénéfice de vingt-cinq mille francs, plus une soixantaine de bœufs superbes.

15 mai 1859. — Je passe sur les huit derniers mois, pendant lesquels, m'étant rendu au Natal, je me suis entièrement équipé pour une nouvelle expédition. Aujourd'hui me voilà campé dans le voisinage de Séchéli, avec trois wagons, huit chevaux, quarante-sept bœufs, cinq vaches suivies de leurs veaux, six chiens, treize serviteurs (Bastards, Cafres et Hottentots), plus deux compagnons. Il y a deux mois et demi que j'ai quitté le Natal. Jusqu'à présent tout va bien, la santé est bonne et l'avenir se présente sous un jour favorable.

Depuis notre arrivée, le gibier a été rare, d'une méfiance peu commune, et la poudre a été mal employée; on n'a tué qu'un petit nombre de pièces. Cependant, nous avons toujours eu de la viande en quantité suffisante pour nous et pour les chiens. L'herbe est très-bonne; néanmoins les chevaux sont en mauvais état.

J'ai laissé hier seize de mes bœufs sous la garde de Cos Lindsey, le frère de Séchéli. Ce dernier m'a fait un excellent accueil; non seulement il ne me crée pas d'obstacles, mais il offre de m'aider de tout son pouvoir. Je lui ai apporté, de Natal, une grande couchette en fer, avec matelas et oreillers, literie complète, dont je lui ai fait hommage. De ce côté, tout semble nous prédire une chasse heureuse. Les boërs m'ont également bien traité; mais ils cherchaient à me détourner de mes projets par tous les moyens possibles : faux rapports de toute espèce, bruits de guerre entre Mosilicatsi, Machin et les autres; il était dangereux de s'aventurer hors de certaines limites, etc. Heureusement, les missionnaires m'ont dit que je n'avais rien à craindre et que c'était simplement une ruse pour arrêter mon entreprise. La distance à laquelle il faut aller chercher les éléphants, le nombre des individus qui m'accompagnent, seize bouches à nourrir, et les présents que j'ai à distribuer en route, exigent une grande avance de fonds; mais j'espère rentrer dans mes capitaux, même faire un bénéfice honnête, si mes chevaux ont l'obligeance de vivre quelques mois.

J'ai cédé un vieil étau à Séchéli pour neuf grands bœufs de trait qui valent douze cent cinquante-cinq francs. Ce n'est pas mal commencer.

Demain, lundi, j'espère tuer une girafe ou un élan, et compléter nos provisions avant d'entrer au désert, où le manque d'eau empêche qu'on ne fasse travailler les chevaux.

Suivant toute apparence, les wagons n'ont pas bougé; ils sont dans le même état qu'au départ. J'ai mis un fond et des côtés neufs à l'ancien; je l'ai rempli de farine et de grain pour les chevaux et pour les hommes, et je pense qu'après celui-ci, il fera encore un autre voyage.

Le célèbre Kleinboy, de Gordon Cumming, fait encore partie de ma bande. Il est d'une paresse invétérée, n'est bon à rien qu'à son métier d'écuyer; mais je ne connais pas d'être plus amusant. Il n'a jamais tué grand'chose, bien qu'il parle très haut de ses exploits; et pourtant, au lieu d'un salaire mensuel, il a voulu avoir une somme de, par tête d'éléphant; ce que j'ai accepté.

J'ai un vieux Bastard, nommé Rafféta (1), qui, je le crois, est un vrai chasseur.

---

(1) Plus loin, M. Baldwin s'exprime sur ce chasseur, qu'il a déjà nommé dans son livre, d'un ton bien plus affirmatif. « Rafféta, dit-il, chasseur expérimenté, qui partageait avec moi les produits de la chasse, était un Bastard, chef de la tribu à laquelle il appartenait. Très-adroit, bon armurier, sachant tout faire, il avait partout de nombreux amis, qui lui faisaient toute espèce de cadeaux. »

Inyous, Fanga et Matakit, mes anciens compagnons, sont toujours avec moi. Je peux avoir en eux toute confiance, et je les estime énormément. Ingunya, autrement dit Mickey, franc paresseux, d'une indépendance outrée; Sconyan, un fugitif, d'humeur querelleuse, un vaurien; et le brave Incomo, très-bon garçon, plein d'adresse et faisant tout, que j'ai ramené l'année dernière du lac Ngami : telle est la composition de mon groupe de Cafres.

Le vieux Tébé, un digne esclave, dont le métier est de soigner les chevaux, plein de bon vouloir, est venu hier se joindre à nous. Dirk Raffler, excellent conducteur de wagon, mais incapable d'autre chose; les deux esclaves d'Arlington et de Woodcock, et deux individus qui ne font rien, complètent notre compagnie.

27 mai. — Nous sommes dans le territoire où régnait Sicomo. Rien de particulier à noter, si ce n'est la perte de trois chevaux. Depuis notre départ des États de Séchéli, où la maladie s'est déclarée chez plusieurs de mes bœufs, j'ai tué d'une balle le premier qui soit tombé malade, j'ai inoculé tous les autres, et, jusqu'à présent, ils vont assez bien (1).

J'avais envoyé divers objets à Sicomo. Il vient de me faire une visite. Il ne met aucun obstacle à mon voyage, est enchanté que je sois venu le voir, se donne pour mon ami et fera tous ses efforts pour m'être utile.

(1) Baines donne de curieux détails sur cette inoculation des bœufs, principalement aux chapitres I, III et V, de son *Voyage dans le Sud-Ouest de l'Afrique*. — J. B.

J'avais espéré pouvoir lui acheter un cheval, mais il faut y renoncer. Les Bamangouatos sont de grands mendiants : ils n'avaient pas apporté un seul article d'échange et voulaient avoir tout pour rien, ce qui n'entre pas dans mes calculs.

Nous nous tirons admirablement de cette terre de la soif, en raison de la fraîcheur de l'air : on voyage une partie de la nuit, et jamais je n'ai moins senti la privation d'eau.

Mon écurie est maintenant réduite à trois chevaux; quelle misère! A mon départ de Natal, j'en avais sept; en passant à Mooi-River-Dorp, j'en ai acheté quatre autres que j'ai payés des sommes folles; il est vrai que pas un d'eux n'est mort : j'en ai vendu un, et les trois derniers sont là. Je n'en ai plus du Natal.

J'écris sur le bout d'un tonneau. Il fait une chaleur extrême; on est ici en pleine moisson, et la gorge fourmille de femmes qui vont et viennent, chargées de pesantes corbeilles de sorgho, de millet, de citrouilles et de pastèques.

Letloché, 2 juin. — Pendant quatre jours et demi chez les Bamangouatos, j'ai fait quelques affaires; j'ai acheté un peu d'ivoire, douze karosses, quatorze moutons ou chèvres et des plumes d'autruche. Deux corps d'armée sont, dit-on, envoyés par Mosilicatsi à Machin pour le soutenir contre Sicomo. Ce dernier affirme qu'il est prêt à les recevoir; il a des espions de tous côtés, fait circuler des patrouilles et nous a donné le conseil de nous éloigner le plus vite possible.

J'avais fait un échange de trois vaches et d'un veau

pour quatre bœufs; l'un de ceux-ci nous a retenus un jour entier, tant il était sauvage : il prenait la fuite, chargeait avec fureur et ne permettait pas qu'on l'approchât. Je montais le Vieux Président, un cheval que m'a vendu Prétorius, d'où lui vient son nom. Très-agile, il évitait la bête, dont cependant il ne quittait pas le sabot de derrière. En somme, le bœuf, ayant été pris, fut attaché à la roue du wagon, flagellé à tour de bras, attelé le lendemain matin, et depuis lors il tire à merveille.

Incomo est parti et m'a cédé sa génisse pour du cuivre et des grains de verre; il a toujours été bon serviteur et je l'ai bien rétribué.

De grands débats ont eu lieu aujourd'hui à l'égard de la route qu'il fallait suivre : les Hottentots voulaient qu'on se dirigeât vers le lac, chose contraire à mes projets; et la pensée de retourner chez Mosilicatsi, où j'avais l'intention de me rendre, terrifiait les Cafres.

J'ai pris un moyen terme : nous laisserons le lac Ngami à notre gauche, les Tébélés à notre droite, et nous irons chez Sebitouané ou pour mieux dire chez Sékélétou (1). Cette décision a fait bouder mes Hottentots, qui cependant n'ont protesté que par leur mauvaise humeur. Le bruit court que Mosilicatsi vient d'envoyer une armée dans la direction que nous allons prendre. Je serais très-fâché qu'elle nous rencontrât : non pas que je craigne rien de sa part, mais tous mes hommes prendraient la fuite.

(1) Voir la note de la page 163.

Dimanche, 12 juin. — Notre pauvre attelage a eu bien de la peine dans ces dix derniers jours : il lui a fallu se traîner au milieu des buissons, à travers une forte couche de sable, où enfonçaient les roues, et sans pouvoir se désaltérer. Ce n'est qu'en descendant au fond des citernes, comme aux époques les plus mauvaises, que nous avons pu lui donner quelques gouttes d'eau. L'un de ces puits naturels n'avait pas moins de dix mètres soixante de profondeur. Que l'on juge de la fatigue et du temps nécessaires pour abreuver nos pauvres bêtes !

Près de la fontaine de Massouey, nous avons pour la première fois aperçu la Grande Saline, et joui d'un magnifique tableau, représentant la vue de la côte, avec une telle exactitude qu'il était difficile de se croire dans l'intérieur des terres (1). J'y ai mesuré un arbre qu'on appelle crême de tartre; la tige dépassait dix-huit mètres de tour. Il n'est pas rare d'en trouver de beaucoup plus gros.

Nous étions suivis d'une bande de Calacas mourant de faim; j'ai tué trois girafes et les leur ai données. Six d'entr'eux se sont offerts pour nous servir de guides et nous conduire aux endroits où il y a de l'eau; mais hier ils se sont perdus et nous ont fait tourner sur nous-mêmes. Finalement nous n'avons trouvé que de l'eau saumâtre aux environs de la Grande Saline.

(1) Voir la description de cette saline dans nos éditions des *Explorations dans l'Afrique australe*, chap. I, et du *Voyage dans le Sud-Ouest de l'Afrique*, chap. X. — J. B.

Depuis quelques jours, nous avons quitté la route du lac et nous sommes obligés de nous ouvrir un chemin à coups de hache. Le pays très-aride est parsemé de bauhinias chétifs et rabougris ; on n'y voit guère de gibier, ce que j'attribue au manque d'eau et de pâturages, l'herbe étant complètement sèche.

L'autre jour nous sommes arrivés au bord de quelques ruisseaux nouvellement remplis ; l'herbe y était fraîche et tendre, et l'on y voyait des animaux en grand nombre et d'espèces variées ; mais nous n'avons rapporté que deux élans après avoir manqué un oryx.

Pas encore d'éléphants. La route est longue. J'espère néanmoins en voir un ou deux avant la fin de la semaine.

Je le dis avec regret ; mais les Bamangouatos sont de francs voleurs. Beaucoup de choses que l'on ne peut pas remplacer m'ont été prises, entre autres mon moule à fondre les balles, dont la perte m'est très-sensible. J'y supplée au moyen d'une cuiller de fer ; mais ce n'est qu'un pis aller.

J'ai tous les jours vingt-cinq ou vingt-six bouches à nourrir, et les wagons s'allègent sensiblement : mes denrées s'évanouissent comme les fusées dans l'air. Je n'ai jamais entrevu mon cuisinier, l'affreux gnome, sans qu'il fît disparaître quelques provisions. C'est une rude besogne que de fournir à tout cela, et les bandits ne font que le moins possible pour m'en dédommager. Nous avons jusqu'à présent vécu dans l'abondance ; mais les Hottentots, qui ne pensent jamais au lendemain, se sont arrangés de façon à ne rien laisser pour l'avenir; aussi prévois-je des temps bien durs, et dont je souffrirai comme les autres.

D'après Kleinboy, Swartz aurait perdu l'année dernière ses deux attelages par suite d'un arbuste vénéneux très-commun de l'autre côté de la Guia, et dont les bœufs mangent les feuilles avec beaucoup d'avidité. Le maraud me fait-il un conte? Je n'en sais rien; toutefois je serais très-contrarié d'avoir à changer de route (1).

29 *juin*. — Depuis la dernière fois que j'ai touché à mon journal nous avons été au nord-ouest, et ensuite au nord-est. Jamais la soif ne nous a fait plus souffrir. Nous avions capturé une pauvre femme (nécessité fait loi), pour qu'elle nous conduisît près d'une mare, d'une citerne, d'un réservoir quelconque; et, bien qu'elle marchât rapidement et sans interruption, elle n'arrivait pas à la fontaine que nous devions atteindre. Enfin, le soir du troisième jour, elle reconnut qu'elle s'était égarée et nous dit, pour expliquer son erreur, qu'elle n'avait été qu'une fois à cette fontaine, alors qu'elle était enfant. Je ne lui en ai pas moins donné un mouchoir, des grains de verre dont elle fut ravie, et, ce qui l'enchanta peut-être encore plus, autant de viande sèche qu'elle put en emporter. Restait toujours à nous procurer de l'eau : je montai à cheval

---

(1) Baldwin lui-même a déjà vu périr un bœuf pour avoir mangé de l'herbe *tulp* (V. p. 97). Il est incontestable d'ailleurs que le poison du bétail existe dans cette région. Baines (p. 234) appelle cet arbuste makoun, et, ainsi que Chapman, il accuse les Boschimans de l'avoir à dessein mis en péril en conduisant les wagons dans le pays où pousse le makoun. — J. B.

et fis une nouvelle capture. Il faut pour cela prendre beaucoup de précaution, ne pas tirer un coup de fusil, ne pas faire claquer un fouet dans la crainte d'effrayer les trainards. En général, dès qu'ils vous aperçoivent, les hommes s'enfuient et les femmes se cachent, à moins qu'elles ne supposent que vous les avez vues. Dans ce dernier cas, elles se débarrassent de ce qu'elles portent, et se mettent à courir comme des lièvres, faisant des crochets, virant et serpentant jusqu'à ce que les naseaux de votre cheval leur frisent les oreilles; alors, elles vous supplient de leur laisser la vie. Quand ces fuyards voient qu'on ne leur fait pas de mal, hommes et femmes se décident à vous suivre, et la crainte qui les possède ne tarde pas à s'évanouir. Dès qu'ils arrivent au camp, je les installe devant une masse de viande; ils sont bien vite apprivoisés et rarement ils s'évadent.

C'est par un homme que je remplaçai notre conductrice; mais lui aussi n'avait été qu'une fois à la fontaine et déclara, vers la fin du quatrième jour, qu'il lui était impossible de la retrouver (1).

J'avais reçu le matin même un coup de pied de bœuf, qui m'avait meurtri la jambe et m'empêchait de monter à cheval; ce furent donc Rafféta et Kleinboy qui se mirent en quête de l'eau, et ce dernier la dé-

---

(1) Les récits de D. Livingstone, sur les habitants du Calahari, ne permettent guère de croire à la franchise de ces déclarations d'ignorance au sujet de l'existence des fontaines, que Kleinboy va bien découvrir. D'ailleurs, à la date du 9 juillet suivant, Baldwin indique une des causes de ces supercheries. — J. B.

couvrit à quelques kilomètres de l'endroit où nous étions. Il se désaltéra, fit boire son cheval, nous rapporta l'heureuse nouvelle et, bien qu'il fût tout-à-fait nuit avant que nous eussions gagné la source, il nous y mena tout droit avec un incroyable instinct. Un peu plus de retard et nous perdions nos bœufs : quelques-uns râlaient déjà.

Le jour suivant nous fîmes un long parcours à la recherche d'un Sara; à la fin, les yeux perçants de Kleinboy découvrirent un kraal à une distance considérable. Nous partîmes ventre à terre pour entourer le village, couper la retraite aux habitants, et peu s'en fallut que nous ne fissions mourir de terreur un vieillard et une foule de marmots qui se trouvaient là. Tous les hommes étaient à la chasse. Nous leur tuâmes deux couaggas et trois springbucks. Alors les femmes se rassurèrent et nous conduisirent à un endroit où l'eau était non-seulement copieuse, mais d'une qualité parfaite; nous sommes revenus enchantés de notre succès, d'autant plus qu'à la moindre apparence d'un blanc les Saras se dispersent comme l'herbe coupée devant la tempête.

Je puis enfin vous parler d'éléphants : nous les avons trouvés après avoir eu faim et froid pendant deux jours et deux nuits.

Nous étions partis de bonne heure pour aller au bord d'une ravine où il y avait de l'eau, voir si les éléphants y avaient bu. Nous ne reconnûmes que les traces de la veille; mais huit Boschimans, qui nous accompagnaient, les suivirent admirablement bien : vers le milieu du jour, ils tombèrent sur une piste récente, qui avait tout au plus quelques heures : les effluves étaient d'une fraîcheur merveilleuse, et nos guides, conduits par leur chef, l'homme le plus habile que j'aie jamais vu, chassaient en perfection. A la fin la marche devint une course et, les empreintes nous faisant débucher vers un lieu découvert, nous prîmes nos fusils des mains de ceux qui les portaient. Il y eut un moment d'hésitation; puis le chef se remit à courir avec une vitesse incroyable et, s'arrêtant tout à coup, nous montra les éléphants, cinq femelles et deux jeunes, qui s'alarmèrent immédiatement et s'éloignèrent. Nous courûmes à la rive du bois pour les maintenir dans la plaine. Mon cheval avait peur, mes hommes tremblaient; ce qui ne m'empêcha pas d'arriver. Kleinboy, resté en arrière, tira de très-loin la plus grosse femelle et la manqua. J'attendis une occasion favorable et, au moment où la petite bande, cherchant à se rembucher, n'était plus qu'à trente ou quarante pas, je fis coup double sur deux bêtes qui tombèrent comme deux lapins. L'une était morte, l'autre avait l'épaule broyée; celle-ci se releva, mais pour aller mourir à cinquante mètres. Pendant ce temps-là, voyant qu'elle m'appartenait, j'en poursuivis une autre, que je tuai aussi du premier coup. Arlington également frappait la quatrième entre l'œil et l'oreille, et la tuait raide, à côté de celle que je venais d'abattre. Enfin, la dernière, petite et sans valeur, reçut plusieurs balles et ne fut achevée qu'à la sixième.

Rafféta et Kleinboy, tandis que nous faisions ces prouesses, avaient découvert la piste d'éléphants de plus belle taille; un coup de feu retentit bientôt dans la direction qu'ils avaient prise. Ayant lancé mon cheval de ce côté, j'entendis craquer les arbres et vis bientôt deux femelles et un très-grand mâle, suivis d'une autre éléphante aux proportions énormes; celle-ci, qui n'avait pas de défenses, se tenait à l'écart, portait la tête haute et avait l'air le plus farouche (1).

Le bois était bon et le vent modéré, bien placé relativement à moi ; malgré cela, j'eus beaucoup de peine à séparer le mâle de cette *carl kop* (tête nue) ainsi que les boers nomment les femelles édentées. A la fin, j'allai droit au mâle en criant de toutes mes forces; il quitta sa compagne, et je le tuai de deux balles, qui, tirées de près, le frappèrent toutes deux au bon endroit.

Au même instant, j'entendis Rafféta crier au secours : il était en face d'une grande femelle, sans pouvoir recharger son fusil. Du premier coup, je démontai la bête en lui brisant l'omoplate, et Kleinboy, dont le feu durait toujours, finit par se montrer, une queue d'éléphant à la ceinture.

Ainsi, en une demi heure, nous avions tué sept femelles et un mâle.

On dit que Swartz est à deux journées de marche

---

(1) Dans toutes les espèces sauvages, les femelles sont plus ou moins craintives ou plus irascibles que les mâles. Chez les éléphants, le mâle est grave, la femelle turbulente ; elle s'aigrit à la vue de l'homme, arrive promptement à la fureur ; et les plus redoutables de ces animaux sont les femelles à tête rase, c'est-à-dire sans défenses (les *carl kop* ou *poes kop* des boers). — H. L.

de nos wagons, gardé à vue par les Tébélés, qui lui défendent de chasser sur leur territoire. Aussi voudrais-je être parti d'ici. Je n'attends pour m'éloigner que le retour des vingt-quatre hommes que j'ai envoyés hier chercher les défenses de nos huit bêtes. J'espère qu'ils arriveront ce soir.

Nous allons pendant deux ou trois jours nous diriger vers l'ouest où, d'après les Saras, nous trouverons de nouvelles salines et de grands étangs (*vleys*) où vont boire les éléphants. Il y a des chances pour que nous fassions là quelque chose; dans tous les cas, nous chercherons.

Je suis bien récompensé de la peine que j'ai prise pour faire construire mes chariots avec du bois sec ils n'ont pas bougé le moins du monde. Généralement les wagons du Natal ne sont pas estimés : le climat est trop humide, le bois est toujours un peu gonflé et, lorsque vous êtes dans l'intérieur, où la sécheresse est excessive, le wagon tombe en morceaux.

Une légion de Calacas, chargés de viande de la tête aux pieds, a l'intention de nous quitter demain et s'efforce de persuader aux Saras de ne plus nous conduire à l'eau. Ceux-ci, qui meurent de faim chez eux, ne demandent au contraire qu'à nous accompagner, de sorte que leur misère nous est avantageuse. Hier au soir je suis allé m'établir au bord d'un étang avec l'intention de leur tuer un rhinocéros; mais le froid était si vif que je n'ai pas pu le supporter. Des hyènes se sont avancées et m'ont regardé de très-près; c'est tout au plus s'il y avait entre elles et moi six ou sept mètres; j'ai eu bien envie de les tirer, et je l'aurais fait si mon fusil n'avait pas été dans le fourreau. Je vis arriver une troupe de zèbres et de couaggas, mais ils me flairèrent et s'enfuirent immédiatement. Toutefois, le chef de la bande, un vieux patriarche moins prompt à s'effrayer, approcha pour s'assurer du péril; et, bien qu'il fût encore à soixante pas, il reçut une balle qui le traversa de part en part et le tua raide.

Je revins ensuite au camp, marchant le plus vite possible et mourant de faim. Les naturels partirent aussitôt, pour protéger le zèbre contre les loups, les chacals ou les hyènes; et ce matin j'ai eu la mortification d'apprendre que deux rhinocéros blancs étaient venus boire peu de temps après mon départ.

9 *juillet*. — Toujours pas d'éléphants. Les Saras, menacés de mort par Sicomo, leur chef, s'ils prêtaient la moindre assistance aux chasseurs, ne veulent plus nous donner aucune information, et refusent de nous découvrir les sources. Pour le moment, nous campons au bord d'une eau qui s'échappe d'un lit pierreux; il nous a fallu ce matin ouvrir la roche à coups de pic et la briser avec d'énormes pierres faisant l'office de bélier; mais j'espère que, grâce à notre travail, les bœufs auront de quoi s'abreuver suffisamment, chose indispensable, attendu que la route est difficile, la chaleur très-forte, l'herbe sèche, et que nous avons à faire une longue marche avant de trouver une seule goutte d'eau.

Tébé et Kleinboy ont trouvé hier deux dents d'éléphant à l'endroit où nous avons dételé, et qui jadis était le siége d'un établissement cafre. L'une de ces défenses était dans la terre, et l'autre dans un arbre. Celle-ci pèse à peu près trente-deux kilos, peut-être davantage, et, provenant d'une chasse récente, elle est en fort bon état.

Nous avons rencontré aujourd'hui plusieurs Saras qui, malgré leur âge avancé, n'avaient jamais vu de moutons : ils s'émerveillaient de l'apprivoisement des nôtres. Une vieille femme en était si étonnée qu'elle nous a suivis pendant plus d'une heure. Malheureusement personne de ma bande ne comprenait leur langage, et il n'y a pas eu moyen d'obtenir d'informations.

Deux autres Saras ont enfin consenti à nous faire voir des éléphants, à condition que nous remplirions notre tâche quand ils auraient fini la leur, ce qui veut dire qu'il faudra leur en donner la viande. Ils nous ont en effet conduits où ces éléphants vont boire. Mais je suis maintenant dans les transes à l'égard de la tsetsé (1), qui tuera nos chevaux et nos bœufs, si nous la rencontrons, et nous mettra dans un cruel embarras.

17, peut-être 24 *juillet*. — Rien d'extraordinaire.

---

(1) *Glossina morsitans*. A peine un peu plus grosse que la mouche commune, la tsetsé est pourvue d'une trompe analogue à celle du cousin, dont elle partage les appétits sanguinaires. Comme ce dernier, elle introduit un fluide venimeux à l'endroit où elle applique son suçoir. Sa piqûre, inoffensive pour l'homme et les bêtes sauvages, est mortelle pour le chien, le mouton, le bœuf et le cheval, tandis que le zèbre, l'antilope et le buffle n'en sont pas même malades. Parmi les animaux domestiques, la chèvre, l'âne et le mulet jouissent de la même immunité, ainsi

Toutefois, nous avons eu la chance de voir des éléphants, et, si nous considérons l'horrible fourré d'*attends-un-peu* où ils s'étaient réfugiés et la bévue que nous avions faite de ne pas attacher les chiens, nous pouvons dire que nous avons fait bonne chasse : trois vieux mâles, dont l'un, celui que j'ai tué, avait des défenses d'au moins trente-deux kilos chacune. Il nous avait fallu trois jours pour gagner la fontaine où l'on supposait qu'ils allaient boire. Installés au-dessous du vent, à mille pas du bord de l'eau, nous restâmes bien tranquilles, et à notre grande joie nous entendîmes les cris de la bande qui s'approcha et but pendant longtemps.

Au point du jour, après avoir avalé notre café, nous allâmes relever les traces au bord de la fontaine, et les suivîmes pendant trois heures, à travers l'*attends-un-peu*. Le sol était dur ; et les dépisteurs furent souvent déroutés. A la fin, la voix de Gyp se fit entendre à une assez grande distance. Nous prîmes nos fusils, que portaient les Saras, et nous nous dirigeâmes le plus vite possible du côté des abois ; mais, sur ces entrefaites, Gyp ramena la bête auprès de nos hommes, qui déchargèrent leurs fusils au moment où elle passa. J'arrivai

---

que le veau, tant qu'il n'est pas sevré. Le chien, au contraire, frappé dans son enfance, n'a plus, dit-on, à craindre cette piqûre si on le nourrit de viande exclusivement. — H. L. — Notre abrégé des *Explorations dans l'Afrique australe*, p. 40, donne la figure de la tsetsé, et dans une note du chap. x du *Voyage dans le Sud-Ouest de l'Afrique*, qui contient de nombreux renseignements, p. 241, nous prouvons que la tsetsé existe depuis la Botletle jusqu'en Abyssinie. — J. B.

bientôt et lui envoyai deux balles, toutes deux mortelles. L'éléphant se retourna et fut achevé par une volée générale.

Pendant ce temps-là, quelqu'un tirait un peu plus loin, je courus dans cette direction, et vis un bel éléphant, armé de longues défenses, qui venait d'où le coup de feu était parti. La balle que je lui adressai le frappa juste derrière l'épaule. Il me chargea aussitôt avec fureur. J'avais à fuir à toute vitesse; il fallait prendre le dessous du vent, chercher la meilleure voie possible et ne pas perdre de temps à réfléchir. Après une poursuite de cinq cents mètres, la bête, à ma grande joie, s'arrêta tout à coup et disparut au plus épais du fourré. Craignant de la perdre, j'y entrai derrière elle, n'ayant pas même eu le temps de recharger.

Nous n'étions plus qu'à trente-cinq pas l'un de l'autre, quand l'animal se retourna en relevant ses grandes oreilles, et je crus à une nouvelle attaque; mais il s'éloigna de nouveau. J'en profitai pour recharger mon fusil. Bref, ayant continué à le suivre jusqu'à ce qu'il m'offrît une chance favorable, je lui envoyai mes deux coups. Un flot de sang coula de sa trompe et je n'eus plus rien à craindre; il fallut cependant encore neuf balles qu'Arlington et moi lui tirâmes, pour l'achever.

Le troisième éléphant, un jeune mâle, fut tué par Rafféta, au sixième coup.

Kleinboy n'eut même pas la chance d'en voir un seul; il était furieux de ce que les chiens n'avaient pas été attachés. « Qui peut dire, s'écriait-il, à combien de superbes dents ils ont fait prendre la fuite! »

La nuit dernière, veillant à la fontaine, j'ai tué une belle antilope rouanne; une femelle qui m'a causé la plus agréable surprise, car, à la lueur douteuse des étoiles, j'avais cru tirer sur un gnou bleu.

Quelques heures de marche seulement nous séparent du Tamalakarni (1), rivière qui descend des Etats de Sébitouané, et va se jeter dans la Beauclekky, à deux journées de la rive orientale du lac. Je présume que nous sommes près de Mababé, à égale distance du lac Ngami et des Cololos.

On prétend que, sur les bords du Tamalakarni, je trouverai le nakong, la seule espèce d'antilope de l'Afrique australe que je n'aie pas encore vue; j'ai le plus vif désir de la rencontrer.

19 juillet. — Hier, nos pauvres chevaux ont eu la selle sur le dos depuis le lever du soleil jusqu'à la nuit close.

J'avais perdu tout espoir, quand, au milieu d'un épais fourré, January tomba sur les traces de deux éléphants mâles et, dix minutes après, me fit signe qu'il venait de les entrevoir. Je me hâtai de le rejoindre et vis un énorme éléphant qui, les oreilles dressées, était arrêté sous un arbre. Au même instant

---

(1) Cette rivière est la Tamunak'le de D. Livingstone et la Tamalucan de Baines; nous l'avons déjà indiqué dans la note de la page 190. Elle tombe dans la rivière appelée Zouga ou Noca des Batletlis, par Livingstone; Botletle, par Baines, et Beauclekky ou Chapeau, par Baldwin. — J. B.

un de mes Cafres lui envoya une balle qui lui brisa la trompe; et, comme il se retournait, je lui traversai les poumons; sur quoi, il prit la fuite. Le bois était si épais que c'est tout ce que je pus faire que de ne pas perdre l'animal de vue. A quatre cents pas environ, il s'arrêta, juste au moment où j'allais tirer: je le vis chanceler, et ma balle le frappa comme il tombait. Ses dents ne pesaient pas moins de soixante-trois kilos cinquante grammes à elles deux. Ils eurent beau se hâter, mes hommes ne retrouvèrent pas son compagnon, dont cependant ils suivaient les traces.

22 juillet. — Je suis seul au camp; toute la bande est partie : les uns sont allés à la recherche de Beadsman, un de mes chevaux qui a suivi une bête de Sicomo et que, depuis lors, on n'a pas revu. Les autres essayent de trouver des éléphants. Trois de leurs camarades ont pris hier toutes nos jarres qu'ils ont mises sur un traîneau, et sont allés les remplir à une quinzaine de kilomètres.

Les éléphants se tiennent à une telle distance de l'eau, à présent, qu'il n'y a plus moyen, lorsqu'on les chasse, de revenir le soir pour abreuver les bêtes, et les chevaux souffrent plus d'être vingt-quatre heures sans boire que de chasser pendant plusieurs jours. C'est pour cela que je suis venu ici avec un wagon; les deux autres sont restés à notre ancien camp, près de la fontaine.

Nous sommes au cœur de l'hiver; l'herbe est sèche comme de l'amadou; notre provision de millet et de sorgho est épuisée; il n'y a pas à dire qu'on en achètera, et nos bœufs sont d'une maigreur effrayante. Cela ne peut pas durer longtemps.

Il y a deux jours, nous sommes partis en force pour battre le quartier de la forêt où se tiennent les éléphants. Nous n'avions pas franchi trois cents mètres que January tombait sur les traces d'un vieux mâle; il les suivit dix fois mieux que le meilleur des limiers, sur n'importe quel sol, rocaille ou fondrière, landes arides, fourrés d'*attends-un-peu*, toujours courant, sans hésitation et sans arrêt, pendant des heures, croyant à chaque minute que la bête allait se montrer, gravissant toutes les côtes pour inspecter la plaine et reprenant la piste sans broncher. A la fin, il trouva un second mâle qui ne tarda pas à rejoindre le premier; nous les aperçûmes tous les deux : ils nous flairèrent, prirent la fuite, et nous ne les aurions jamais revus, si la forêt ne s'était pas éclaircie.

La course fut rapide; je leur marchais sur les talons, suivi de Rafféta, qui montait le Vieux Président, le cheval le plus brave et le plus ferme que j'aie jamais possédé.

Nous prîmes chacun notre éléphant et, avec l'aide d'Arlington, j'eus bientôt achevé le mien. Nous allâmes ensuite au secours de Rafféta, qui avait été rejoint par Kleinboy, et dont la bête nous donna quelque peine. Impossible de retenir les chevaux; l'éléphant s'éloignait avec une extrême vitesse; ma poire à poudre avait perdu sa coiffe et s'était vidée dans ma poche; je puisai dans celle-ci à poignée, rechargeai au hasard et envoyai à la bête un coup foudroyant qui lui pulvérisa l'épaule et la fit tomber avec fracas : il y avait bien dans le canon vingt grammes de poudre fine. L'entraînement était si vif que je ne sentis pas le recul, bien qu'il m'eût presque brisé l'index et mis la joue en sang.

Chargé constamment par la bête, je l'avais évitée en décrivant une courbe et l'avais laissée approcher, dès qu'elle paraissait vouloir abandonner la chasse. De cette manière, croyant à chaque minute qu'elle allait me saisir, elle s'était épuisée et m'avait fourni le moyen de la tirer avec certitude. On ne peut pas toujours employer cette tactique; mais la forêt, très-claire en cet endroit, comme je l'ai dit plus haut, s'y prêtait à merveille. Ces éléphants étaient bien armés, et, à eux deux, portaient au moins cent quatorze kilos d'ivoire.

La chasse terminée, il fallait revenir. Mon cheval, que je prêtai à Woodcock, étant très-animé et d'ailleurs en bon état, fit bien encore une quinzaine de kilomètres; après quoi, on fut obligé de le traîner. Les piétons n'en pouvaient plus. Rafféta, pris de vertige, se laissa tomber sans vouloir aller plus loin. Woodcock, maintenant à pied, arriva bravement jusqu'à mille mètres du chariot, mais il fallut qu'Arlington lui prêtât son cheval pour continuer la route. January, un vrai squelette, n'en gardait pas moins sa vigueur : nous nous traînions seul à seul, ou par couples, nous attardant de plus en plus, qu'il n'était pas même essoufflé. La nuit était close ; et sans lui, dont l'instinct pour retrouver une piste dépasse tout ce que j'ai pu connaître à cet égard, nous n'aurions jamais retrouvé le camp.

Dimanche, 31 juillet. — Déception complète; pas autre chose à inscrire : fourvoyés du commencement à la fin!

Après une rude journée de marche à travers un bois compacte, nous avons fini par découvrir la rivière. Certes, elle est belle et sa vue est fortifiante; mais, au lieu des bords que nous rêvions, je retrouve la Beauclekky, cette ancienne connaissance que j'avais juré l'année dernière de ne plus revoir et qui, au peu de gibier, au grand nombre des chasseurs, à tous les inconvénients qui m'avaient inspiré cette résolution, joint cette année les ravages qu'une épidémie fait sur ses bords.

Malgré ce désappointement qui fut cruel, nous sommes restés là depuis huit jours, et n'y avons pas perdu notre temps. J'ai repeint les deux chariots auxquels la sécheresse avait fait beaucoup de mal, et Raffler a mis des essieux neufs à l'ancien wagon.

Je n'ai jamais vu un pareil nombre de faisans : qui n'en tuerait que soixante dans sa journée, aurait fait mauvaise chasse. Toutefois, nous ne permettons pas qu'on en abatte plus qu'il n'est strictement nécessaire.

Puisque le lac est si voisin, je vais y envoyer un wagon. J'irai pendant ce temps-là au bord du Tamalakarni. Si je ne vois pas d'éléphants, je remonterai jusqu'à Mababé et, sitôt que les pluies rendront le voyage praticable, je me transporterai chez Mosilicatsi, pour essayer d'obtenir l'autorisation d'y chasser l'année prochaine. C'est maintenant, j'en suis convaincu, le seul endroit qui mérite que l'on vienne d'aussi loin.

5 août. — Un homme m'assure que la tsetsé abonde à une journée d'ici, que je perdrai en une seule nuit jusqu'au dernier de mes chevaux, de mes bœufs et de mes chiens; que les bords du Tamalarké, ou plutôt du Tamalakarni, en sont infestés; qu'il est venu de bien loin pour m'avertir une dernière fois, et que maintenant la faute retombera sur ma tête, si je cause la ruine de toute ma bande. La figure de cet homme respirait tant de franchise et il parlait avec tant d'assurance que j'étais décidé à revenir sur mes pas, ajoutant foi pleine et entière à son assertion.

Cependant, à peine s'il m'avait quitté que deux Saras viennent me prouver d'une manière concluante qu'il y a des éléphants à peu de distance, que des mâles et des femelles sont venus boire pendant la nuit à quatre heures de marche en amont de la rivière, que l'endroit où ils se retirent leur est connu, qu'en partant au point du jour nous les trouverons certainement dans l'après-midi, et que je n'ai pas à craindre la tsetsé.

J'ai fait atteler immédiatement. Le soir, nous arrivions chez les Saras un peu après la nuit close, et, hier au point du jour, nous prenions la piste à partir du bord de l'eau. En somme, nous avons tué quatre éléphants, plus un rhinocéros blanc, et nous étions de retour avant la nuit; mais les chevaux tombaient de fatigue. C'est moi qui ai tué le rhinocéros; je l'ai traversé de part en part, fait que j'ai entendu citer, mais que je n'avais jamais vu réaliser.

J'ai rencontré dans cette même chasse une éléphante sans dents qui m'a chargé avec fureur; elle m'a poursuivi à une distance incroyable, avec une allure qui n'avait rien de plaisant, vu la fatigue de mon cheval.

Nous étions en lieu découvert, ce qui augmentait le péril. J'essayai à plusieurs reprises de gagner le bois; mais impossible de lui fausser compagnie et de me débarrasser d'elle. A la fin, perdant patience, je lui adressai une balle qui lui fit jeter de grands cris, perdre beaucoup de sang, et la détermina à changer de direction. De ma vie je n'ai été si content de voir une bête me tourner le dos : le sol était miné, percé de trous et, dans l'état où se trouvait mon pauvre Beadsman, je pouvais croire notre perte assurée.

Je viens de recevoir un message de Léchoulatébé : il désire que je me rende auprès de lui, ou que je lui envoie du thé, du café, du sucre, de la poudre, du plomb et un cheval. Pas un chariot, dit-il, n'est venu dans ses Etats depuis longtemps; le feu a pris à sa résidence; tous ses magasins sont détruits; bref, il voudrait renouveler ses provisions. Excepté la poudre, je lui enverrai demain tout ce qu'il demande; on le lui portera en canot, et je donnerai des ordres pour que mes hommes tirent de lui le possible; mais il est avare comme un chien, et, de plus, accoutumé au bas prix des objets qui viennent de la baie de Valfisch.

9 *août*. — Me voilà seul; tout le reste de la bande est parti, les uns à pied et les autres en bateau, pour

se rendre auprès de Léchoulatébé. J'ai fait ce sacrifice dans l'espoir qu'on me rapportera du grain pour mes chevaux ; mais le temps va me paraître bien long, j'en ai peur : il n'y a plus ici d'autre gibier que des oiseaux excellents. J'ai été obligé, la semaine dernière, de tuer un bœuf; et si je n'avais pas ma petite Juno, il m'arriverait souvent de dîner et de déjeuner par cœur (1).

13 août. — Je n'ai jamais vu de pays où l'on fasse

(1) Il n'y a pas toujours eu pénurie de gibier dans cette région. Lorsqu'en 1849, le docteur Livingstone, accompagné de MM. Oswell et Murray, découvrit le lac Ngami, les bords de la Zouga étaient peuplés d'éléphants. « Ils sont en nombre prodigieux sur la rive méridionale, » écrivait le docteur ; et Léchoulatébé donnait alors dix énormes défenses pour un fusil de 16 fr. 25. A cette époque, les naturels attachaient si peu d'importance aux dents d'éléphant qu'ils les abandonnaient avec le squelette de l'animal. Deux ans après la découverte du lac, pas un d'eux n'ignorait la valeur de l'ivoire. Les chasseurs, les trappes se multiplièrent d'autant plus qu'à l'appât du gain se joignit la nécessité de chasser pour combattre la disette causée par la sécheresse. Celle-ci fit affluer les animaux sur les bords des rivières ; les abreuvoirs furent entourés de piéges, et l'affût devint général. On tua beaucoup et le gibier disparut ; mais nous croyons qu'il a plutôt émigré qu'il n'a été détruit. L'éléphant a reconnu le premier la portée des armes à feu : ayant compris le danger de vivre auprès des étangs et des rivières, il s'est éloigné de celles-ci, au bord desquelles on le cherchait, et s'est réfugié dans l'habitat de la tsetsé, qui le protége contre les chevaux et les chiens, ces auxiliaires de l'homme. Les autres animaux l'ont suivi d'autant plus vite qu'ils avaient à fuir les chasseurs et la famine, car l'aridité de la plaine augmentait rapidement. A l'époque où la Zouga, dont les eaux remplissaient le lit, coulait en aval du Kumadau, la végétation du Calahari était luxuriante. Après la saison pluvieuse, d'immenses terrains se couvraient de melons, qui attiraient les espèces les plus variées, abreuvaient largement l'oryx, l'élan, le coudou, le steinbok, et rassasiaient les appétits les plus divers ; aujourd'hui, ces productions deviennent de plus en plus rares à cause du dessèchement de ces régions. — H. L.

autant de pertes que dans celui-ci ; vous ne pouvez compter sur rien. La majeure partie de votre fortune se compose de bétail, et c'est la moins solide de toutes les propriétés. Hier, deux de mes bœufs, des animaux de prix, sont tombés dans une trappe en allant boire, et se sont cassé le cou. Nous avions pourtant dit aux Saras de découvrir leurs piéges : si pareille chose fut arrivée à un boër, il aurait pris deux de leurs enfants pour s'indemniser de la mort de ses bœufs.

Je suis sorti ce matin pour chercher la solution d'une énigme qui m'a intrigué toute la nuit. Voulant me placer à l'affût pour tuer un rhinocéros, j'avais pris une pirogue manœuvrée par deux Makoubas. Il faisait clair de lune et, tandis que nous remontions la rivière, nous entendîmes en aval boire et battre l'eau violemment. Mes bateliers ayant prétendu que c'étaient des éléphants, nous descendîmes à la hâte et sans bruit vers le point en question. Comme le canot glissait auprès d'un arbre tombé dans la rivière, deux masses confuses prirent la fuite avec une rapidité folle, et reçurent en même temps une balle que je leur envoyai à tout hasard.

J'avais bien distingué autour de la face quelque chose de blanc qui pouvait être de l'ivoire; mais sous le rapport de la taille et de l'impétuosité, cela ressemblait beaucoup plus à des buffles qu'à des éléphants. Le bois était d'une grande épaisseur jusqu'à la rive ; il faisait un froid glacial ; je pris une pagaie et, secondés par la force du courant, nous arrivâmes lestement aux chariots

Revenu au lever du jour à l'endroit où j'avais tiré la bête, je ne vis pas la moindre trace de sang. Une piste de buffles partait du bord de la rivière ; je la suivis pendant cinq ou six kilomètres, et j'aperçus, à deux cents pas, un vieux mâle vers lequel je m'avançai en rampant. Trois autres m'apparurent alors, et Gyp, qui les avait flairés, se mit à fondre sur eux. Il n'y avait pas de temps à perdre, je courus à mon tour et les vis détaler à cent mètres en avant. Je tirai celui des buffles qui était en dehors du groupe ; il céda aussitôt à la balle, demeura en arrière et fut mis aux abois par Gyp, à cinq cents mètres, dans un lieu complétement nu. C'était un duel à mort ; l'un ou l'autre devait périr, lui ou moi : la chose était claire. Je profitai de ce que Gyp absorbait son attention pour commencer une rampée prudente ; mais je n'avais pas franchi quarante mètres lorsqu'il m'épargna la peine d'aller plus loin en mourant tout à coup. La balle qui l'avait frappé au-dessous de la hanche lui avait traversé les poumons. L'énigme de cette nuit me fut alors expliquée : ce vieux mâle n'avait plus un poil sur la tête ni sur la face, et le blanc teinté de bleuâtre, que j'avais pris pour de l'ivoire, était la couleur de la peau dénudée.

Grand Namesa, 24 septembre. — Il s'est passé beaucoup de choses depuis les derniers faits relatés sur mon journal. Je suis allé au Grand-Lac ; j'y ai troqué un chariot, des grains de verre, du thé, du cuivre, du sucre, du café, du savon et des étoffes, contre un lot de défenses magnifiques : à peu près la charge d'un wagon

Tous mes Cafres du Natal nous ont quittés ainsi

que les deux serviteurs d'Arlington et de Woodcock. Voici dans quelles circonstances : la route est de plus en plus mauvaise et le tirage effrayant ; or, les wagons étaient remplis jusqu'à la toile d'une foule d'objets sans valeur, appartenant à mes hommes : des fragments de dépouilles, des débris de toute espèce, dont il est impossible de se défaire, attendu que, si vous jetez quelque chose, l'un ou l'autre ne manque pas de le ramasser et de le caser dans un endroit choisi. Pour remédier à cet inconvénient, j'avais mis au service de mes Cafres un bœuf de charge tout équipé, afin de ne plus rien voir à eux dans les wagons. Le troisième jour, ces marauds sans entrailles laissèrent à mon insu la pauvre bête en plein soleil, brouter pendant six ou sept heures sans l'avoir déchargée. Lorsque j'appris le fait, ma colère fut vive et je dis à l'un d'eux qui n'avait rien à faire, car j'ai beaucoup trop de monde, qu'il devait au moins porter ses bagages. Le jour suivant, les vieilles courroies, les vieilles tentes, les vieux sacs, tout ce que j'avais jeté depuis le départ se retrouvait dans les chariots. Cette fois je résolus d'en finir et, comme nous étions au bord de la Beauclekky, je lançai dans la rivière les peaux de chèvre et de mouton, le vieux oint et le reste, y compris deux couvertures. Mes Cafres se réunirent immédiatement, vinrent m'annoncer qu'ils me quittaient et partirent en effet. Ils furent rejoints dans la soirée par les deux autres ; l'un de ces derniers, qui était au service de Woodcook, l'intègre Umlenzi, que l'on supposait incapable d'une mauvaise action, emporta le fusil de son maître.

J'ai conservé le vieux Tébé et mes cinq Hottentots ; ils me suffisent, et je suis presque satisfait d'être débarrassé des autres.

J'ai une paire de petits Saras parfaitement assortis, deux bambins remplis d'adresse, d'intelligence et de bon vouloir, que j'appelle Meercat et Ngami. Bien loin d'avoir le caractère de la traite, cet acte appartient à la charité : j'ai pris ces pauvres petites créatures amaigries par la faim et qui trouvaient à peine assez de racines, de joncs, d'aliments insalubres pour se conserver la peau sur les os. J'achète ceux qu'on m'amène, et cela par pitié, nullement pour en faire des esclaves. Ils n'ont alors que la tête et l'estomac, des joues creuses, des yeux caves, une peau ridée, le squelette d'un petit vieillard ; mais un bon régime et l'eau transparente d'une rivière les font bientôt changer d'aspect. Cela tient du miracle. Ils ont un appétit effrayant ; malgré tout ce que je leur donne, il m'a fallu deux ou trois fois les empêcher de grignoter l'empeigne d'un vieux soulier, un bout de lanière ou le coin d'une peau de girafe.

Ngami est un présent que m'a fait Léchoulatébé. J'avais demandé à ce prince des avares ce qu'il m'offrirait en échange de tout ce que je lui avais donné ; il me répondit qu'il ne possédait rien. « N'avez-vous pas de Saras, lui dis-je en riant. — Oh ! oui, répliqua-t-il ; et puisque c'est là tout ce que vous désirez, je vous en enverrai un. » Quelque temps après, je vis arriver un bambin décharné, qui n'entendait pas un mot de notre langage, n'était compris d'aucun de nous, mais paraissait fort heureux d'avoir changé de résidence et fut immédiatement à son aise. Un oncle du chef me dit alors qu'il avait un marmot du même âge, qu'il me le vendrait volontiers pour des grains de verre ; j'envoyai chercher l'enfant pour que Ngami eût un camarade. C'était un franc petit Boschiman ; il ressemblait tellement à un meercat, espèce d'ocelot, que je lui en ai donné le nom. Mais la dernière fois que je suis allé au Mérico chez M. Zimmerman, un missionnaire allemand où je les ai placés tous les deux, Meercat était devenu l'un des plus beaux petits garçons qu'on pût voir.

On ne se figure pas la misère effrayante que j'ai rencontrée parmi les Saras ou Boschimans errants. Une fois, je trouvai sur ma route une vieille femme d'une maigreur atroce, qui tenait par la main deux marmots de quatre à cinq ans ; tous les trois étaient complètement nus, sans la moindre ceinture ; ils n'avaient pas d'habitation, et vivaient de racines, de baies, de melons d'eau amers, de tortues et d'insectes. Je donnai l'ordre de les amener au camp ; la femme ne voulut pas venir, et je n'en ai plus entendu parler : ils seront morts de faim ; cela ne fait pas le moindre doute.

30 septembre. — Tous mes Cafres sont revenus ; ils ont manifesté une grande contrition, et chacun est rentré dans le devoir.

Voilà six jours que la fièvre m'a repris. C'est mon ancien mal : frisson, courbatures, affreuses douleurs de tête, points dans le dos, perte d'appétit. nausées, transpiration excessive, toute la kyrielle des symptômes ordinaires; mais j'avais sous la main les remèdes les plus efficaces. Déjà je vais beaucoup mieux et j'espère bientôt me remettre en campagne.

Nous continuons à être bien approvisionnés de viande : couagga, buffle, springbuck et léché, sans parler de deux belles autruches que nous avons d'hier. Je suis allé faire un tour avec Juno, et j'ai tué une masse de pintades et de canards, tandis que les Cafres abattaient de leur côté bon nombre de faisans avec leurs knobkerries (1).

Kerea, 3 octobre. — Nous sommes maintenant à quelques heures de la résidence de Chapeau. Il fait une chaleur que l'on ne peut plus supporter; les mouches nous torturent et sont remplacées à la chute du jour par des légions de moustiques. Celles-ci m'ont rendu fou la nuit dernière, et il en sera de même la nuit prochaine, car il est impossible d'endurer le moindre lambeau de couverture. Le ciel promet toujours de la pluie; elle ne vient pas : voilà pourquoi la chaleur est si étouffante.

5 octobre. — Hier, nous avons vu un parti d'Anglais dont la rencontre a rompu fort agréablement la monotonie de la route. Au nombre des voyageurs étaient M. Palgrave, et M. et Mme Thompson, deux nouveaux mariés, qui, pour leur promenade de noces, ont choisi la route du Cap à la baie de Valfisch, en passant par le lac Ngami. Comme nous allions en

---

(1) Espèce de gourdins à la tête noueuse, faits de bois noir et dur. — J. B.

sens contraire et qu'il faisait excessivement chaud, les conducteurs n'ont pas voulu arrêter les bœufs au soleil plus qu'il ne fallait pour échanger quelques paroles, et l'on n'a pas eu le temps d'apprendre beaucoup de nouvelles. Toutefois, Arlington a pu faire une provision de tabac qui vaut pour lui son pesant d'or. Malheureusement j'étais à la chasse et je n'ai pu voir que le docteur Holden, originaire du Lancashire, un natif de Burley.

Je ne sais pas dans quel but il voyage : il a deux serviteurs blancs et marche avec toute espèce de confort. Son intention est de gagner le Zambèse et de descendre ensuite chez Mosilicatsi pour y joindre Moffat. La chose lui sera très-difficile. Autant qu'il est permis d'en juger, il n'a aucune des connaissances nécessaires pour accomplir la tâche ardue qu'il s'est proposée ; il ne connaît ni les chevaux ni les bœufs. Toujours est-il que je lui ai dû la soirée la plus agréable que j'aie passée depuis longtemps, plaisir qui se renouvellera ce soir. Demain, nous attellerons au point du jour et nous nous séparerons, sans doute pour ne jamais nous revoir (1).

Bachoukourou, 12 *octobre*. — Nous avons fait au moins deux cents kilomètres, à partir de la Beauclekky. De belles nuits éclairées par la lune ont favo-

(1) Ce pauvre docteur Holden est mort de la fièvre en 1861. L'année suivante, Léchoulatébé détenait encore son wagon et ses effets en refusant de les renvoyer à Otjimbingue, sous prétexte qu'il voulait ne les remettre qu'à des envoyés dûment autorisés par le gouverneur du Cap. — Voyez Baines, *Voyage dans le Sud-Ouest de l'Afrique*, p. 154 et 187. — J. B.

risé notre marche; les matinées et les soirées ont été fraîches, et en quittant la rivière nous avons, Dieu merci! vu notre dernière moustique; mais l'eau est devenue rare. Le premier réservoir s'est trouvé à Nokohotsa, une eau saumâtre, et en petite quantité. Il a fallu ensuite marcher quarante-huit heures pour arriver à Lotlocarni, où cette fois l'eau était suffisante, et où nous avons joui de la société de deux missionnaires anglais, MM. Helmore et Price, qui, accompagnés de leurs femmes et de leurs enfants, se rendent chez Sékélétou, sur les bords de la Tchobé, et de là sans doute au Zambèse (1).

Nous avons séjourné à Lotlocarni et travaillé sans relâche pour réparer le vieux chariot, qui en avait terriblement besoin.

J'y ai tué deux girafes, dont l'une a été pour M. Helmore. C'est un très-galant homme, et je n'ai accepté qu'à mon corps défendant les conserves de légumes qu'il a bien voulu m'offrir. J'avoue néanmoins qu'après huit mois de pain et de bœuf la tentation était irrésistible. La marche est pénible dans ces sables mouvants; quatorze bœufs tirant tous à merveille suffisent bien juste à traîner le chariot sur le pied de trois kilomètres à l'heure.

Caballa, 16 octobre. — Je n'ai jamais rien vu de pareil à ce que nous avons sous les yeux : il y a ici

(1) On sait la fin tragique de ces missionnaires, empoisonnés par Sékélétou, disaient Léchoulatébé et Séchéli; morts naturellement de la fièvre, affirme le docteur Livingstone. — Voyez *Voyage dans le Sud-Ouest de l'Afrique*, p. 186 et 239, et *Explorations dans l'Afrique australe*, p. 234 et suiv. de notre édition. — J. B.

douze ou quinze citernes; des Calacas en entourent les bords, épient l'arrivée de l'eau et attendent à peine qu'elle ait un centimètre de hauteur pour l'épuiser jusqu'à la dernière goutte, mêlée de sable; ils y emploient une carapace de tortue qui leur sert d'écuelle.

A Nkowani, l'une des stations précédentes, nous avons rencontré Ret Jacob et John Viljaen, deux boërs d'une grande renommée. Ils avaient tué quatre-vingt-treize éléphants, une chasse magnifique, et revenaient au Mérico. Ce sont des hommes d'une grande expérience et connaissant bien le pays; ils sont allés beaucoup plus au nord que moi, précisément où l'on m'a empêché de me rendre, sous prétexte que je n'y aurais pas d'eau. Ce dont je suis surtout mortifié, c'est que j'étais sur la voie, dans la direction précise, à trois ou quatre jours à peine, et que tous les obstacles étaient surmontés.

Ces deux boërs ont trouvé là un pays splendide, une quantité de fontaines, de l'eau de roche, pas de broussailles, des éléphants que l'on n'a jamais tirés, sans défiance aucune, et en grand nombre. Toutefois, je n'ai pas à me plaindre, car je rapporte, en dents magnifiques, bien près de deux mille trois cents kilos d'ivoire.

Letloché, 19 *octobre*. — Nous avions marché pendant les trois ou quatre nuits dernières et fait merveille; mais il a fallu un terrible coup de collier pour arriver jusqu'ici; l'eau, heureusement, s'y trouve en abondance, et j'ai l'intention d'y passer au moins trois jours pour rétablir nos bœufs.

Massouey, *25 octobre.* — J'ai quitté Sicomo le 22. Nous n'avons rien pu obtenir en fait de victuailles, de lui ni de ses sujets, malgré la faim à laquelle ils nous voyaient réduits. Un missionnaire allemand, nouveau dans la contrée, m'a envoyé un mouton et un demi-seau de farine. Si peu que cela paraisse, le don est considérable, car on ne trouve rien dans le pays; tout le monde est affamé, et le grain n'est pas encore en terre. Le sol est fendu; l'argile en est cuite; il n'y a pas un brin d'herbe; les fontaines, que j'avais toujours vues abondantes, n'ont presque plus d'eau : il y a dix mois qu'il n'en est tombé une goutte; mais le ciel est toujours couvert, et nous espérons qu'il va pleuvoir.

Ne pouvant plus chasser et ne trouvant rien à acheter, j'ai dû faire abattre un de nos bœufs : mes deux petits Saras pleuraient de faim. Le jour suivant, j'ai tué trois girafes, et Kleinboy une quatrième. Si la route n'avait pas été si mauvaise ni les wagons si pesants, nous aurions pu faire une provision de beultong (1), qui nous aurait conduits jusqu'à la résidence de Séchéli, où nous serons probablement la semaine prochaine.

Lopépé, *1ᵉʳ novembre.* — Nous avons eu enfin quatre jours de pluie, quatre bons jours qui nous empêcheront de manquer d'eau; mais le remède devient pire que le mal, car le froid, qui a pris subitement, comme il arrive toujours en pareil cas, nous a tué deux

---

(1) Voyez la note de la page 62.

bœufs. Les survivants sont de vrais spectres. Enfin, depuis huit jours que nous sommes ici, j'en ai passé quatre sur le grabat. Le changement de température m'a redonné un violent accès de fièvre. Je voulais partir ce matin ; mais la route est dans un état si affreux qu'il a fallu y renoncer.

Notre dernière poignée de farine a disparu depuis longtemps, et nous n'avons plus que la chasse pour ressource. Une belle nuit, pendant que j'étais à Massouey, mes Hottentots m'ont quitté sans m'avoir prévenu de leurs intentions ; je n'y vois pas d'autre motif que l'abstinence à laquelle nous étions condamnés.

La pluie a fait un bien incroyable ; j'espère qu'il en résultera une abondante récolte : c'est même à peu près sûr. En cas de sécheresse, les indigènes n'auront d'autre moyen d'exister que de chercher leur misérable vie dans les bois, et ils mourront de faim par centaines.

A l'une de ces époques effroyables, M. Schroeder, l'un des membres de la mission qui est dans les Etats de Séchéli, fit acheter de la farine au Mérico. Tous les lundis matin, il donnait un petit pain aux Cafres baptisés ; les pauvres gens allaient après cela chercher des racines, des baies, des fruits sauvages, des tortues, des grenouilles, des insectes : rien n'était méprisé. Ils se traînaient ainsi jusqu'au lundi suivant, où ceux qui avaient réussi à ne pas mourir recevaient un nouveau pain.

Voici une pauvre femme qui suit mon chariot depuis la frontière de Mosilicatsi ; elle n'a pas, dit-elle, d'autre chance de manger, ne s'inquiète pas de savoir où elle va, et s'efforce, pauvre créature! de se rendre utile, en allant chercher du bois, en allumant le feu, etc.

J'avais aussi vingt Cafres des États de Sicomo ; il a fallu en renvoyer huit ce matin, car, une fois sorti des terrains de chasse, je n'aurais aucun moyen de nourrir tant de monde. Si encore l'on avait toute la viande qu'on tue ; mais il s'en perd nécessairement une grande quantité : le gros gibier tombe si loin des chariots qu'on ne peut pas tout de suite rapporter plus de la moitié de la bête, et les vautours dévorent le reste immédiatement. En outre, les wagons sont tellement chargés, les bœufs dans un si pauvre état, qu'il serait difficile de prendre plus d'une ration d'avance, et chaque jour doit suffire au lendemain. Les Cafres mangent comme des ogres ; mais, au besoin, ils restent facilement trois jours sans nourriture.

Ils aiment beaucoup le gibier à plume, surtout les petits oiseaux, qu'en général ils font griller tout vivants lorsqu'ils peuvent les prendre avant que les ailes soient empennées. A l'époque où nous étions près de la Beauclekky, des myriades de petits oiseaux venaient se remiser chaque soir dans les grandes herbes qui bordent la rivière, et en sortaient le matin ; au premier vol que l'on voyait passer, tous mes Cafres saisissaient leurs bâtons et leurs kerries, espèces de massues ou plutôt d'assommoirs qu'ils lancent avec beaucoup d'adresse : j'ai vu cinq ou six oiseaux abattus d'un seul jet, et la quantité de ceux qui étaient ramassés formait une belle masse.

Dimanche, 5 novembre. — Encore un jour de marche pénible pour gagner le kraal de Séchéli. Nous avons été lentement; l'eau sur laquelle je comptais nous a manqué, et il a fallu réduire la longueur des étapes. J'ai rencontré hier les bœufs que j'avais envoyé chercher; de dix-huit, il n'en reste plus que neuf qui sont d'une maigreur effrayante. La faim a tué la plupart des autres.

Je ne sais pas ce que deviendraient mes Cafres sans la mort très-opportune de quelques-uns de mes animaux qui, trop décharnés pour vivre, suffisent néanmoins à soutenir mes bipèdes.

La chaleur est insupportable; on ne peut que dormir pendant le jour et il faut marcher toute la nuit. Le boër indolent et gras, qui ne s'éloigne jamais de sa demeure, regarde avec envie les charges d'ivoire réunies dans nos wagons; il est jaloux des sommes qu'elles nous rapportent; mais, à mener l'existence qui est la nôtre depuis sept ou huit mois, chacun de nos sous est bien gagné.

17 *novembre.* — Six jours de repos au village de Séchéli, où nous avons trouvé de l'herbe en abondance et de l'eau de bonne qualité, ont singulièrement amélioré l'état de mon atteiage. Nous sommes maintenant à Lobatsé, en bonne voie pour atteindre le Mérico, où j'espère entrer demain.

Les missionnaires allemands nous ont traités de la manière la plus généreuse : nous n'avons pas eu d'autre table que la leur pendant tout notre séjour, et nous nous sommes régalés de haricots verts, de pommes de terre et d'excellent pain.

Séchéli avait perdu beaucoup de bétail, et je n'ai pu obtenir de lui que deux jeunes bœufs qui n'avaient jamais été attelés. Il se disait très-pauvre, et je crois qu'il l'était en effet : la disette régnait dans ses États.

Trois de mes gens sont abattus par la fièvre. Avant-hier au soir, il y a eu grand tumulte à ce sujet : quelques-uns de leurs camarades en accusaient un autre d'avoir jeté un sort aux fiévreux, ou mis du poison dans leur nourriture ; mais, comme le jour suivant l'accusé est tombé malade à son tour, je n'ai plus entendu parler de l'accusation.

30 *novembre*. — Me voilà sorti du Mérico, et sans accident. Une forte fièvre et de grandes pluies m'y ont retenu plus longtemps que je ne le croyais.

Les boërs de cette province sont des plus hospitaliers et m'ont reçu à merveille ; mais j'avais trop à faire pour aller voir ceux qui n'étaient pas sur ma route. Mon vieux wagon est définitivement brisé ; les chemins étaient si rocailleux qu'il est tombé en morceaux. J'essayais depuis deux jours de le remettre en état lorsqu'un traficant vint à passer avec un chariot presque vide. Nous sommes entrés en affaires, et, après avoir longuement débattu le prix, il a consenti à décharger le reste de ses marchandises, et m'a donné son wagon pour douze cent cinquante-cinq francs.

Arlington et Woodcock, ennuyés depuis longtemps du wagonnage, ont acheté des chevaux et sont partis pour Mooi-River.

Tout est à bas prix dans cette ville, probablement par suite des bruits de guerre. Il n'en a pas moins fallu que je me défisse d'une partie de ma cargaison : j'y étais obligé. Quatre cent cinquante-trois kilos d'ivoire ont été vendus sur le pied de six francs quinze centimes pour 453 grammes ; mais je n'ai pu obtenir, pour deux cent vingt-six autres kilos, que trois francs quatre-vingt-quinze centimes. Toutefois, avec des plumes d'autruche, à cent quatre-vingt-huit francs quarante centimes les 453 grammes, plus un petit lot de karosses et de cornes de rhinocéros, je suis arrivé à la somme de dix mille huit cents francs à peu près, et il me reste encore tout un chariot du plus bel ivoire et mes karosses les plus précieux. L'un de mes wagons étant vide, je me suis chargé du transport de treize cent soixante kilos de laine et d'ivoire que je dois conduire à Natal au prix de dix francs les quarante-cinq kilos. J'y aurai peu de bénéfice. Le Vaal coule à pleins bords ; c'est le premier des obstacles qui m'attendent ; il peut me retenir ici pendant plus d'une semaine. Les autres rivières sont également près de déborder ; nous avons de la pluie tous les jours, et il est possible que je sois six semaines en route.

Deux marchands allemands, un maçon et un forgeron, m'ont demandé à voyager avec moi. Le dernier portait un fusil dont l'aspect ne m'allait guère, et je lui dis qu'avant de recevoir dans le wagon cette arme suspecte, je voulais qu'elle fût déchargée. Le pauvre homme tira immédiatement, le fusil creva, lui troua son chapeau en trois endroits, lui perça la tempe, lui brûla les yeux, lui noircit la figure ; bref, le malheureux tomba inondé de sang, et je crus qu'il s'était tué.

Nous lavâmes ses plaies, nous le pansâmes du mieux qu'il nous était possible, et aujourd'hui il ne s'en porte pas beaucoup plus mal.

Je possède maintenant soixante bœufs qui représentent une somme assez ronde, attendu qu'ils peuvent me fournir quatre ou cinq attelages des meilleurs et des mieux appareillés; aussi je commence à être un peu fier de mon bétail et à lui porter un vif intérêt.

CHAPITRE VI

D'avril à décembre 1860

Mon équipage et mes munitions. — Changement de serviteurs. — Encore les Grandes-Salines. — Lance empoisonnée et suspendue pour tuer le gros gibier. — Chasse à l'oryx et à l'éléphant. — La nuit dans la forêt. — Polson. — Les Tocas. — Les chutes Victoria du Zambèse. — Livingstone. — Masipoutana et Sékélétou. — Le recul du fusil m'a écrasé la joue. — Calacas fuyant la colère de Mosilicatsi. — Le chasseur Adonis. — Retard de mon second wagon. — Désespoir, ennui et colère. — Chasse aux lapins. — La nuit est plus terrible que le jour. — Chasse aux lions. — La première description des chutes Victoria, par Livingstone, comparée à la mienne. — Le second wagon ne me rejoint qu'à Durban. — Je réalise mon avoir et pars pour l'Angleterre.

Scoon-Spruit, 17 *avril*. — Je suis maintenant à plus de sept cents kilomètres de Natal. Jusqu'à présent, tout s'était bien passé. Il y a trois jours que je suis ici, où me retient la mouture de trois muids de grains (1). Le moulin paraît dater de l'an 1 de la création : voilà deux fois qu'il se désorganise depuis mon arrivée, et c'est là ce qui me retarde.

(1) Il est difficile de savoir ce que vaut cette mesure de capacité. Pour les grains, le muid de Paris valait 1,873 litres, ce qui ferait 56 hectolitres 19 litres. — J. B.

Aujourd'hui, mes chiens étant affamés, je suis sorti de bonne heure pour essayer de leur tuer un zèbre. A peine étais-je dehors que je vis une troupe de ces animaux. Chaque enjambée me faisait gagner sur eux, et je n'étais plus qu'à vingt-cinq pas de la femelle grasse que j'avais séparée de la bande, quand mon cheval Midnight, ayant roulé dans un trou, me fit deux ou trois culbutes sur le corps.

Une excellente omelette et une forte dose de vin de Pontac m'ont déjà fait beaucoup de bien ; mais, pendant les dix premières minutes, j'ai cru que c'en était fait de ma vie.

En voyant Midnight revenir seul, mon écuyer prit une bouteille d'eau et se hâta d'accourir. Je lui donnai mon fusil, car il nous fallait un zèbre. Il vient d'en tuer un, et j'envoie chercher la bête avec six bœufs, afin qu'on la rapporte lestement.

Cette année, je suis bien monté en chiens : Ponto, un vieux madré plein d'expérience, est presque aussi bon que Juno, qui ne laisse perdre aucun gibier. Painter, Gyp, Wolf et Captain, sont parfaits pour la grosse bête. Avec cela, j'ai cinq chevaux, six Cafres, un Hottentot ; dans mes wagons, toute espèce de confort, quarante-cinq kilos de poudre et deux cent vingt-six de plomb. Il m'a été difficile d'obtenir un permis pour toutes ces munitions ; mais à la fin j'y suis parvenu ; et me voilà en mesure d'aller n'importe où : je n'ai plus qu'à suivre mon humeur aventureuse.

J'en ai encore au moins pour une semaine avant d'être assez remis de ma chute pour pouvoir monter à cheval; toutefois, je m'arrange de façon à entretenir la marmite. J'avais tué un gnou ce matin bien avant qu'il fît jour. Nous attelons dès que paraît Lucifer, et nous avons très-froid jusqu'à ce que le soleil ait gagné une certaine hauteur.

Lobatsé, 26 avril. — J'étais dans le Mérico le 21; j'y ai trouvé tous mes bœufs en parfaite condition et mes deux bambins, Meercat et Ngami, avec une figure qui témoigne de la sollicitude que l'on a pour eux.

L'abondance y régnait, car l'année avait été excellente. J'y ai fait de grandes provisions de sorgho, de citrouilles, de blé, de farine, de pêches sèches, de tabac et de pommes de terre, que j'ai payées avec du riz, du thé, du sucre et du café. J'ai, de plus, acheté un mouton que j'ai mis en cervelas.

Arrivé à la frontière, je n'ai trouvé personne : magistrats, commandants, officiers, employés de toute espèce étaient à la vente des biens et du bétail d'un riche fermier, décédé fort à propos à cent trente ou cent soixante kilomètres de ma route, et j'aurais pu avoir tout un chariot de poudre et de plomb sans le moindre inconvénient. Hier, je n'ai fait que broyer du noir toute la journée, en raison du départ de Tanga et de Matakit. Le premier était à mon service depuis huit ans; le second m'avait suivi partout dans les cinq dernières années. Je les regrette plus que je ne peux dire : ils connaissaient mes habitudes, et avaient toute ma confiance. Tanga était parfait cuisinier, excellent conducteur, adroit, vigoureux, bon à tout et le plus obligeant des hommes. Quant à l'autre, il est sans pareil à l'égard des chevaux : un second Rarey. En moins de huit jours, l'animal le plus sauvage devient entre ses mains la bête la plus douce, la plus calme, et, s'il faut s'emparer d'un cheval, il le saisit immédiatement dans n'importe quelle circonstance.

Ils m'avaient entendu dire à Boccas, le conducteur de mes chariots, que j'avais le projet de me rendre chez Mosilicatsi, et la simple mention de ce nom redouté a suffi pour les faire partir. Un nommé Boy, qui ne valait pas grand'chose, est parti avec eux. Spearman est resté, ainsi que Charley, et j'ai trouvé immédiatement un autre conducteur qui porte le nom d'Adonis. Deux Betjouanas ont consenti, moyennant des grains de verre, à conduire mes chevaux et mes bœufs jusqu'au village de Séchéli. Tout cela s'est fait en deux heures; ainsi, la désertion des premiers ne m'a pas retardé. Mais j'ai du chagrin de ce qu'ils sont partis sans leur argent et de ce que nous ne nous sommes pas quittés en bons termes.

Je les aimais beaucoup tous les deux; j'avais tort; une affection mal placée : on ne doit considérer ces gens-là que comme des machines intelligentes, adroites et utiles. Je le vois aujourd'hui. A l'avenir, je répandrai toute ma tendresse sur les chevaux et les chiens, bien supérieurs à eux tous, en dépit des révérends qui m'assourdissent à me crier qu'un nègre est mon frère. J'ai bien vu hier au soir que j'avais contrarié ce bon M. Schroeder, en ne voulant pas serrer la main à un tas de païens baptisés, auxquels il fait chanter des psaumes.

Capong, 5 *mai*. — J'ai trouvé Séchéli gros et gras; il m'a considérablement aidé à boire un demi-barril de Pontac et ne m'a rien donné en retour. Nous allons être accompagnés d'une bande de ses chasseurs; on m'a dit qu'ils étaient vingt-cinq, et avaient un cheval, qui, s'il n'est pas mort, n'en vaut guère mieux. Séchéli prétend que, s'ils ne viennent pas avec moi dans les régions lointaines où le gibier abonde, ils flâneront dans le voisinage et reviendront les mains vides. A merveille! S'ils veulent me suivre, il est probable que je leur ferai faire une belle course : mes chariots sont pleins de tous les objets nécessaires, mes bœufs sont dans le meilleur état, et mes hommes, parfaitement disposés, ne demandent qu'à parcourir des pays inconnus.

J'ai eu la chance de remettre la main sur January, que je connaissais de longue date. Pour démêler une piste, il est sans pareil, et l'instinct avec lequel il retrouve sa route en l'absence de tout point de repère est vraiment merveilleux.

Batlanarmi, 9 *mai*. — Nous avons heureusement trouvé de l'eau en deux endroits, au fond d'un pli du sol, et toute la bande, y compris les chiens, a traversé de la manière la plus satisfaisante la partie redoutée de la route.

J'ai tué un élan au beau milieu du chemin, mais fort loin des chariots. January a pu en rabattre un autre vers les wagons, où les chiens l'ont tenu aux abois d'une façon magistrale. Boccas a tué cette seconde bête. Ainsi, nous sommes pourvus surabondamment de venaison délicieuse autant que nécessaire, car les hommes de Séchéli sont au nombre de quarante.

J'ai beaucoup souffert, et je souffre encore, d'un rhumatisme dans l'épaule gauche; c'est au point que je ne peux pas lever mon fusil. De plus, j'ai eu la main presque broyée en attelant un bœuf indocile; la contusion est grave. En pareil cas, lorsqu'il y a déchirure de la peau, nous appliquons une feuille de tabac que l'on a bien mâchée, et que l'on emploie tout humide.

Stably, l'un des frères de Séchéli, m'a loué un naturel du Calahari pour tout le temps de mon expédition, en me recommandant surtout d'avoir bien soin de cet homme, qu'il traitait, lui, beaucoup plus mal qu'un chien.

Nous avons travaillé toute la journée au wagon de Séchéli, dont l'état est pitoyable : pas un rayon qui ne soit sorti des moyeux; mais, avec du cuir vert, il n'y paraîtra plus : cela tient comme un étau, se contracte au soleil et produit un effet surprenant.

12 *mai*. — J'écris ces lignes à Massouey, où nous sommes arrivés hier au soir. La fontaine est remplie d'une eau délicieuse.

Le soleil est d'une extrême ardeur, et la route fatigante. Je viens de jeter deux peaux d'élan pour alléger les wagons. Un Sara, mourant de faim, en a immédiatement dévoré une partie, découpé le reste et emporté les morceaux, qu'il destine au même usage.

Létloché, vendredi 18 *mai*. — J'ai quitté Massouey dimanche dans l'après-midi.

Arrivé lundi soir à Labotani, après avoir franchi une énorme distance, j'y ai trouvé beaucoup d'eau.

Dans la nuit, j'ai été tiré de mon premier sommeil par une toux brève et rauque, et n'ai plus refermé les yeux. Je savais trop bien, hélas! ce qu'elle me présageait, et m'eût-elle annoncé ma propre mort, au lieu de celle de mon pauvre cheval Frenchman, que je n'aurais pas été plus triste. J'espérais néanmoins qu'une profusion d'eau blanche et de grain bouilli le remettrait. Il venait aux wagons, s'approchait de moi; son regard navrant implorait du secours. Je ne peux pas voir souffrir un animal dont la douleur est muette et, mettant le fusil sur l'épaule, je suis parti pour la chasse. Comme je revenais, juste au coucher du soleil, mon pauvre cheval tombait mort.

Au milieu de cette immense étendue toute boisée, n'offrant aucun vestige d'être humain, sans personne avec qui je puisse m'entretenir, je sens le poids de la solitude.

Nous entrerons demain dans une région nouvelle; pas un de nous qui en ait même entendu parler; mais il y a des preuves certaines de pluies récentes, et probablement nous trouverons de l'eau dans les ravins, les bas-fonds, les réservoirs habituels. Cela m'encourage à poursuivre ma route.

C'est une vie émouvante, pleine d'espoir et de déceptions, de plaisirs et d'angoisses, de succès et de revers que celle que je mène. Elle a des charmes irrésistibles; mais elle exige un esprit résolu, de l'énergie et de la persévérance. Si je peux seulement n'être pas malade, je ne craindrai rien ; mais ma constitution est très-ébranlée. J'ai un pauvre appétit : je ne mange guère que de la volaille froide, pintade, koran, perdrix, faisan, canard ou dikkop. Mes deux petits garçons, Meercat et Ngami, sont actifs et bien portants, adroits de leurs mains, se rendent très-utiles, et commencent à parler anglais, hollandais et cafre, ou plutôt une espèce de langue bâtarde, composée des trois idiomes.

Kanyé, 21 *mai*. — Voilà deux jours que je suis à chercher un guide. Le vieux Caballa, chef d'une tribu d'indigènes du Calahari, est considérablement ébranlé par mes offres, et je n'attends plus que sa réponse définitive.

Aujourd'hui, un élan superbe, une femelle grasse, a été réduit aux abois. Je suis revenu peu de temps après avec mon écuyer et sept Calahariens. Une piste récente fut bientôt découverte. Suivie avec une persévérance infatigable, elle nous a fait décrire un cercle régulier. Malgré le profond silence que nous avions gardé, les élans avaient senti notre approche et s'étaient enfuis à toutes jambes, comme le témoignaient leurs empreintes.

January mit son cheval au galop, conserva cette allure autant que le permit l'état du fourré, et suivit les traces d'une façon merveilleuse pendant cinq ou six kilomètres. J'étais derrière lui, monté sur Férus, qui commençait à respirer bruyamment; je l'aurais fait arrêter si la piste ne nous avait pas ramenés aux wagons. January galopait toujours, malgré l'épaisseur du bois, et je finis par avoir trois femelles en vue.

Mes compagnons avaient fait leur devoir; c'était maintenant à moi de passer en avant. Je me contentai d'abord de suivre de loin mes trois élans pour que mon cheval reprît haleine; puis, arrivant à une éclaircie, je lâchai la bride à Férus, qui partit avec une rapidité effrayante. Conduit par les trois bêtes au milieu des trappes d'un hopo, je dirigeai mon cheval du côté où la palissade était le plus épaisse, comme étant celui qui offrait le moins de danger. Férus, bondissant comme un cerf à travers une lande couverte de broussailles peu élevées, courut droit à la meilleure des trois femelles, qu'il sépara des autres et que je tuai sans quitter l'étrier.

25 mai. — J'ai marché très-lentement depuis quatre jours, parce que, ne suivant pas un chemin, nous sommes obligés de nous frayer la voie à coups de hache. D'ailleurs, nous avons eu à franchir des dunes qui ont soumis les bœufs à une rude épreuve. Jusqu'ici, l'eau a été abondante; mais il a fallu, pour la trouver, décrire des zigzags fort ennuyeux.

29 mai. — D'une façon ou d'une autre, il y a fête aujourd'hui en Angleterre. Cette idée me frappe; mais ici tous les jours se ressemblent.

Nos bœufs se sont précipités pêle-mêle dans une grande mare d'eau pluviale que nous venons de trouver. La journée avait été chaude, la marche très-longue, et les pauvres bêtes se sont abreuvées largement avec une verve, une satisfaction, qui faisait plaisir à voir.

Adonis est venu me déranger pour me dire que son

fusil avait éclaté. Je m'attendais à quelque chose de grave; c'est tout simplement une brisure de la crosse : avec un lambeau d'oreille d'éléphant, appliqué tout frais et séché au soleil, le malheur sera réparé.

L'un de mes Hottentots, qui en ce moment est ivre, s'amuse à jouer au gouverneur avec les Saras, qu'il pourchasse dans toutes les directions. Si je ne l'arrête pas, tous ces braves gens vont disparaître, et nous ne pourrons plus trouver de guide pour nous conduire à la première eau qui, je le crains, est loin d'ici.

L'ivresse de mon Hottentot a failli avoir des conséquences très-graves. Lorsque je suis arrivé, cet ivrogne, qui avait déjà fendu la tête à un individu avec une marmite de fer, venait de prendre son fusil, bouclait tranquillement son ceinturon et se disposait à tuer deux ou trois Saras, qui, disait-il, l'avaient insulté. En un clin d'œil, tous ces braves gens disparurent dans les broussailles comme des lapins, et le soir j'eus toutes les peines du monde à les décider à revenir.

Quant à mon homme, sitôt que je lui eus arraché le fusil des mains, il fit ses paquets, avec l'intention de partir immédiatement, consentit à rester jusqu'au lendemain matin, ne se souvint plus alors de ce qui s'était passé, et les choses reprirent leur cours habituel.

3 juin. — Nous sommes au bord d'un réservoir d'eau pluviale; l'immense saline, dont la longueur est de neuf jours de marche sur deux de large, se déploie en face de nous, et c'est bien tout ce que l'on peut imaginer de plus affreusement triste. Accompagné d'un Sara, je viens d'explorer les environs. Aussi loin que la vue peut s'étendre, on ne voit que du sable, et, en fait d'êtres vivants, je n'ai aperçu qu'un très-petit nombre de gnous, un ou deux misérables springbucks, et neuf autruches mâles qui couraient à la recherche d'un lieu moins désolé.

Je vais pouvoir profiter de la pleine lune pour franchir la saline. Nous sommes tout à fait à son extrémité orientale; en marchant vingt-quatre heures, j'espère que nous en serons quittes, et qu'avant peu nous trouverons des éléphants, au moins quelques traînards.

Hier, j'ai vu des empreintes d'antilopes noires, mais pas un seul de ces animaux. En les cherchant, le hasard m'a fait découvrir, au cœur de la forêt, un étang, où viennent boire d'immenses troupes de buffles et auquel aboutissaient vingt pistes au moins de rhinocéros et d'autres animaux. J'aurais aimé à faire une veillée sur ses bords; mais j'étais déjà fort en arrière des wagons; il m'a fallu partir; sans cela, quel plaisir j'aurais eu!

10 *juin*. — Toute la semaine dernière s'est bien passée; nous avons franchi la Miia, qui était à sec; la Qualiba, où il n'y avait plus d'eau qu'à la source, encore était-ce au fond de quatre citernes; le Chonain, d'une largeur de quarante mètres, également tari; le Simwaim, de la même étendue, dont l'eau superficielle était saumâtre; enfin la Choua, où l'eau est à la fois bonne et copieuse, et près de laquelle nous sommes arrêtés. Le pays est désolé par la sécheresse : il n'y a pas eu de pluie, à ce que disent les Saras. Les feuilles

se détachent des arbres, et tout ce que l'on voit souffre et languit.

Un Betjouana, qui faisait partie de la suite d'un boër et qui a déserté, nous a rejoints hier au soir; il me représente le pays vers lequel nous allons comme entièrement dépourvu d'eau et de gibier, et prétend que les chasseurs qu'il accompagnait reviennent sur leurs pas; mais je n'ajoute aucune foi à ses paroles : je suppose que c'est une ruse pour m'engager moi-même à ne pas aller plus loin. On dit toutefois que les éléphants ont quitté cette région pour se rendre où la pluie est tombée. Je serais, quant à moi, fort disposé à changer de route et à me diriger vers le territoire de Mosilicatsi; mais cet odieux tyran ne me permettrait pas de chasser. Dans tous les cas, j'envisage ce dessein comme une dernière ressource.

Je viens de perdre Kaffir, l'un des meilleurs de mes bœufs de trait : une lance empoisonnée est tombée sur lui tandis qu'il paissait sous un arbre, lui a traversé l'échine, et l'a fait considérablement enfler. Ne voyant aucun moyen de le sauver, je lui ai tiré un coup de fusil. Les Saras établissent de ces lances pour le rhinocéros et en général pour toute espèce de gibier; elles sont suspendues aux branches d'un arbre, à une assez grande hauteur; la corde qui les soutient est maintenue en travers du sentier par une fourche et va s'attacher à un piquet légèrement enfoncé dans le sol. Tout animal qui en passant heurte la corde, fait tomber sur lui une hampe de quatre pieds de longueur et plus grosse que le poing, se terminant par le le fer barbelé d'une sagaie, trempé dans du poison, et emmanché peu solidement, de façon à se détacher et à rester dans le corps de la bête, où l'a fait entrer le poids de la poutrelle, augmenté par la chute.

Il est évident que la consommation des vivres allège rapidement mes chariots. Tous les jours, j'ai dix hommes à nourrir, sans parler des Saras, qui vont et viennent, et de six chiens de bon appétit. Les Cafres ne s'inquiètent de rien : ils portent sur eux tout leur avoir, et quand ils ont bu et mangé, prisé, fumé, dansé et chanté, ils n'ont plus aucun désir à satisfaire. Je l'avoue, j'envie souvent leur sort; car il est des moments où je me sens bien seul et bien triste.

Hier au soir, je me suis amusé d'un personnage dont l'unique vêtement se composait d'un chapeau de paille porté à la place d'un col. Charley, mon bouvier, un être sensible, ayant pitié de ce malheureux, s'en est allé chercher une vieille couverture de coton, qui valait bien, étant neuve, deux francs quatre-vingts, et qu'on ne vendrait pas maintenant beaucoup plus d'un sou. Il avait d'abord le projet de la donner; mais, toute réflexion faite, il demanda en retour le chapeau de paille, et le troc eut lieu sur-le-champ.

Nous quitterons demain la rivière au lever du soleil, et notre vieux guide, aux paupières chassieuses, me dit que nous serons deux longues journées avant de trouver de l'eau.

13 *juin*. — J'ai été assez heureux pour me procurer deux beaux échantillons des espèces les plus rares : une antilope rouanne et un oryx. J'ai tué aussi une

girafe grasse, une femelle de premier ordre. C'est à mon cheval que revient tout l'honneur de la chasse à l'oryx, antilope qui a la vitesse et le fond d'une machine à vapeur. J'étais dans une plaine immense et ne pensais pas à rejoindre la bande, lorsque je m'aperçus qu'évidemment elle perdait haleine; mon cheval, au contraire, était vigoureux et frais; je le ménageai pour le coup décisif, cherchai les plus belles cornes et jetai mes vues sur une femelle d'une beauté splendide, qui, au moment où je lâchai la bride à Férus, était au moins à mille pas. L'allure fut effrayante; je tirai, et faillis piquer une tête par-dessus mon oryx, qui tomba tout à coup sous les naseaux de mon cheval.

16 *juin*. — J'arrive d'un camp de boërs, situé peut-être à trente kilomètres de l'endroit où nous sommes. J'ai fait cette course moitié par intérêt, moitié pour rendre service à un homme de ma connaissance qui a la fièvre et à qui mes drogues et mes conseils pouvaient être utiles. Mon fiévreux toutefois n'était pas assez malade pour ne point essayer de me vendre quinze cents francs un cheval, que j'ai eu finalement pour douze cent cinquante.

Demain, je quitte les wagons pour aller à la recherche d'une route où l'on n'ait pas à craindre le fléau de la tsetsé, qui vient de faire rebrousser chemin aux boërs.

21 *juin*. — Mes Cafres ne pouvant plus me suivre, j'ai dû revenir au bout de cinq journées. Rien de plus pénible que de marcher dans ces sables mouvants; mes pauvres hommes étaient à bout de force, et nous

n'aurions trouvé d'eau qu'après deux jours de route. Néanmoins, j'ai recueilli une foule de renseignements qui me seront fort utiles, si je me décide à prendre cette direction. Nous n'avons pas trouvé d'éléphants, mais une quantité énorme de tsetsés, un pays effroyablement sec, d'un parcours difficile, des obstacles sans nombre et rien qui vous porte à les vaincre. La première eau est à Makainakanyama, et, pour y arriver, il faut, à cheval, cinq jours de marche rapide.

A Tamachaki, le hasard m'a fait rencontrer l'élan rayé que je voyais pour la première fois : il est marqué absolument comme le coudou ; mais, à cela près, il ne diffère en rien de l'espèce commune. Après un temps de galop rapide à travers bois et par-dessus de vilaines broussailles, je tuai ce bel échantillon d'une espèce nouvelle. C'est Livingstone qui l'a découverte aux environs de Séchéké, l'un des postes frontières de Sékélétou.

Ramchua, 29 *juin*. — Nous apercevons cinq éléphants. Ayant choisi le plus gros, je l'ai séparé des autres et lui ai tiré mes deux coups ; peu de temps après, il s'est retourné (à peine étais-je à quarante pas) et a chargé d'une manière terrifiante. Kébou, un nouveau cheval que je montais pour la première fois, resta ferme comme un roc ; je voulais envoyer à l'éléphant une balle dans la poitrine, mon coup de prédilection ; mais, dès que j'essayais de mettre le fusil à l'épaule, le cheval encensait et m'empêchait de viser.

Comme je cherchais à calmer Kébou, l'éléphant chargea de nouveau ; je tirai à l'aventure et, soit que la balle lui eût sifflé désagréablement à l'oreille, soit un motif que j'ignore, mon cheval secoua la tête avec tant de force que la rêne gauche passa du côté opposé; la gourmette se détacha, et le mors lui tourna dans la bouche.

Le colosse n'était plus qu'à vingt mètres; il avançait, les deux oreilles dressées et mouvantes, et sonnait de la trompe avec fureur. Ne pouvant conduire mon cheval qu'avec mes éperons, je lui labourai les flancs d'une manière sauvage. Au lieu de se détourner, Kébou s'élança vers le monstre, et je me crus à ma dernière minute. Je me rejetai aussi loin que possible, fus effleuré par la trompe, et je tirai à bout portant. Nouveaux coups d'éperons, nouvel élan de mon cheval qui s'arrêta devant trois bauhinias formant un triangle; je lui creusai la chair; il passa, me heurta l'épaule avec tant de violence contre l'un des arbres, qu'il s'en fallut de bien peu que je ne fusse désarçonné, et que le bras droit, lancé derrière le dos, vint me frapper le côté opposé. Je ne sais pas comment j'ai pu conserver mon fusil, un poids de plus de six kilos, n'ayant pour le tenir que le doigt du milieu, passé dans la garde de la détente. La bride m'était restée dans la main gauche, où elle se trouvait heureusement lorsque j'avais tiré.

Nous allions ainsi, galopant à toute vitesse à travers une forêt emmêlée, dont le sous-bois, composé presque entièrement d'*attends-un-peu*, était franchi par Kébou, qui sautait comme une chèvre. L'éléphant nous suivait toujours de près; je finis cependant par

Baldwin mettant le feu aux grandes herbes. (Page 206.)

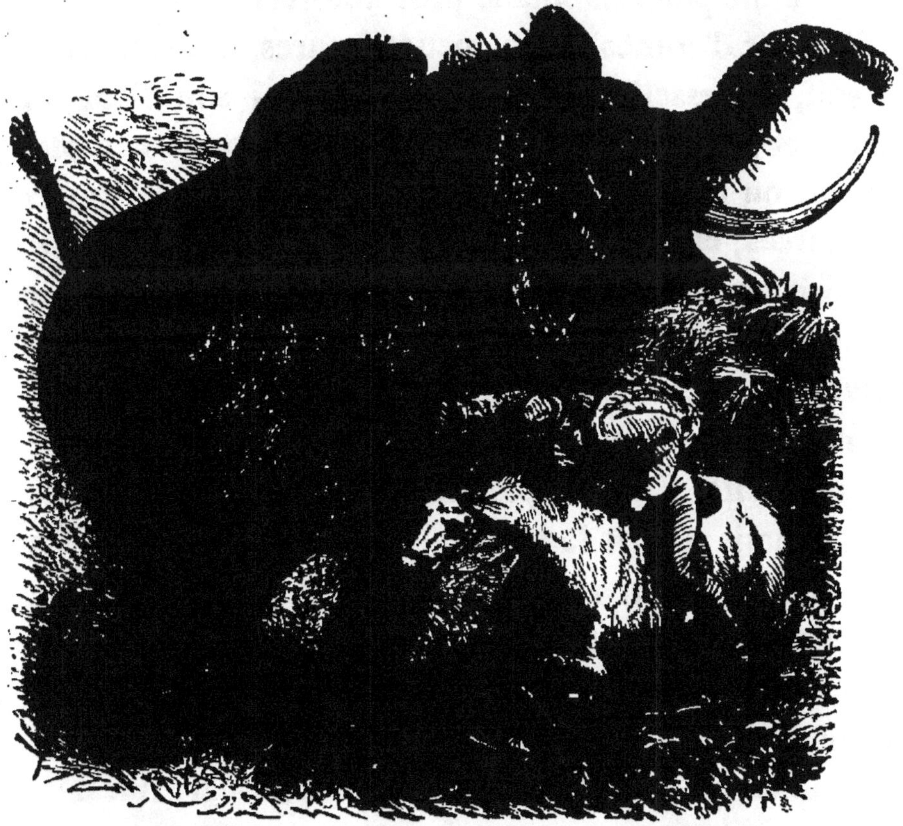

Episode d'une chasse à l'éléphant. (Page 268.)

m'éloigner; il se retourna et s'enfuit d'un pas rapide.

Aussitôt que je pus arrêter mon cheval, ce à quoi je ne parvins qu'après lui avoir fait décrire deux ou trois cercles, je mis pied à terre, rebridai Kébou et courus comme le vent à la poursuite de la bête, qui avait une longue avance et que je craignais de ne plus retrouver.

Après avoir subi trois nouvelles charges, dont la dernière fut longue et silencieuse, d'autant moins plaisante que mon cheval, essoufflé, conservait à grand'peine la distance qui le séparait de l'éléphant, celui-ci, auquel j'avais envoyé dix balles, tomba enfin pour ne plus se relever. J'étais à bout de force depuis longtemps et ne pouvais même plus amorcer mon fusil.

Couvert d'épines et de meurtrissures, à demi mort de soif, je dessellai Kébou, lui attachai son licol au genou et m'étendis sous un arbre. J'ignorais complétement où je pouvais être. En vain criai-je de toutes mes forces, et tirai-je des coups de fusil dans l'espoir de faire arriver les Saras; je ne vis personne. Pour comble d'infortune, mon cheval s'échappa; il me fallut suivre ses traces, faire près de mille six cents mètres avant de le retrouver, puis revenir sur mes pas, chose assez difficile. Enfin apparut January, accompagné des Boschimans; il prit la tête de la bande et, trottant d'un pied leste qui lui fit dépasser tous les autres, il me ramena au camp, où nous arrivâmes au coucher du soleil. Ce fut alors que je bus pour la première fois depuis le matin. De pareilles journées sont un peu plus rudes qu'il ne le faudrait pour être agréables.

Chasser l'éléphant est la vie la plus dure qu'un homme puisse se créer : deux jours de suite à cheval pendant cinq heures, pour se rendre au pas à un étang où les Saras vous disent que la bande est allée boire ; coucher dans la forêt, n'avoir rien à manger, s'abreuver le matin d'une eau vaseuse, puisée dans une sale carapace de tortue qui sert d'écuelle à dîner, à déjeuner et à souper ; remettre le pied à l'étrier ; suivre la piste par une chaleur dévorante, derrière trois indigènes à demi morts de faim, couverts de haillons graisseux et d'une peau de bête, chargés d'une panse de couagga renfermant le peu d'eau qui doit vous faire supporter la soif — (tout ce qu'il y a de plus nauséabond (1), et ne rien voir de la journée ! Si, après deux corvées pareilles, vous apercevez la bête et que la chasse soit heureuse, tout s'est passé dans les meilleures conditions possibles.

Rien n'est plus misérable ni d'une saleté plus révoltante qu'un village, ou plutôt un camp de Boschimans : des hangars provisoires, à demi couverts de chaume ; çà et là quelques fagots d'épines dressés contre le vent; des tranches de venaison à peu près pourries, séchant au soleil; des vases remplis d'eau et des lambeaux de pelleterie suspendus aux branches voisines. Ils ressemblent tous à celui où je me repose. Mon fidèle écuyer apporte deux ou trois brassées d'herbe, les étend dans un coin, y place ma selle en guise d'oreiller, et là, couché tout près d'un feu de bois vert, dont la fumée me passe au-dessus du corps et

(1) On trouvera plus loin une opinion différente à cet égard.

tient les moustiques à distance, je courtise le sommeil jusqu'au point du jour.

Le calme funèbre qui pèse sur la forêt endormie me paraît accablant. Un ciel brillant d'innombrables étoiles qui scintillent, de sombres corps gisant dans toutes les attitudes, le bruit monotone que font près de vous les chevaux qui mangent, la voix du chacal, le hurlement de l'hyène, parfois le grondement sourd du lion, ou le passage d'une troupe d'éléphants; le bois qui s'écrase, la marche pesante des colosses, leur cri aigu, dont l'éclat vibre au loin : telles sont les nuits qu'on passe dans la forêt, et, quand depuis plusieurs mois il y est seul, l'être le plus insouciant peut avoir, en de pareilles nuits, ses accès de défaillance.

Je me suis beaucoup amusé hier des manœuvres que faisaient des oiseaux du tiquet pour avertir de notre approche un rhinocéros blanc : ils lui couraient dans les oreilles, lui voletaient devant les yeux, en ne cessant pas de crier ; mais le rhinocéros ne voulait rien entendre, et ne crut au danger que lorsque le vent lui apporta nos émanations. Alors il dressa la tête, releva la queue, aspira l'air, se mit à renâcler, prit le trot et s'éloigna rapidement.

J'ai passé la nuit au bord de l'eau et fait bonne chasse. Les buffles arrivaient en foule; j'étais dans une fosse située contre le vent, et j'ai bien tiré. Cinq bêtes magnifiques sont restées sur le terrain; une sixième est allée mourir à quinze cents mètres, et beaucoup d'autres se sont rembuchées, qu'on aurait pu avoir aujourd'hui. Toutefois, comme il y en a suffisamment, je ne me suis pas donné la peine de courir après elles.

Cela n'est pas une simple boucherie, ainsi qu'on pourrait le croire : la récolte a manqué par suite de la sécheresse, les Calacas meurent de faim, et je joins la charité au plaisir en leur procurant de la viande. Cela est si vrai que rien n'est perdu, pas même un débris de peau.

Gyp a été tuée par un léopard. J'avais pris les devants pour aller à la recherche de l'eau ; elle a quitté les wagons pour venir me retrouver ; c'était la nuit ; Adonis a entendu la lutte et le dernier soupir de ma pauvre chienne, non pas un gémissement, mais un râle de colère. C'était la brave des braves ; toujours au plus fort du péril. Que de fois elle aurait dû mourir, si elle n'avait été sauvée par bonheur ou par miracle, hasard ou providence, suivant le mot qui vous plaira. Excepté Juno, ma parfaite, j'aurais bien moins regretté les autres.

Matesté, 19 *juillet*. — Toutes les informations que j'obtiens sont tellement contradictoires que je sais fort peu où je me trouve. Pas un de nous tous ne comprend bien la langue du pays. C'est un grave inconvénient ; mais j'en suis venu à penser que les indigènes ne connaissent pas la route du Zambèse, ou refusent de nous l'indiquer.

Toute la caravane est dispersée ; un chariot et vingt-trois bœufs sont restés en arrière avec deux de mes Cafres, et, tandis que je garde les chevaux, Adonis est allé avec Isaac chasser à pied, à trois ou quatre jours d'ici, du côté de l'est, dans un endroit infesté par la tsetsé et rempli, dit-on, d'éléphants.

J'ai rencontré ces jours-ci un Anglais, nommé Polson (1). Arrivé par la baie de Valfisch, il y a quatorze ou quinze mois, il n'a pas encore une charge d'ivoire ; triste perspective pour ceux qui viennent après lui. Nous avons passé ensemble trois ou quatre soirées des plus agréables, et fait des échanges qui nous ont rendu mutuellement service. Entre autres choses, il m'a donné un fusil et de la poudre, et je lui ai remis de l'ivoire et des grains de verre. Cette rencontre a fait la plus heureuse diversion à notre solitude : nous avons été fort gais tous les deux, et très-fâchés de nous quitter; je parle du moins pour moi.

Avant de m'éloigner d'eux, je voulais laisser à mes Cafres une masse de viande, car ils n'ont pas le moyen de s'en procurer eux-mêmes. Le gibier est tellement rare que j'ai couru pendant deux jours sans décharger mon fusil. Il est vrai que le lendemain j'ai tué un élan, quatre couaggas et un rhinocéros noir. Les bœufs de charge avec un wagon sont allés immédiatement chercher tout cela; et je peux m'éloigner sans crainte, laissant mes gens dans l'abondance.

24 juillet. — Tous mes plans sont détruits ! Je crois avoir été aussi loin que possible; le pays est impraticable : un sol rocailleux et déchiré; partout des mon-

---

(1) Polson, qu'on retrouvera encore, est un des traficants de la route de Valfisch. Il était avec son frère lorsqu'il a rencontré Baines et Chapman au village de Jonker, le 3 août 1861. (*Voyage dans le sud-ouest de l'Afrique*, p. 36 et suiv.) — J. B.

tagnes, des rivières ; pas moyen d'avancer avec un chariot; la tsetsé pullule dans toutes les directions, et j'ignore complétement où je me trouve.

Hier, en courant à l'aventure, je suis tombé au milieu d'une peuplade qui s'appelle les Tocas. Leur laideur est effrayante; ils l'accroissent en s'arrachant les quatre incisives de la mâchoire supérieure, et en se limant celles d'en bas de manière à laisser un vide entre elles. Le motif qui les porte à se défigurer ainsi est le désir qu'ils éprouvent de ressembler à un bœuf, celui des animaux qu'ils admirent le plus. Tous les Africains aiment passionnément la race bovine; mais ici la vénération est poussée trop loin.

En revanche, les Tocas ont horreur du couagga et du zèbre. Ceux que j'ai vus hier disaient à propos d'un de mes hommes dont j'étais accompagné : qu'il était bien dommage qu'on ne lui eût pas arraché ces vilaines dents de devant qui le faisaient ressembler à un zèbre ; sans elles, il aurait été fort beau garçon. Or, les Cafres ont des dents magnifiques, bien rangées, très-égales, d'un blanc de neige, et qui font admirablement valoir le reste du visage.

Ces Tocas m'ont appris qu'un Anglais s'était fait une cabane à la lisière de leur territoire, et m'ont proposé de me conduire auprès de lui en trois jours. A la description qu'ils m'en ont faite, j'ai cru reconnaître le docteur Holden, celui que j'ai rencontré l'année dernière à mon retour du lac ; mais il n'a ni chevaux ni wagon. Il est, m'a-t-on dit, sur les bords d'une grande rivière qui doit être la Tchobé.

29 *juillet*. — J'ai donné rendez-vous aux Tocas pour le surlendemain ; et j'ai repris la route de mon camp, assez inquiet de savoir si je ne me perdrais pas dans ce pays rocailleux et raviné, où, sans guide, j'avais à faire une trentaine de kilomètres ; car pas un des Tocas n'avait consenti à m'accompagner. Néanmoins, j'arrivai sans encombre, et repartis au point du jour accompagné de January, qui portait ma couverture, avec un supplément de munitions. La première partie de la route se fit à merveille : je reconnaissais les points que j'avais remarqués et nous allions d'un pas rapide.

Tout-à-coup, vers la moitié du chemin, de nouveaux objets m'apparurent : je ne tardai pas à m'apercevoir que je m'égarais. Cependant, avec de la persévérance, je retrouvai la bonne voie : nous la suivîmes pendant plusieurs kilomètres à travers un bois touffu, rempli de tsetsés, où la couche de sable était épaisse ; nous finîmes par arriver au camp des Tocas et nous le trouvâmes vide.

Malgré notre fatigue, nous allions essayer de suivre les traces des fugitifs ; mais ils avaient mis le feu à l'herbe en cent endroits, et tout espoir de les rejoindre nous abandonna bientôt.

Rien de plus triste ni de plus misérable que ce lieu désolé. Nous reprîmes la route par laquelle nous étions venus le matin : à la nuit close, nous fîmes du feu, près duquel nous nous couchâmes ; et hier au soir nous rentrions au camp, très-fiers d'avoir su retrouver notre chemin.

31 *juillet*. — Me voilà tout seul : Boccas est parti

hier pour la région de la tsetsé, où mon autre conducteur est depuis longtemps. Je me mets en route aujourd'hui pour les rives de la Tchobé, qui est à deux jours et demi d'ici. La lune étant dans son plein, j'essayerai de franchir pendant la nuit les lieux qu'habite la tsetsé; dans tous les cas, je ne hasarde qu'une couple de chevaux.

Hier, après être sorti toute la journée sans rien voir, j'ai aperçu, au coucher du soleil, une girafe mâle qui débuchait à huit cents mètres du camp. Je sellai immédiatement Batwin. Cette chasse fut un casse-cou perpétuel, au milieu d'un chaos de blocs erratiques où m'entraînait la bête. Je parcourus ainsi quatre à cinq kilomètres au clair de lune, pressant mon cheval le plus possible; mais il ne galopait qu'en tremblant. A la fin, la girafe elle-même fut obligée de ralentir ses énormes enjambées, tant les quartiers de roche devenaient difficiles à franchir. Me trouvant au contraire dans un endroit plus praticable, je lançai Batwin à côté de la bête avant qu'elle eût repris sa vitesse et la tuai raide, à ma vive satisfaction. J'avais la plus grande envie de m'en aller, et ne pouvais pas m'éloigner du camp sans y laisser de la viande.

4 août. — Parti résolument le 1ᵉʳ août, bien décidé cette fois à gagner le Zambèse, je marchai toute la journée, puis toute la nuit suivante; vers le matin, j'entendis le rugissement des cataractes et m'avançai dans cette direction sans prendre un instant de repos. Juste au lever du soleil, à trois cents mètres de distance, j'aperçus le fleuve. Toute la journée se passa à examiner les chutes, que j'ai trouvées bien supérieures à tout ce que j'attendais (1).

C'est le pays le plus rocailleux et le terrain le plus inégal que j'aie jamais traversé; mais j'avais le bénéfice de la pleine lune.

J'ai atteint le Zambèse à trois kilomètres environ au dessus de la cataracte. En cet endroit, il a plus de trois kilomètres de large. Des îles nombreuses, de toutes les dimensions, l'émaillent de verdure; la plus grande, qui doit avoir seize ou vingt kilomètres de tour, est boisée jusqu'au bord de l'eau : c'est un bouquet de baobabs, dont quelques-uns ont vingt mètres de circonférence; on y voit aussi des palmiers de différentes espèces, entre autres des palmyras, et un grand nombre de dattiers sauvages.

Le Zambèse est le plus beau fleuve que j'aie pu admirer; mais son lit est rocailleux et peu profond. Occupons-nous de la cataracte. Vous l'entendez rugir à la distance de seize kilomètres, et bientôt vous apercevez d'immenses colonnes de vapeur, dont la masse blanche est couronnée de l'arc-en-ciel. Le fleuve qui, au-dessus de la chute, a seize cents mètres de large, se verse tout entier dans une crevasse énorme, tellement profonde que j'ai compté jusqu'à dix-huit, avant qu'une pierre d'au moins neuf kilos eût fini de descendre; encore ne l'ai-je pas vue au fond de l'eau, mais seulement

(1) On peut comparer, à la description faite par Baldwin, celles qu'ont données le Docteur Livingstone et Th. Baines. (Nos éditions des *Explorations dans l'Afrique australe*, ch. v, et surtout ch. vii, et du *Voyage dans le Sud-Ouest de l'Afrique*, ch. xi.) — J. B.

quand elle en a gagné la surface. J'étais vis-à-vis des cataractes, à peu près au niveau de la rampe d'où elles se précipitent, et j'aurais pu jeter un caillou de l'autre côté de l'abîme. Cette gorge, au fond de laquelle bouillonnent les eaux tumultueuses, ne peut pas avoir en largeur plus de quatre-vingt-dix mètres.

A l'endroit où les cataractes sont le plus volumineuses, l'œil ne peut pas les suivre au-delà de quelques mètres de profondeur, à cause du rejaillissement de l'eau qui poudroie, se vaporise et retombe en pluie fine à cent mètres à la ronde.

C'est une chute perpendiculaire de nombreuses centaines de pieds, effectuée par trente ou quarante nappes de différentes largeurs. Le gouffre où ces nappes se précipitent a au moins une longueur de deux mille mètres et l'issue n'en a certainement pas plus de quarante de large. Ce n'est pas à une extrémité que s'ouvre cet étroit passage; mais je ne saurais dire à quelle portion des cataractes exactement.

Les divers courants se rejoignent, tourbillonnent, s'entrechoquent et se ruent avec furie au travers de la passe. Vue d'en haut, à l'endroit de cette formidable rencontre, la gorge présente le plus magnifique tableau. Ce sont des torrents de flammes sulfureuses qui montent de l'abîme jusqu'aux nuages (1); une pluie incessante arrose la hauteur qui domine l'autre

(1) « Les torrents de flammes sulfureuses » ne sont ici qu'une expression métaphorique. MM. Livingstone écrivent : « Les rayons du soir, émanant d'un ciel tout ruisselant d'or, communiquent aux panaches vaporeux une teinte sulfureuse qui fait ressembler ce gouffre béant à la gueule de l'enfer. » (*Explora-*

bord; les rochers y sont glissants; la terre détrempée y est revêtue d'une herbe toujours verte, où viennent pâturer l'hippopotame, le buffle et l'éléphant.

A la tête de la faille se trouve une cataracte d'environ quatre-vingts mètres de large, qui peut être vue jusqu'en bas mais qui a moins de hauteur que les autres, parce que l'eau en cet endroit forme un rapide avant de s'élancer perpendiculairement.

Au-dessous des chutes, le fleuve tournoie dans une gorge profonde, pressée, inaccessible, où il bondit violemment sur un lit de rocaille. J'ai suivi les détours de ce défilé jusqu'à une certaine distance, et j'en reviens à penser qu'à partir des chutes, il n'a pas plus de trois kilomètres. C'est une succession de ravins, de montagnes, de vallées : tout ce qu'il y a de plus affreux pour la marche. Au fond de cette gorge tourmentée, le Zambèse ne paraît pas plus large qu'un torrent gonflé des montagnes d'Ecosse. L'inconvénient de cette admirable scène est d'être masquée, précisément où elle offrirait le plus de grandeur, par les nuages épais qui s'élèvent du fond et voilent les chutes principales. Ce sont les nappes les moins importantes qui seules peuvent être suivies du regard.

Les Cololos sont très-inquiets de me voir ici, très-alarmés de ce que j'y sois arrivé sans guide. Ils ne comprennent pas comment j'ai pu trouver le chemin.

---

tions dans l'Afrique australe, p. 226 de notre édition.) Th. Baines dit aussi : « Les jets vaporeux prenaient l'apparence de flammes vacillantes. » (*Voyage dans le Sud-Ouest de l'Afrique*, p. 276.) — J. B.

Je leur montre ma boussole, en leur disant que c'est elle qui m'a conduit ; leur perplexité n'en devient que plus grande.

Les babouins vivent ici en quantité innombrable.

8 *août*. — J'ai vu hier les chutes du côté opposé : c'est-à-dire en amont : rien ne saurait exprimer leur grandeur. Suivant moi, c'est du point où on les domine que la scène a le plus de beauté : la nappe est transparente comme du cristal ; et cette chute perpendiculaire, à une profondeur immense, est d'un effet splendide.

Il n'y a bien qu'une issue, et je trouve merveilleux qu'un pareil volume d'eau puisse s'écouler par un si petit espace.

J'ai canoté pendant trois jours dans toutes les directions : j'y passerais la moitié de ma vie. On attend ce soir le Dr Livingstone et je ne partirai certes pas avant de l'avoir vu ici.

9 *août*. — J'ai eu l'honneur hier de graver mon chiffre sur un arbre de l'île qui est en amont des cataractes, et de le placer juste au dessous des initiales du docteur Livingstone, étant le second Européen (1) qui ait vu ces chutes, et le premier qui s'y soit rendu de la côte orientale.

Charles Livingstone affirme qu'elles sont bien supérieures, sous tous les rapports, au saut du Niagara, et le docteur me dit que c'est le seul endroit où, d'un

---

(1) Les chutes ont été visitées, en 1855, par MM. D. Livingstone et Oswell ; en 1860, par MM. Baldwin et D. et C. Livingstone ; en 1862, par MM. Baines et Chapman ; en 1863, par sir R. Glyn et par les frères Bart. — J. B.

océan à l'autre, il ait eu la vanité de graver son chiffre.

Masipoutana, capitaine des Cololos, sous les ordres de Sékélétou, a été furieux de ce que j'ai vu les chutes sans son concours ou celui de ses subordonnés. Il m'avait envoyé plusieurs messages pour me dire que je lui devais une forte somme. Je suis allé le voir trois jours après mon arrivée, et lui ai fait un petit présent ; mais il était sur ses grands chevaux et m'a dit avec colère que, si j'avais pu gagner son territoire, il saurait m'y retenir ; qu'il m'empêcherait de repasser le Zambèse, et que je ne partirais pas avant d'avoir payé le bois que j'avais pris, l'eau que j'avais bue, l'herbe que j'avais mangée. Il ajouta que c'était une grande faute d'avoir quitté l'un de ses canots pour me plonger dans le fleuve ; car, si je m'étais noyé, si un hippopotame ou un crocodile m'avait tué, Sékélétou lui aurait reproché ma mort ; qu'enfin, si, en allant voir les chutes, le pied m'avait glissé et que je fusse tombé dans le gouffre, ma nation aurait dit que les Cololos m'avaient assassiné ; qu'avec tout cela, je lui avais causé bien de l'inquiétude. Dès l'instant qu'il présentait l'affaire sous ce point de vue, je consentis à payer les deux kilos sept cent vingt grammes de perles qu'il demandait et je fus libre. Ces perles me furent bientôt renvoyées par Sékélétou, à qui Masipoutana les avait expédiées (1).

(1) Comparez le ch. vii des *Explorations dans l'Afrique australe*; pourtant il est assez extraordinaire que le chef, que Baldwin appelle Masipoutana, soit nommé Machotlané par Livingstone et Mochotlong ou Mochotlani par Baines. — J. B.

J'ai été pendant quelque temps assez inquiet sur la manière dont tout cela finirait ; car nous étions pleinement au pouvoir des Cololos. January en éprouvait un si grand saisissement que c'est tout ce qu'il pouvait faire que de retenir ses larmes. Il trouvait bien dur de périr avec moi, et par ma faute; car, s'il était venu, c'est que je l'y avais contraint. Masipoutana, qui voulait sans doute l'effrayer, lui avait laissé croire que les Cololos, en nous faisant passer le fleuve, nous jetteraient par-dessus le bord et, dans le cas où nous saurions nager, nous casseraient la tête à coups de pierre.

Pour aller de Matesté au Zambèse, j'ai traversé trois rivières : le Manyati, le Sétabangoumpé et le Massouey.

Je m'estime fort heureux d'avoir rencontré le docteur Livingstone avec ses compagnons. Nous avons passé la soirée ensemble, et le docteur m'a donné beaucoup de détails sur ses dernières découvertes. Il se rendait à Séchéké.

12 *août*. — Me voilà de retour au camp; tout s'est bien passé durant mon absence.

18 *août*. — Je viens de faire une visite à mon autre wagon, où je suis allé chercher de la poudre, du plomb et des capsules, pour trafiquer avec les Cololos. Le jour de mon départ d'ici, vers le soir, je tombai sur une troupe d'éléphants; il ne restait plus qu'une heure de soleil : je n'avais pas de temps à perdre, cette région n'ayant presque pas de crépuscule. J'étais bien monté, je partis à toute vitesse et, tirant avec fougue et de

très-près, je tuai cinq bêtes avant que la nuit fût close ; toutefois la mieux armée de la troupe m'a échappé : elle a reçu ma balle exactement à l'endroit voulu et je ne crois pas qu'elle soit allée bien loin ; mais elle est morte sans bénéfice pour moi.

Mes hommes pendant ce temps-là font bonne chasse au pays de la tsetsé. J'entends dire qu'ils ont tué dix ou onze éléphants, dont plusieurs de ces vieux mâles qui contribuent rapidement à la charge d'un wagon.

Les Calacas me désespèrent. Pendant mon absence, ils ont mis le feu en cent endroits ; l'herbe est aussi sèche que de l'amadou, il fait beaucoup de vent, et la flamme dévore tous les jours des trentaines de kilomètres, chassant devant elle le peu de gibier qui restait dans la plaine. Quelle peut-être leur intention ? Je n'en vois pas d'autre que de me renvoyer d'ici ; car ils n'ont aucun intérêt à faciliter la pousse de l'herbe, puisqu'ils n'ont pas de bétail, ni bœufs, ni chèvres, ni moutons.

J'espérais obtenir des Cololos une certaine quantité d'ivoire en échange de mes munitions ; il m'a été impossible de leur acheter la moindre défense. J'en ignore le motif ; il paraît que le capitaine (1) est fort mécontent de ce que Livingstone n'a pas ramené les hommes que lui avait donnés Sékélétou ; et de ce qu'il ne voit point arriver le canon et les chevaux qu'il s'attendait à recevoir du docteur. C'est du moins ce que

(1) Ce capitaine ne peut-être que Masipoutana, qui, à cette époque, affectait de l'indépendance à l'égard de Sékélétou, gravement malade, et qui devait avoir été assez vexé d'être forcé de rendre les perles à Baldwin, pour lui jouer les plus mauvais tours sous quelque prétexte que ce fût. — J. B.

dit mon interprète; mais je n'ai pas grande foi en sa véracité.

Tamachaki, 9 *septembre*. — Je ne sais trop ce que j'ai fait depuis une quinzaine; le plus clair de mes souvenirs c'est que nulle part je n'ai trouvé d'éléphants, et cependant j'ai passé à cheval cinq jours consécutifs.

Mon pauvre Férus, le meilleur de mes chevaux, est tombé hier dans une fosse où un épieu lui a traversé la poitrine.

J'ai la joue droite en capilotade, y compris la mâchoire; tous les coups que je tire, le sang me ruisselle dans la bouche. Il faut des charges énormes pour le gibier sud-africain; dix à onze grammes forment la plus faible dose; et cette année ma poudre est excellente. Je voudrais bien que mes nerfs fussent de la même qualité.

Jurea, 14 *septembre*. — Je ne crois pas qu'il soit possible de voir ce pays-ci plus misérable qu'il ne l'est aujourd'hui : tous les ravins, tous les étangs sont desséchés; on ne parvient à se procurer un peu d'eau qu'après avoir profondément creusé le lit des sources, aussi le peu d'herbe qu'on trouve est terriblement dure et mes pauvres bêtes sont dans un état déplorable. Il fait une chaleur excessive pendant le jour; de dix heures du matin à quatre heures du soir, on ne peut pas marcher, tant le soleil est dévorant, et les nuits et les matinées sont tellement froides qu'il y a de la glace dans toutes nos jarres.

Cette nuit j'ai veillé au bord de l'eau, moins avec l'espérance de tuer quelque chose, que pour rassurer Boccas.

Néanmoins, comme j'entendais boire un éléphant, je sortis de ma cachette avec précaution ; la bête se retourna lorsqu'elle se fut désaltérée, et je lui envoyai à douze pas une balle qui l'atteignit derrière l'épaule, avec tant de force qu'elle en fut traversée. Deux ruisseaux de sang nous ont conduits ce matin à mille pas du bord de l'eau, où nous avons trouvé le colosse.

J'ai le visage tellement noir et meurtri que mon ami le plus intime aurait de la peine à me reconnaître. C'est de votre faute, me dira-t-on. Mais que voulez-vous ? Dans les chasses nocturnes, on n'a qu'un seul coup à tirer : si on n'en profite pas, on a fait cette longue veillée pour rien.

L'ivoire s'accumule peu à peu. J'en aurai une belle charge, quoi qu'il arrive ; mais j'ai perdu le meilleur moment de la saison pendant que je courais après le Zambèse. D'ici à un mois au plus tard, je marcherai directement vers le sud : j'espère gagner le Natal pour les fêtes de Noël.

20 septembre. — Toujours à Jurea, où la fatigue et la fièvre m'ont retenu. Je ne sais vraiment pas pourquoi je prends la plume, si ce n'est pour me distraire, car je n'ai rien à écrire. Nous n'avons trouvé à Zébizéna qu'une multitude de Calacas affamés ; et depuis lors j'ai toujours été malade. Les éléphants sont pourtant venus à la fontaine ainsi que je l'espérais. Il y avait longtemps que j'entendais un bruit sourd ; à la fin, les branches se sont cassées, et la bande est arrivée d'un pas rapide et retentissant, composée d'individus qui marchaient à la file les uns des autres. Elle s'est arrêtée à quarante pas de ma cachette : les colosses ont puisé l'eau avec leur trompe, et l'ont versée dans leur gosier, où elle est descendue avec un glougou sonore. J'ai envoyé mes deux balles au plus gros de la bande, et tous ont disparu en un clin d'œil.

Il vint alors une foule innombrable d'hyènes, et ce furent des cris de démons, des luttes acharnées, des courses folles, un sabat infernal. Jamais je ne les ai vues dans un pareil délire, et je ne devine pas quelle en était la cause. Des lions rugissaient à peu de distance; j'espérais les voir, mais ils s'éloignèrent.

Quand se leva l'étoile du matin, comme j'étais certain qu'il ne viendrait plus d'éléphants, je tuai une hyène, et j'envoyai sur les traces de la bête que j'avais tirée pendant la nuit; c'était un dimanche, aussi ne voulais-je pas la chercher moi-même. Les hommes rejoignirent la troupe et revirent le blessé qui se tenait à l'écart; mais les chiens s'étant mis à le poursuivre, l'éléphant disparut et n'a pas été retrouvé.

Mon autre wagon est toujours derrière nous avec deux chasseurs. J'espère qu'ils auront tué beaucoup d'éléphants, ceux-ci étant fort nombreux dans tous les endroits qu'habite la tsetsé; mais, à pied, cette chasse est tuante pour un blanc.

Dimanche, 30 septembre. — Malacanyama, chef d'une tribu de Calacas, est venu me prier de tuer quelques bêtes pour lui et ses sujets. Ils fuient la colère de Mosilicatsi et meurent de faim. Les Tébélés, disent-ils, ayant mis à mort un grand nombre des leurs, ils ont fini par déclarer la guerre (chose dont on n'a pas entendu parler); ils ont tué à l'ennemi deux de ses principaux capitaines, et s'attendent chaque jour à voir Mosilicatsi envoyer à leur poursuite un corps d'armée considérable.

Boccas leur a donné vingt-trois pièces de gibier, dont trois harrisbucks d'une seule balle, fait extraordinaire, au clair de lune ; moi, dix-sept, parmi lesquelles deux éléphants; cette nuit leur a valu quatre rhinocéros et quatre buffles : tout a disparu, il n'en reste plus vestige. Ces pauvres gens se sont rassasiés et s'éloignent avec une bonne provision de beultong. Malacanyama est fort reconnaissant : il me l'a prouvé en me laissant quatre défenses, qui paient bien la poudre et le plomb.

Je suis resté pendant sept jours loin des wagons, n'ayant autre chose à manger que de la viande. Ce n'est pas que je me fusse égaré; c'est au contraire le chariot qui s'était trompé de route.

J'ai tué un lion superbe; malheureusement n'ayant pas de savon arsenical, je n'ai pas pu en garder la dépouille, et le crâne avec les griffes sont tout ce qui m'est resté de la victoire. J'étais seul à veiller auprès de l'eau, quand il est venu ; je l'ai tué raide à quatorze pas. Trois buffles, un rhinocéros blanc, un couagga et un éléphant ont complété ma chasse, la meilleure de toutes celles que j'ai faites la nuit.

Il ne me restait plus que cinq balles et, comme je ne savais où trouver les chariots ni Batwin, la situation devenait critique: en supposant qu'elle se prolongeât, il arriverait un moment où je n'aurais plus de quoi tirer. La faim commençait à m'apparaître dans un prochain avenir; mais je tuai successivement deux buffles, un couagga, et j'avais encore deux balles quand je retrouvai Batwin.

Le wagon arriva le lendemain matin; je me donnai le luxe d'une tasse de thé et d'un plat de macaroni. Polson accompagnait mon chariot, et j'eus encore une bonne soirée; puis hier nous nous sommes dit adieu, nos deux routes se trouvant contraires. Il retourne à la baie de Valfisch, d'où il se rendra au Cap.

Adonis a tué ces jours-ci quatre éléphants énormes; il court avec la rapidité de l'autruche, est d'une résistance incroyable à la fatigue, et l'un des premiers tireurs de toute l'Afrique. Avec ces dons naturels, s'il avait seulement un peu de cœur, il ferait fortune en peu d'années; mais il n'a pas la moindre énergie morale. Pour rien au monde, il ne passerait la nuit au bord de l'eau, même avec d'autres; un lion qui rugit dans l'ombre suffit pour le faire se sauver à toutes jambes. Néanmoins, c'est le premier de tous mes chasseurs: il a tué cette année deux éléphants de plus que moi, et il est à pied, moi je suis à cheval. Il est vrai que c'est par bandes nombreuses qu'il les voit journellement, tandis qu'il est rare que j'en rencontre, la tsetsé m'empêchant de les poursuivre dans leur fort.

Nanta, 8 *octobre*. — Je ne prends la plume que pour tuer le temps; il me pèse d'une manière effrayante;

jamais je n'ai été plus hors des gonds ; c'est l'effet de l'impatience avec laquelle j'attends l'arrivée de mon autre chariot, dont le retard passe les bornes. C'est pourtant bien ici qu'il doit nous rejoindre ! et je ne crois pas qu'il existe d'endroit où l'on soit plus mal, de coin de terre plus désolé : pas un brin d'herbe, pas une goutte d'eau ; un vent qui pendant trois jours est sorti d'une fournaise; un soleil dévorant, et pas une feuille qui vous donne de l'ombre.

Ce matin j'ai descendu à la rivière, et j'ai trouvé de l'eau meilleure que je ne l'espérais. J'y envoie les bœufs. Les indigènes m'ont conduit auprès de la fosse d'un blanc; je n'ai pu avoir aucun détail sur la personne qui est enterrée là, mais on ne peut pas laisser ses os dans un endroit plus désolé ; et tel est le sort que je crains pour les miens.

J'ai failli perdre deux de mes chevaux : ils s'étaient mis en chemin cette nuit pour retourner à l'abreuvoir; nous suivîmes leurs traces dès qu'il fit jour; Boccas qui marchait le premier vit deux lions à l'affût ; il en tira un qu'il frappa à la tête, sauta dans un arbre, tira de nouveau, blessa l'autre, et tous les deux s'éloignèrent. Cinq minutes après, arrivèrent mes bêtes qui trottaient vers la mare. Les deux lions étaient d'une maigreur qui annonçait un long jeûne, et ils se seraient immédiatement emparés des chevaux, bien qu'ils n'aient pas beaucoup l'habitude de chasser en plein jour.

11 *octobre*. — Je m'ennuie à périr; toujours à Nanta, et pas de nouvelles du chariot. Les Cafres

n'ont jamais su tenir un engagement, ni être exacts à un rendez-vous.

L'eau salée a fait merveille à l'égard de mes roues ; elles y ont trempé vingt-quatre heures et sont maintenant serrées comme une caisse de tambour.

Je vais beaucoup mieux ; j'espère maintenant échapper à la fièvre : j'ai eu deux ou trois frissons, mais il n'y paraît plus. Je crois bien en être quitte pour cette année.

Hier il faisait tellement chaud, qu'en m'approchant des canards à la rampée, il m'était difficile de poser les mains sur le sable, tant il me brûlait ; or, il faut savoir que l'intérieur de mes mains ressemble aujourd'hui beaucoup plus à de la corne qu'à de la peau.

16 *octobre*. — Comment j'ai fait depuis cinq jours pour aller à la chasse, et de quelle façon je passerai la quinzaine qui va s'ouvrir, c'est pour moi une énigme. Je n'ai absolument aucune occupation ; j'ai très-peu de chose à manger, et ce peu est loin d'être appétissant. Pas un brin de bois ; et j'ai bu assez d'eau salée pour partager le sort de la femme de Loth.

Boccas est de retour, après avoir fait trois cents kilomètres à la recherche du wagon, sans rien rencontrer.

Pour tâcher de rompre cette monotonie désolante, j'ai demandé à trois Calacas de me faire voir des éléphants ; ils y ont consenti moyennant trois springbucks. Je donnai les trois bêtes, coulai des balles, et nous voilà partis. Nous voyons des traces et, quand nous avons fait seize kilomètres, les Calacas s'arrêtent, me disent que c'est une vieille piste, que je ferai bien de m'en retourner, qu'ils vont regagner leur kraal, et, se débarrassant de ma couverture, ils continuent leur route.

Je les suivis de loin. Puis tout à coup, fondant sur l'un d'eux, je lui arrachai son kerry, ses sagaies et lui en brisai une sur la tête ; sautai sur Férus, un cheval ardent, qui a la bouche dure ; courus droit au second de mes filous qui roula d'un côté, ses armes, sa calebasse, son sel de l'autre ; et lançai au troisième la hampe brisée que je tenais à la main. Celui-ci détala aussi vite que l'autruche ; mais ses camarades se mirent à genou en demandant grâce. Je leur donnai le conseil de ne plus essayer à l'avenir de mystifier un Anglais et m'éloignai sur ces paroles.

Jusqu'ici j'ai toujours voulu partir seul ; mais aujourd'hui la solitude me pèse tellement que je suis bien décidé à prendre un compagnon la première fois que je me remettrai en route. January et mes deux petits Saras, dont l'aîné a huit ans, sont toute ma société ; les deux gamins, bien qu'ils comprennent tous les mots que je leur adresse, qu'ils soient actifs, intelligents, et qu'ils aiment à se rendre utiles, restent muets comme des poissons. Je ne leur ai jamais dit une parole désagréable ; ils ont un air de bonheur qui ne les quitte pas un instant ; ils babillent ensemble toute la journée ; mais, si j'essaie de causer avec eux, ils baissent la tête comme des chiens pris en faute. Quant à January, dès que je lui parle, il se met à rire comme un idiot. Spearman vient quelquefois me trouver ;

mais il a pour marotte un air de psaume hollandais, tout ce qu'il y a de plus atroce au monde, qu'il fredonne sans cesse et qui me met hors de moi : si bien que je le salue presque toujours d'un coup de pied assez fort pour le renvoyer d'où il arrive.

N'oublions pas de noter quelques chasses au lapin, qui, plus que toute autre chose, m'ont rappelé l'Angleterre. Les lapins sont les mêmes sur toute la surface du globe (1), et la chasse en est partout fort amusante. Ceux que je tue ici ne diffèrent en rien de l'espèce anglaise, si ce n'est qu'ils ne font pas de terrier. Je les ai toujours vus gîter à découvert. Il m'a d'abord été difficile de les atteindre; j'ai fait chou-blanc les deux premières fois; je leur donnais trop d'avance; mais, la troisième, j'en ai tué dix.

Quelque mornes et solitaires qu'elles soient, je viens à bout des journées; mais les nuits sont affreuses. Le vent décline en même temps que le soleil; il cesse avec le jour. On ne respire plus et l'atmosphère est envahie par des nuées de moustiques. On a de la peine à supporter la moindre guenille, et je suis là, couché sur le dos, frappant à droite, à gauche, en avant, en arrière, partout, les écrasant à poignées sans diminuer le bourdonnement et les piqûres; implorant le ciel pour que le vent se lève, n'aspirant qu'à être au matin, et sortant du chariot pour regarder les étoiles et savoir si la nuit ne va pas finir. Alors même que je me résigne

1) Speke a prétendu qu'il n'y a pas de lapins en Afrique et qu'on n'y trouve que des petits lièvres. (Voy. notre édition des *Sources du Nil*, ch. XII.) — J. B.

à étouffer, je ne suis à l'abri de cette engeance, dont le suçoir traverse l'étoffe, qu'en soulevant la couverture avec les genoux et les coudes. Les nuits calmes sont ce que je redoute le plus au monde : il y a des instants où je donnerais tout ce que je possède pour un coup de vent qui me débarrasserait des moustiques.

Vers deux heures de l'après-midi, j'ai déjeuné d'un tubercule appelé talo, qui ressemble à une énorme pomme de terre, mais qui est mou, juteux et d'une saveur douce. Je l'ai mangé crû et l'ai arrosé d'une eau excessivement fraîche, tirée d'une panse de couagga (1). Une chose odieuse que de boire à même un pareil ustensile! Cela demande beaucoup d'adresse; mais, de tous les vases où l'on puisse emporter de l'eau, c'est bien le meilleur : l'évaporation s'établit et, quelle que soit l'ardeur du soleil, votre eau est d'une bonté et d'une fraîcheur remarquables; dans nos bouteilles ou dans nos jarres, elle serait comme de la lessive.

Nous restons toujours là. Personne n'a entendu parler de mon wagon. Je tâche de me consoler en me répétant le proverbe : pas de nouvelles, bonnes nouvelles; mais au fond je suis très-inquiet. Voilà trois semaines que Boccas, en qui j'ai toute confiance, est reparti avec la recommandation la plus expresse de revenir aussitôt qu'il aura pu savoir le motif de ce

(1) Ces tubercules, difficiles à découvrir, sont célébrés par tous les voyageurs africains, depuis Levaillant jusqu'à Baines. Il y en a de plusieurs espèces. Quant à l'usage de conserver de l'eau dans une panse de couagga, on voit ici qu'il a son utilité. — J. B.

retard. Il a pris Batwin, mon meilleur cheval, et devrait être ici depuis plusieurs jours. Si les Tébélés, ou n'importe quelles gens ont arrêté mes hommes, je perdrai au moins douze mille cinq cents francs en chariot, bœufs, fusils, ivoire, etc., sans parler des plus beaux échantillons d'antilopes de toute espèce que l'on puisse rencontrer. Nous avons eu cette année un bonheur remarquable, et je suis sûr que nous avons tué plus de quatre cents belles pièces.

Vendredi dernier, comme j'avais depuis le matin travaillé au soleil pour fabriquer un timon à mon chariot, je n'en pouvais plus; je boitais, mes mains tremblaient, et je ne me sentais nullement disposé à faire un coup d'adresse. Néanmoins, un chef des Saras étant venu me prier de tuer un lion qui le gênait, je donnai l'ordre de seller Férus, qui lui-même n'était pas des plus frais, ayant dans la matinée couru à fond de train derrière un élan maigre.

J'aperçus bientôt vingt-cinq Saras, qui, chargés de leurs sagaies et de leurs boucliers, étaient accroupis dans la plaine. Au même instant mon regard tomba sur un crâne humain dont la vue me frappa comme un sinistre présage : il me vint à l'esprit que le mien pouvait être destiné à blanchir au même lieu. Toutefois, je ne permis pas à cette pensée d'ébranler mes nerfs, et je continuai ma route. Le lion avait décampé; les Saras prirent ses traces et le firent débucher à trois kilomètres environ du point de départ. Je ne le vis pas d'abord; mais, ayant pris la direction que m'indiquaient les dépisteurs, je ne tardai pas à le découvrir.

Il se laissa poursuivre pendant un millier de mètres, car il était loin de moi; puis il s'arrêta dans un épais hallier. Je mis pied à terre lorsqu'il n'y eut plus entre nous qu'une soixantaine de pas, et tirai sur lui; je n'apercevais que la ligne supérieure de son corps; et il tomba si instantanément que je pensai l'avoir tué raide. Je remontai à cheval, rechargeai, décrivis un demi-cercle, et me levai sur les étriers pour voir ce qu'il était devenu. Je l'avais manqué : ses yeux brillaient d'un tel éclat, il était couché si naturellement, n'ayant de dressé que les oreilles, d'un noir sombre vers la pointe, que cela ne faisait pas le moindre doute.

Je me trouvais à quatre-vingts pas de lui; une immense fourmilière était devant moi, à quinze mètres; je pesai les chances que pouvaient me donner ce monticule, et je venais d'ébranler mon cheval pour m'en rapprocher, lorsque le lion, rugissant avec fureur et venant à bondir, fit pirouetter Férus, qui s'enfuit ventre à terre.

Mon cheval était rapide; il avait forcé l'oryx; mais l'allure du lion était effrayante.

Penché en avant, les éperons dans les flancs du cheval, qui volait sur un terrain ferme, uni, excellent pour la course, je jetai les yeux derrière moi. Le lion avançait; deux bonds pour un des miens; je n'ai rien vu de pareil et ne désire pas le revoir. Me retourner sur la selle et tirer me vint à l'esprit; trois enjambées nous séparaient. Au lieu d'appuyer sur la détente, j'imprimai une vive secousse à la rêne gauche en même temps que j'enfonçais l'éperon du côté droit.

Férus fit un violent écart, et le lion passa, me heurtant de l'épaule avec tant de force que je fus obligé de saisir l'étrivière pour me retrouver en selle.

Immédiatement le lion ralentit sa course. Dès que je pus arrêter Férus, chose malaisée dans son état d'excitation, je sautai à bas, et fis un coup digne d'éloges ; il ne m'appartient pas de le dire, mais cependant c'était beau, si l'on considère l'épreuve à laquelle je venais d'être soumis : je brisai la patte gauche du lion à cent cinquante pas, juste à la lisière du fourré.

Craignant de le perdre, puisque les Saras fuyaient le bouclier sur la tête et que pour rien au monde ils n'auraient voulu reprendre la piste, je ressautai à cheval et partis d'une allure folle. Le lion bondissait rapidement sur trois pattes ; je le gagnai néanmoins, et quittai la selle à quarante pas derrière lui. Mon coup, l'ayant frappé à la naissance de la queue, lui brisa l'épine dorsale. Le lion se traîna sous un buisson, rugit d'une manière effrayante, et je lui mis encore deux balles dans la poitrine avant de le réduire au silence.

Il était vieux, gras et féroce ; ses énormes griffes jaunes étaient émoussées et réduites à quatre aux deux pattes de devant.

Je voudrais avoir la puissance descriptive du Sara qui fit à ses camarades le récit de l'aventure. Jamais acteur ne m'a fait assister à pareille fête. Je ne comprenais pas un mot de son discours ; mais ses attitudes, ses gestes et sa physionomie étaient d'une prodigieuse éloquence ; ses yeux lançaient des éclairs, des flots de sueur l'inondaient et j'eus le frisson quand il se mit à rugir. Impossible de mieux peindre l'effroi du cheval, sa course effrénée, ma pose, mes coups d'éperon, l'écart de Férus : tous les incidents de la chasse. J'eus le plaisir de voir qu'il me plaçait au plus haut de son estime; les Saras, depuis lors, me comblent d'attentions : ils m'apportent de l'eau et du bois sans en être priés.

8 novembre. — Nous avons fait une centaine de kilomètres ; vingt heures de marche sans une goutte d'eau ; franchi trois rivières qui étaient desséchées. A la fin, il s'est rencontré des fosses et, après avoir travaillé en plein soleil comme des forçats pour les creuser et les déblayer, nous avons pu abreuver un peu huit de mes bœufs, que nous avons fait boire dans un baquet. Sur ces entrefaites un Sara me dit qu'il avait vu de l'eau pluviale dans un fond éloigné. Après d'interminables débats, il promit de nous y conduire, si en retour je lui donnais une girafe. Le marché fut conclu ; et c'est hier que j'ai acquitté ma dette, mais avec beaucoup de peine.

Dimanche, 11 *novembre*. — Nous sommes arrivés hier à Métibélé, après trois jours de marche à partir du Qualiba.

Le démon qui m'a fait quitter Nanta en me parlant d'herbe verte et d'eau copieuse a disparu dans la nuit; autrement je l'aurais assommé. Il a bien fallu venir ensuite jusqu'ici pour abreuver les bœufs, qui seraient morts sans cela; nous, également.

12 *novembre*. — Je n'ai jamais rien redouté comme

l'entreprise que nous allons faire : trois jours sans eau, à travers un sable profond, avec un chariot pesant, dont l'essieu de derrière est fendu ; et pas un Sara qui veuille nous accompagner : ils ont peur du soleil et de la soif. La saison des fièvres commence ; il est grand temps de chercher un autre climat.

Conduire le wagon est une rude besogne : il est bien différent d'en prendre la peine ou de se faire charroyer par les autres ; mieux vaut aller à cheval, ou même à pied. Les cornes des bœufs m'ont déchiré les mains, qui ne sont plus que plaies et coupures, et je perds ma voix à force de crier après l'attelage.

Au bord de la Mésa, 17 *novembre*. — Nous sommes ici depuis avant-hier. J'avais fait erreur dans mes calculs ; ce n'était pas trois journées de marche que nous avions en perspective, mais bel et bien quatre. Heureusement pour mes bœufs que j'ai trouvé un peu d'eau à moitié chemin, au fond d'un étang. January, ce vagabond aussi infatigable qu'insouciant, tomba sur la piste d'un Boschiman, la suivit, trouva l'homme, et bien que celui-ci lui eût affirmé que le ravin d'où il venait était desséché, qu'il était lui-même en quête d'un réservoir quelconque, je dételai aussitôt que j'eus appris cette nouvelle, montai à cheval, pris mon fusil et décidai l'indigène à me conduire à l'endroit en question. J'y trouvai bien juste l'eau rigoureusement nécessaire : elle était de piètre qualité ; mais pour moi elle valait son pesant d'or.

Hier j'ai travaillé toute la journée et j'ai remis un timon neuf au chariot. Mon intention était de repartir quelques heures après le coucher du soleil. N'en pouvant plus, je m'endormis dès que je fus sur ma banquette et n'ouvris les yeux qu'au moment où se levait l'étoile du matin. C'était la voix des lions qui m'avait réveillé : je courus immédiatement aux chevaux et aux bœufs, et n'aperçus ni les uns ni les autres. Je fus terrifié ; la mesure était comble. January, qui avait pourtant vu cinq lions dans la soirée, n'avait pas attaché les bêtes, et le cadavre de ce pauvre Férus gisait à six cents pas du chariot et à soixante des restes de Kébou. Celui-ci, beaucoup moins maigre, avait été presqu'entièrement dévoré ; l'autre était encore intact. Ils m'avaient coûté deux mille deux cent cinquante francs ; et j'en aurais eu au moins trois mille, si j'avais voulu les vendre.

Mes hommes ne revinrent que le soir ; ils avaient fini par retrouver les bœufs, et les ramenaient, à l'exception de Yambrown et de Scotland, que les lions avaient tués. On les mit dans un kraal qui fut construit solidement ; de grands feux brûlèrent autour de la palissade, et nous fîmes le guet toute la nuit ; mais les lions ne revinrent pas. Il est vexant de devoir de pareilles pertes à la négligence de ses serviteurs ; mais comment leur en ferais-je un reproche ? Après cette marche forcée de quatre jours et quatre nuits, les pauvres gens étaient aussi fatigués que moi.

January s'en est allé ; il m'a quitté furtivement pendant la nuit.

18 *novembre*. — Nous avons eu de l'eau. Seulement quelques averses ; mais enfin il a plu. Je suis campé sous l'arbre où j'étais il y a trois ans, lorsque

je revenais de chez Mosilicatsi avec Martinus Swartz. Je ne pensais guère alors que je m'y retrouverais un jour, car je n'avais pas à me féliciter d'y être. Quelle vie errante j'ai menée depuis cette époque! et sans beaucoup de profit ni pour moi ni pour les autres, si ce n'est que j'ai fourni de la viande à cette race ingrate et affamée qui habite le Calahari. A peine si, depuis lors, j'ai joui d'un instant de repos; je dois avoir fait au moins vingt à vingt-cinq mille kilomètres, et avec une vitesse beaucoup moindre que celle d'un piéton. J'ai traversé les deux républiques des boërs, une portion de la colonie du Cap; je suis allé deux fois au lac Ngami, revenu deux fois à Natal; j'arrive du pays des Cololos, des Tocas, et des bords du Zambèse. En vérité, je crois qu'il est temps de faire halte.

24 novembre. — Nous avons bien marché pendant trois jours : après cela, perdant la route, je me suis trouvé au pied de la chaîne des Bamangouatos, et me suis engagé dans la forêt la plus rocailleuse et la plus épaisse qu'un wagon ait jamais eu à traverser. Je me félicitais en pensant que le lendemain j'arriverais à Létloché, où nous trouverions un sentier battu, et où le plus fort de la peine serait passé, lorsque la tente de mon chariot fut emportée en masse avec un bruit horrible pour moi. Télescope, fusils, bouteilles d'huile, plumes d'autruche, une foule d'objets qui s'y trouvaient fixés, partirent du même coup, et les deux voiles dont elle se composait furent déchirées du haut en bas. J'étais sur une pente avec des bœufs exténués et je n'avais pas pu diriger le wagon.

Cette nuit, comme je couchais à la belle étoile, nous avons eu le plus grand orage qui ait eu lieu depuis dix mois : il a plu à torrents, cela va sans dire.

En traversant une grande plaine au clair de lune, j'ai découvert un nid d'autruche ; il s'y trouvait quinze œufs que j'ai pris bien vite. Le lendemain vers midi nous arrivions à Létloché, où j'ai passé deux grands jours à réparer nos dégâts ; j'espère arriver demain matin chez Sicomo.

Je viens, à ma très-grande surprise, de rencontrer Waddington et Aldersley, deux compatriotes. Ils sont partis du Cap cette année au mois de février, sur un navire qu'ils avaient frété, et qui les a conduits à Angra Pequina, sur la côte occidentale. De là ils se sont rendus au lac Ngami en traversant les terres des Grands Namaquois et des Damaras, et reviennent maintenant à leur point de départ : c'est une belle tournée.

Nous avons passé toute la nuit à nous raconter nos aventures, bien que jusque-là nous n'eussions jamais entendu parler les uns des autres. Quand on a eu la langue liée pendant des mois et des mois de séjour au désert, c'est tout ce qu'il y a de plus délicieux, de plus réconfortant, qu'une bonne causerie de cette espèce.

J'ai eu la bonne fortune d'échanger la semaine dernière ma seule couverture pour un peu de sorgho. Une jeune fille me l'a concassé, et depuis lors je me suis donné le luxe d'avoir à chaque repas une bouillie à l'eau et au sel ; ma farine est grosse à peu près comme du gravier, mais très-saine, et, les premiers jours, mon potage a été pour moi un véritable régal : la viande sous toutes les formes était depuis si longtemps ma seule nourriture! Je commence à m'avouer qu'un peu de lait, de sucre ou de mélasse pourrait ajouter à l'excellence de ma bouillie.

Massouey, 29 novembre. — Me voilà ici pour la septième fois, et j'espère bien pour la dernière. Rien ne m'encourage à y revenir; j'ai passé deux jours au kraal de Sicomo, où j'ai acheté une demi-douzaine de bœufs.

Je viens de tuer cinq canards (toute la compagnie) de la manière la plus ignoble. C'était, par le temps qui court, une trop bonne aubaine pour leur laisser la moindre chance de salut. Je me suis approché en me traînant dans l'herbe, à plat ventre, comme un serpent, et les ai foudroyés sur l'eau, quand, avec mes deux coups, je pouvais les tuer loyalement au vol. Je les contemple néanmoins avec satisfaction ; car j'ai odieusement vécu depuis la mort de mes chevaux. Ce qui m'avait surtout exaspéré, c'est qu'hier nous avons croisé une troupe de girafes et que j'ai vainement essayé d'en approcher à la rampée, tandis que, si mon pauvre Férus eût encore vécu, la meilleure de la bande aurait mordu la poussière.

Lopépé, dimanche, 2 décembre. — Trois grands jours de marche d'ici à la première fontaine, et pas le moindre signe de pluie! Nous sommes pourtant dans la saison pluvieuse, qui même est avancée.

On dit que les Bakouains de Séchéli meurent de faim ; c'est une perspective consolante. Je fais remplir les tonneaux, les jarres, les outres et les calebasses; on raccommode les traits, les courroies et les longes, afin de n'être arrêté par aucun empêchement qu'il soit possible de prévoir, et dès que cela sera terminé nous nous dirigerons vers Capong. Après cette portion redoutée de la route, nous n'aurons plus à craindre pour arriver au Natal que le débordement des rivières.

4 décembre. — L'un des Anglais que j'ai rencontrés à Létloché m'a prêté l'ouvrage de David Livingstone, et je viens de lire pour la première fois la description que le docteur a faite des chutes du Zambèse. Elle diffère de la mienne à certains égards; mais j'ai beau y réfléchir, il m'est impossible de changer un mot à ce que j'ai dit : les chiffres de Livingstone sont bien au-dessous de la vérité. J'ai passé trois jours en face de ces cataractes; je les ai vues de tous les endroits accessibles, regardées sous tous les aspects, et je crois être sûr de l'exactitude de mes notes (1).

Rien de plus trompeur que les distances de ce pays-ci, principalement sur l'eau : j'ai été moi-même surpris, quand j'ai traversé le fleuve, de lui trouver une pareille étendue; bien certainement ce n'est pas trop dire que de porter sa largeur à deux mille mètres. J'ai peut-être exagéré la profondeur; mais les cataractes de l'Umgani dans le Natal ont une chute de cent mè-

---

(1) Baldwin n'a pu avoir, en 1860, que la première description écrite par D. Livingstone, description inexacte, puisqu'elle avait été faite après une vue superficielle. La seconde de Livingstone et celle de Baines sont bien plus conformes à celle de Baldwin, dont elles prouvent la véracité. — J. B.

tres, et celles du Zambèse m'ont paru tomber de plus haut.

Quant à la largeur du gouffre, elle est beaucoup plus grande que ne l'a écrit Livingstone : je peux lancer une pierre à quatre-vingt-dix mètres, et bien que j'en eusse de bonnes à choisir, et que je les aie jetées d'un bras ferme, en n'ayant jamais le vertige, il m'a été impossible d'atteindre le bord opposé. Je crois donc probable qu'il y a là autant de mètres que le docteur a dit qu'il y avait de pieds. Pour le reste, sa description est très-juste et parfaitement rendue ; c'est la crainte d'exagérer qui l'a fait se tromper dans ses calculs ; il avoue d'ailleurs qu'il est mauvais juge en fait de distance, et qu'il a, plusieurs fois, mis à quatre cents mètres un objet qui se trouvait à neuf cents.

J'atteignis Mérico dans les délais voulus ; j'y confiai mes deux garçonnets, Meercat et Ngami, aux soins de M. Zimmerman, et, prenant les bœufs que j'avais laissés chez ce missionnaire, je me dirigeai en toute hâte vers Durban, où j'arrivai sans encombre un mois après.

Ayant fait à Mooi-River-Dorp l'acquisition de deux chevaux pleins de vigueur, je pus fournir à mes hommes des gnous, des blesbucks, des springbucks, et m'approvisionner de viande jusqu'à la traversée des monts Draken.

Mes Calacas sont devenus en un rien de temps les serviteurs les plus actifs, les plus intelligents, les plus adroits qu'on puisse voir ; d'une fidélité à toute épreuve, cousant à merveille avec leurs grandes aiguilles, et soignant parfaitement les bœufs et les chevaux. Deux d'entre eux, dont j'avais fait des grooms, faillirent perdre la tête de joie en voyant les chevaux dont ils étaient chargés gagner les prix aux courses de Durban, joie qui fut portée au délire par la gratification qu'ils reçurent à ce propos; et, quand je partis pour l'Angleterre, ils reprirent le chemin de leur village situé dans les monts Cachan, à plus de onze cents kilomètres au nord-ouest de Natal.

Le wagon qui me manquait et dont je craignais la perte est descendu à Durban six semaines environ après que j'y étais rentré. Il apportait, sous la conduite de Boccas, un lourd chargement d'ivoire. Les bœufs et mon pauvre cheval Batwin étaient dans un état pitoyable; mais, avant de quitter la colonie, j'ai eu le plaisir de les voir tous complétement rétablis. Pour placer mes dents d'éléphant, Boccas avait eu l'idée de sortir du wagon ce qui avait une moindre valeur. Presque tous mes trophées de chasse, dont plusieurs étaient les plus beaux échantillons que j'eusse jamais vus, il les avait suspendus à des arbres le long de la route, de sorte que je les avais tous perdus. Il est vrai que ce chagrin avait pour compensation une bonne quantité de fort bel ivoire. L'excuse de mes gens, pour être demeurés si longtemps dans le pays de la tsetsé, était le grand nombre d'éléphants qu'ils y avaient trouvé. En somme, ils m'avaient donné des explications très-satisfaisantes de leur long retard.

Quelques mois après, je repartis pour l'Angleterre avec une petite fortune bien gagnée, et j'allai y retrouver les êtres chéris dont le souvenir ne m'avait jamais abandonné.

FIN

TABLE DES MATIÈRES

Chap. I. — De 1851 à octobre 1853. — Enfance et jeunesse de W. C. Baldwin. — J'arrive au Natal. — Engagement avec M. White pour la chasse aux hippopotames dans la Sainte-Lucie. — Des crocodiles me font perdre un fusil, brisent les rames d'un bateau, m'épient durant mon sommeil et me volent mon gibier. — Nous avons tué cinquante-cinq hippopotames; mais, sur neuf chasseurs que nous étions, sept sont morts dans l'expédition. — Ferme de l'Inanda. — Au bout de deux ans, je repars pour le pays des Zoulous. — Comment Panda nous force à exécuter ses ordres. — Chasse aux buffles. — Les lions nous attaquent durant la nuit. — Les élans du Cap.   1

Chap. II. — D'avril 1854 à décembre 1856. — Panda prohibe le commerce. — Les Amatongas sont les amis des lions. — Je les nourris. — Leur jardinage. — L'inyala. — Influence de la chemise. — Descente précipitée. — Messe digne de remarque. — Le missionnaire Schrœder. — Repas norvégien. — Comment les Cafres nourrissent leurs chiens. — Périls d'une chasse entreprise par charité. — Je ne travaillerai plus le dimanche. — Guerre civile parmi les Zoulous, qu'excitent les fils de Panda. — La terre est couverte de cadavres, l'air en est empesté.   43

Chap. III. — De mai 1857 à janvier 1858. — Ladysmith et Harrysmith. — Prétorius, président de la république du Transvaal. — Une nuit dans la plaine. — Le Mérico. — La maison Swartz. — Hospitalité, veillée de cour, mariage et dotation chez les boërs. — Colobeng et ruines de la maison de D. Livingstone. — Séchéli. — Attends-un-peu. — Lopépé. — Sicomo. — Harrisbuck. — Aspect et habitants du Calahari. — Ignorance des boërs. — Mosilicatsi nous défend d'entrer sur le territoire des Tébélés et tire de nous tout le profit possible. — Collins. — Chasse à l'antilope rouanne. — La Noël au désert. — Le chacal chasse pour le lion. — Je rentre à Bloemfontein avec cinquante-cinq bœufs.   95

CHAP. IV. — De mars à septembre 1858. — Guerre entre les républiques de l'Orange et du Transvaal. — Je suis conduit devant Prétorius comme agent de Boschoff. — Machin a succédé à Sicomo. — Les Hottentots en ribote. — Rivière Beauclekky ou Chapeau. — Chasse aux léchés. — Mes Cafres me font passer une triste nuit dans la forêt, mais ils reprennent leur service. — Chasse aux éléphants. — L'épouse de Wilson retourne chez son père Séchéli. — Le lac Ngami et Léchoulatébé. — Mort du cheval Broon. — Fidélité d'Inyous et de mes autres Cafres. — J'aime les négrillons. — Comment Séchéli reconnaît les services que j'ai rendus à sa fille. — Les menaces de Machin et la guerre de Mochech contre les Orangiens et les Transvaaliens m'obligent à suivre Séchéli. — Piété de ce chef. — Je rentre au Mérico. — Le pays est en proie à la famine. 158

CHAP. V. — De mai à décembre 1859. — Bons rapports avec Séchéli et avec Sicomo. — Le dernier, devenu un chef des Saras ou Boschimans, est en guerre avec Machin et Mosilicatsi. — La Grande-Saline. — Les Saras refusent de me guider vers l'eau et vers les éléphants. — Enfin j'entre en chasse. — Seul au cœur de l'hiver, le 22 juillet, par une chaleur étouffante. — Nous retombons sur le Beauclekky. — Rareté du gibier. — Troque avec Léchoulatébé. — Désertion et retour de mes Cafres. — Mes deux gamins Saras. — Les missionnaires Helmore et Price. — Générosité des missionnaires. — La famine et la fièvre. — Mon expédition se solde par un bénéfice de vingt-cinq mille francs, plus une soixantaine de bœufs superbes. 211

CHAP. VI. — D'avril à décembre 1860. — Mon équipage et mes munitions. — Changements de serviteurs. — Encore les Grandes-Salines. — Lance empoisonnée et suspendue pour tuer le gros gibier. — Chasse à l'oryx et à l'éléphant. — La nuit dans la forêt. — Po... n. — Les Tocas. — Les chutes Victoria du Zambèse. — Livingstone. — Masipoutana et Sékélétou. — Le recul du fusil m'a écrasé la joue. — Calacas fuyant la colère de Mosilicatsi. — Le chasseur Adonis. — Retard de mon second wagon. — Désespoir, ennui et colère. — Chasse aux lapins. — La nuit est plus terrible que le jour. — Chasse aux lions. — La première description des chutes Victoria, par Livingstone, comparée à la mienne. — Le second wagon ne me rejoint qu'à Durban. — Je réalise mon avoir et pars pour l'Angleterre. 252

FIN DE LA TABLE.

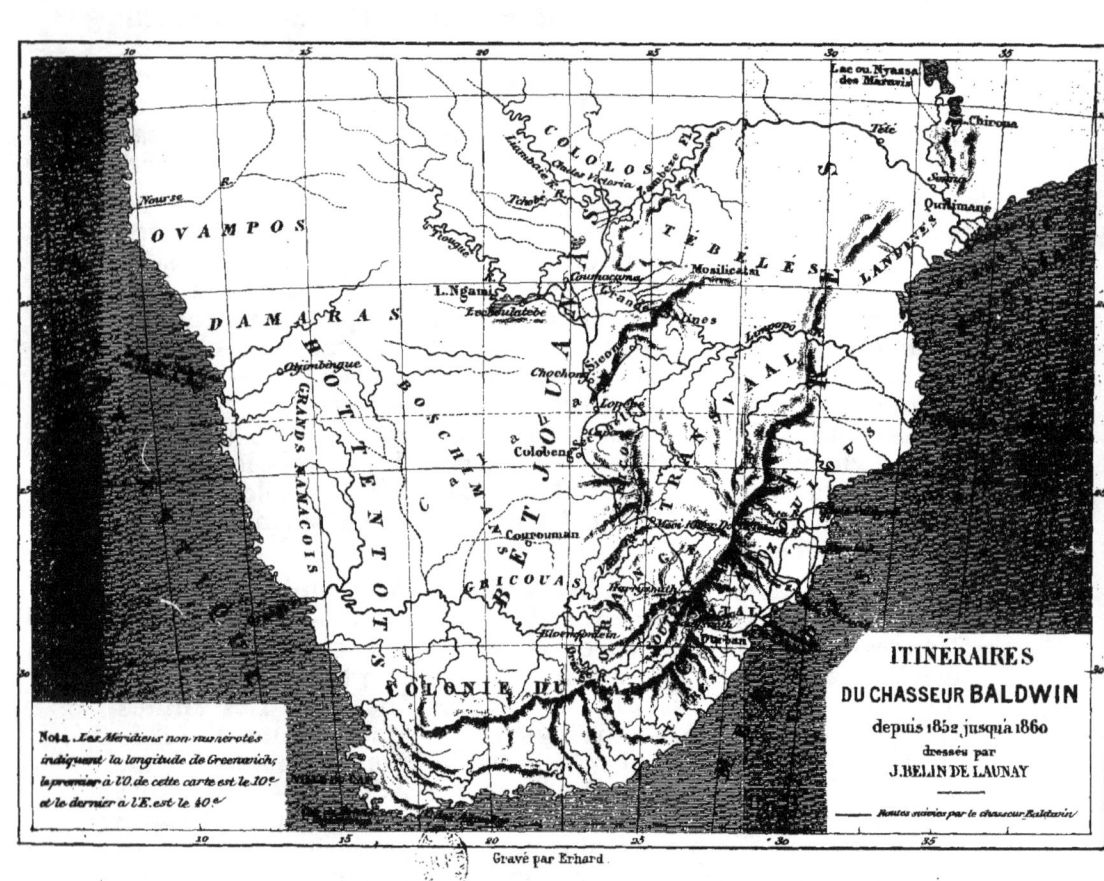

LIBRAIRIE HACHETTE & CIE

BOULEVARD SAINT-GERMAIN, 79, A PARIS

LE

JOURNAL DE LA JEUNESSE

NOUVEAU RECUEIL HEBDOMADAIRE
TRÈS RICHEMENT ILLUSTRÉ

Les dix premières années (1873-1882) formant
vingt beaux volumes grand in-8° et contenant plus de
6000 gravures sont en vente

Ce nouveau recueil hebdomadaire est une des lectures les plus attrayantes que l'on puisse mettre entre les mains de la jeunesse. Il contient des nouvelles, des contes, des biographies, des récits d'aventures et de voyages, des causeries sur l'histoire naturelle, la géographie, l'histoire sainte, les arts et l'industrie, etc., par

Mmes COLOMB, GUSTAVE DEMOULIN, EMMA D'ERWIN,
ZÉNAÏDE FLEURIOT, ANDRÉ GÉRARD, JULIE GOURAUD, MARIE MARÉCHAL,
L. MUSSAT, DE WITT NÉE GUIZOT.

MM. A. ASSOLLANT, DE LA BLANCHÈRE, LÉON CAHUN,
RICHARD CORTAMBERT, ERNEST DAUDET, LOUIS ÉNAULT, J. GIRARDIN,
AIMÉ GIRON, AMÉDÉE GUILLEMIN, CH. JOLIET, ALBERT LÉVY,
ERNEST MENAULT, EUGÈNE MULLER, PAUL PELET, LOUIS ROUSSELET,
G. TISSANDIER, P. VINCENT, ETC.

ET EST

ILLUSTRÉ DE 6000 GRAVURES SUR BOIS

D'APRÈS LES DESSINS DE

É. BAYARD, PH. BENOIST, BERTALL, BONNAFOUX, BOUTET DE MONVEL,
CAIN, CASTELLI, CATENACCI, CRAFTY, C. DELORT,
HUBERT CLERGET, FAGUET, FÉRAT, FERDINANDUS, C. GILBERT,
GODEFROY DURAND, KAUFFMANN, KOERNER, LIX, A. MARIE,
MESNEL, MOYNET, A. DE NEUVILLE, JULES NOEL, P. PHILIPOTEAUX,
PRANISHNIKOFF, RÉGAMEY, RIOU, RONJAT, SAHIB, SANDOZ,
SORRIEU, TAYLOR, THÉROND, TOFANI, VALNAY, E. ZIER.

DÉCEMBRE 1882.

CONDITIONS DE VENTE ET D'ABONNEMENT

LE JOURNAL DE LA JEUNESSE paraît le samedi de chaque semaine. Le prix du numéro, comprenant 16 pages grand in-8°, est de 40 centimes.

Les 52 numéros publiés dans une année forment deux volumes.

Prix de chaque volume : broché, 10 fr.; cartonné en percaline rouge, tranches dorées, 13 fr.

PRIX DE L'ABONNEMENT
POUR PARIS ET LES DÉPARTEMENTS

Un an (2 volumes).......... 20 francs
Six mois (1 volume).......... 10 —

Prix de l'abonnement pour les pays étrangers qui font partie de l'Union générale des postes : Un an, 22 fr.; six mois, 11 fr.

Les abonnements se prennent à partir du 1ᵉʳ décembre et du 1ᵉʳ juin de chaque année.

BIBLIOTHÈQUE ROSE ILLUSTRÉE

Format in-18 jésus, à 2 fr. 25 le volume

La reliure en percaline rouge se paye en sus : tranches jaspées, 1 fr. tranches dorées, 1 fr. 25.

1re SÉRIE. — POUR LES ENFANTS DE 4 A 8 ANS

ANONYME : *Chien et chat.* 1 volume traduit de l'anglais par Mme A. Dibarrart, avec 46 vignettes par E. Bayard.
— *Douze histoires pour les enfants de quatre à huit ans,* par une mère de famille; 1 volume avec 18 vignettes par Bertall.
— *Les enfants d'aujourd'hui,* par la même. 1 vol. avec 40 vignettes par Bertall.

CARRAUD (Mme) : *Historiettes véritables.* 1 vol. avec 94 vignettes par Fath.

FATH (G.) : *La sagesse des enfants,* proverbes, avec 100 vignettes par l'auteur. 1 vol.

LAROQUE (Mme) : *Grands et petits.* 1 vol. avec 61 vignettes par Bertall.

MARCEL (Mme) : *Histoire d'un cheval de bois.* 1 volume avec 20 vign. par E. Bayard.

PAPE-CARPANTIER (Mme) : *Histoires et leçons de choses pour les enfants.* 1 volume avec 85 vignettes.

Ouvrage couronné par l'Académie française.

PERRAULT, Mmes D'AULNOY et LEPRINCE DE BEAUMONT : *Contes de fées.* 1 vol. avec 65 vignettes par Bertall, Forest, etc.

PORCHAT (L.) : *Contes merveilleux.* 1 volume avec 21 vignettes par Bertall.

SCHMIDT (le chanoine Ch. von) : 190 *contes pour les enfants,* traduits de l'allemand par Van Hasselt. 1 vol. avec 29 vignettes par Bertall.

SÉGUR (Mme la comtesse de) : *Nouveaux contes de fées.* 1 vol. avec 46 vignettes par Gustave Doré et H. Didier.

2e SÉRIE. — POUR LES ENFANTS DE 8 A 14 ANS

ACHARD (Amédée) : *Histoire de mes amis.* 1 vol. avec 20 vignettes par E. Bellecroix, A. Mesnel, etc.

ALCOTT (Miss) : *Sous les lilas.* 1 vol. traduit de l'anglais par Mme S. Lepage et illustré de 23 vignettes.

ANDERSEN : *Contes choisis,* traduits du danois par Soldi. 1 vol. avec 40 vignettes par Bertall.

ANONYME : *Les fêtes d'enfants,* scènes et dialogues. 1 volume avec 41 vignettes par Foulquier.

ASSOLLANT (A.) : *Les aventures merveilleuses, mais authentiques du capitaine Corcoran.* 2 vol. avec 50 vignettes par A. de Neuville.

BARRAU (Th. H.) : *Amour filial.*

1 volume avec 41 vignettes par Ferogio.

BAWR (Mme de) : *Nouveaux contes.* 1 volume avec 40 vignettes par Bertall.

Ouvrage couronné par l'Académie française.

BELÈZE : *Jeux des adolescents.* 1 vol. avec 140 vignettes.

BERQUIN : *Choix de petits drames et de contes.* 1 vol. avec 36 vignettes par Foulquier, etc.

BERTHET (Elie) : *L'enfant des bois.* 1 vol. avec 61 vignettes.

BLANCHÈRE (de la) : *Les aventures de La Ramée et de ses trois compa-*

gnons. 1 vol. avec 36 vignettes par E. Forest.

BLANCHERE (de la) : *Oncle Tobie le pêcheur.* 1 vol. avec 80 vignettes.

BOITEAU (P.) : *Légendes recueillies ou composées pour les enfants.* 1 vol. avec 42 vignettes par Bertall.

CARRAUD (Mme) : *La petite Jeanne ou le Devoir.* 1 vol. avec 21 vignettes par Forest.

    Ouvrage couronné par l'Académie française.

— *Les métamorphoses d'une goutte d'eau, suivies des Aventures d'une fourmi, des Guêpes,* etc. 1 vol. avec 50 vign. par E. Bayard.

— *Les goûters de la grand'mère.* 1 volume avec 18 vignettes par Bayard.

CARPENTIER (Mlle) : *La maison du bon Dieu.* 1 vol. illustré de vign. par Riou.

CASTILLON (A.) : *Les récréations physiques;* 1 volume avec 36 vign. par Castelli.

— *Les récréations chimiques,* 1 vol. avec 34 vignettes par Castelli.

CAZIN (Mme J.) : *Les petits montagnards.* 1 vol. illustré de vignettes par Vuillier.

— *Un drame dans la montagne.* 1 vol. illustré de 33 vignettes d'après G. Vuillier.

CHABREUL (Mme de) : *Jeux et exercices des jeunes filles.* 1 vol. contenant la musique des rondes et 62 vignettes par Fath.

COLET (Mme L.) *Enfances célèbres.* 1 volume avec 57 vignettes par Foulquier.

CONTES ANGLAIS, traduits par Mme de Witt. 1 vol. avec 43 vign. par Morin.

DESLYS (Ch.) : *Grand'maman.* 1 volume illustré de 30 vignettes par Zier.

EDGEWORTH (Miss) : *Contes de l'adolescence,* traduits par Le François. 1 volume avec 42 vignettes par Morin.

— *Contes de l'enfance,* traduits par le même. 1 vol. avec 27 vignettes par Foulquier.

EDGEWORTH (Miss) : *Demain,* suivi de *Mourad le malheureux.* 1 vol. avec 29 vign. par Forest et E. Bayard.

FÉNELON : *Fables.* 1 volume avec 22 vignettes par Forest et E. Bayard.

FLEURIOT (Mlle Zénaïde) : *Le petit chef de famille.* 1 vol. avec 75 vign. par Castelli.

— *Plus tard, ou le jeune chef de famille.* 1 vol. avec 74 vignettes par Bayard.

— *En congé.* 1 volume avec 61 vign. par A. Marie.

— *Bigarrette.* 1 volume avec 55 vign. par A. Marie.

— *Un enfant gâté.* 1 vol. avec 48 vign. par Ferdinandus.

— *Cadette.* 1 vol. illustré de vignettes par Tofani.

— *Tranquille et tourbillon.* 1 volume illustré de 45 vignettes par Delort.

— *Bouche-en-cœur.* 1 vol. illustré de 45 vignettes d'après Tofani.

FOË (de) : *La vie et les aventures de Robinson Crusoé,* traduites de l'anglais, édition abrégée. 1 vol. avec 40 vignettes.

FONVIELLE (W. de) : *Néridah.* 2 vol. illustrés de 45 vignettes par Sahib.

GENLIS (Mme de) : *Contes moraux.* 1 volume avec 40 vignettes par Foulquier, etc.

GÉRARD (André) : *Petite Rose. — Grande Jeanne.* 1 volume illustré de 28 vignettes d'après C. Gilbert.

GIRARDIN (J.) : *La disparition du grand Krause.* 1 volume illustré de 70 vignettes par Kauffmann.

GIRON (Aimé) : *Ces pauvres petits!* 1 volume illustré de 22 vignettes par Ferdinandus.

GOURAUD (Mlle Julie) : *Les enfants de la ferme.* 1 vol. avec 50 vignettes par E. Bayard.

— *Le Livre de maman.* 1 vol. avec 68 vignettes par E. Bayard.

— *Cécile ou la petite sœur.* 1 volume avec 23 vignettes par Desandré.

— *Lettres de deux poupées.* 1 vol. avec 59 vignettes par Olivier.

GOURAUD (Mlle Julie) : *Le petit colporteur.* 1 volume avec 27 vignettes par A. de Neuville.
— *Les mémoires d'un petit garçon.* 1 volume avec 86 vignettes par E. Bayard.
— *Les mémoires d'un caniche.* 1 vol. avec 75 vignettes par E. Bayard.
— *L'enfant du guide.* 1 volume avec 60 vignettes par E. Bayard.
— *Petite et grande.* 1 vol. avec 48 vignettes par E. Bayard.
— *Les quatre pièces d'or.* 1 volume avec 51 vignettes par E. Bayard.
— *Les deux enfants de Saint-Domingue.* 1 vol. avec 54 vignettes par E. Bayard.
— *La petite maîtresse de maison.* 1 vol. avec 37 vignettes par A. Marie.
— *Les filles du professeur.* 1 vol. avec 36 vign. par Kauffmann.
— *La famille Harel.* 1 vol. avec 48 vignettes, par Valnay et Ferdinandus.
— *Les petits voisins.* 1 volume illustré de 39 vignettes par C. Gilbert.
— *Aller et retour.* 1 volume illustré de 40 vignettes par Ferdinandus.
— *Chez grand'mère.* 1 volume illustré de 46 vignettes par Tofani.
— *Le petit bonhomme.* 1 vol. illustré de 45 vignettes d'après A. Ferdinandus.

GRIMM (les frères) : *Contes choisis,* traduits de l'allemand par Fr. Baudry. 1 volume avec 40 vignettes par Bertall.

HAUFF : *La caravane,* traduit de l'allemand par A. Talon. 1 vol. avec 45 vignettes par Bertall.
— *L'auberge du Spessart,* traduit par le même. 1 volume avec 61 vignettes par Bertall.

HAWTHORNE : *Le livre des merveilles,* trad. de l'anglais par L. Rabillon.
1re série, avec 20 vign. par Bertall. 1 vol.
2e série, avec 20 vign. par Bertall. 1 vol.
Chaque série se vend séparément.

HÉBEL et **KARL SIMROCK** : *Contes allemands,* imités de Hébel et de Karl Simrock par N. Martin ; 3e édit. 1 vol. avec 25 vign. par Bertall.

JOHNSON (R. B.) : *Dans l'extrême Far West.* Aventures d'un émigrant dans la Colombie anglaise, traduites de l'anglais par A. Talandier 1 vol. avec 20 vignettes par A. Marie.

MARCEL (Mme Jeanne) : *L'école buissonnière.* 1 volume avec 28 vignettes par A. Marie.
— *Le bon frère.* 1 vol. avec 21 vignettes par E. Bayard.
— *Les petits vagabonds.* 1 vol. avec 25 vignettes par E. Bayard.
— *Histoire d'une grand'mère et de son petit-fils.* 1 vol. avec 36 vignettes par Delort.
— *Daniel.* 1 vol. illustré de 45 vign. par Riou.
— *Le frère et la sœur.* 1 vol. illustré de 45 vignettes d'après E. Zier.

MARÉCHAL (Mlle) : *La dette de Ben-Aïssa.* 1 vol. avec 20 vign. par Bertall.
— *Nos petits camarades,* récits familiers. 1 vol. avec 18 vign. par Bayard et H. Castelli.
— *La maison modèle.* 1 volume avec 42 vignettes par Sahib.

MARMIER : *L'arbre de Noël.* 1 vol. avec 60 vignettes par Bertall.

MARTIGNAT (Mlle de) : *Les vacances d'Élisabeth.* 1 vol. avec 46 vign. par Kauffmann.
— *Ginette.* 1 vol. illustré de 55 vign. par Tofani.
— *L'oncle Boni.* 1 volume illustré de 42 vignettes par Gilbert.
— *Le manoir d'Yolan.* 1 volume illustré de 42 vignettes par Tofani.
— *Le pupille du général.* 1 vol. ill. de 40 vignettes, d'après Tofani.

MAYNE-REID (Le capitaine). Ouvrages traduits de l'anglais :
— *Les chasseurs de girafes,* traduit par H. Vattemare. 1 volume avec 10 vign. par A. de Neuville.
— *A fond de cale,* traduit par Mme H. Loreau. 1 vol. avec 12 grandes vignettes.
— *A la mer !* traduit par Mme H. Loreau. 1 vol. avec 12 vignettes.
— *Bruin ou les chasseurs d'ours,* trad. par A. Letellier. 1 vol. avec 8 grandes vignettes.
— *Le chasseur de plantes,* traduit par Mme H. Loreau. 1 volume avec 12 vignettes.
— *Les exilés dans la forêt,* traduit par

Mme H. Loreau. 1 vol. avec 12 grandes vignettes.

MAYNE-REID (Le capitaine) : *Les grimpeurs de rochers*, traduit par Mme H. Loreau. 1 volume avec 20 vignettes.
— *Les peuples étrangers*, traduit par Mme H. Loreau. 1 vol. avec 8 vign.
— *Les vacances des jeunes Boërs*, traduit par Mme H. Loreau. 1 vol. avec 12 vignettes.
— *Les veillées de chasse*, traduit par H. B. Révoil. 1 vol. avec 43 vignettes par Freeman.
— *L'habitation du désert*, ou Aventures d'une famille perdue dans les solitudes de l'Amérique. Traduit par Le François. 1 vol. avec 24 vignettes par G. Doré.
— *La chasse au Léviathan*. 1 volume ill. de 51 vignettes d'après A. Ferdinandus et Th. Weber.

MULLER (Eugène). *Robinsonnette*. 1 vol. avec 22 vignettes par Lix.

PEYRONNY (Mme de), née d'Isle : *Deux cœurs dévoués*. 1 vol. avec 53 vignettes par J. Devaux.

PITRAY (Mme la vicomtesse de) : *Les enfants des Tuileries*. 1 vol. avec 57 vignettes par Bayard.
— *Les débuts du gros Philéas*. 1 vol. avec 17 vignettes par Castelli.
— *Le château de la Pétaudière*. 1 vol. avec 78 vign. par A. Marie.

RENDU (V.) : *Mœurs pittoresques des insectes*. 1 vol. avec 49 vignettes.

SANDRAS (Mme) : *Mémoires d'un lapin blanc*. 1 volume avec 20 vign. par E. Bayard.

SANNOIS (Mme la comtesse de) : *Les soirées à la maison*. 1 vol. avec 42 vignettes par E. Bayard.

SÉGUR (Mme la comtesse de) : *Après la pluie le beau temps*. 1 vol. avec 128 vignettes par E. Bayard.
— *Le mauvais génie*. 1 vol. avec 90 vignettes par E. Bayard.
— *Comédies et proverbes*. 1 vol. avec 60 vignettes par E. Bayard.
— *Diloy le chemineau*. 1 vol. avec 90 vignettes par H. Castelli.
— *François le bossu*. 1 vol. avec 114 vignettes par E. Bayard.
— *Jean qui grogne et Jean qui rit*. 1 vol. avec 79 vignettes par Castelli.

SÉGUR (Mme la comtesse de) : *La fortune de Gaspard*. 1 vol. avec 32 vignettes par Gerlier.
— *La sœur de Gribouille*. 1 vol. avec 72 vignettes par Castelli.
— *L'auberge de l'ange gardien*. 1 vol. avec 75 vignettes par Foulquier.
— *Le général Dourakine*. 1 vol. avec 100 vign. par E. Bayard.
— *Les bons enfants*. 1 vol. avec 70 vignettes par Ferogio.
— *Les deux nigauds*. 1 vol. avec 76 vignettes par Castelli.
— *Les malheurs de Sophie*. 1 vol. avec 48 vignettes par Castelli.
— *Les petites filles modèles*. 1 vol. avec 21 grandes vign. par Bertall.
— *Les vacances*. 1 vol. avec 36 vign. par Bertall.
— *Mémoires d'un âne*. 1 vol. avec 75 vignettes par Castelli.
— *Pauvre Blaise*. 1 vol. avec 65 vign. par Castelli.
— *Quel amour d'enfant!* 1 vol. avec 79 vignettes par E. Bayard.
— *Un bon petit diable*. 1 vol. avec 100 vignettes par Castelli.

STOLZ (Mme de) : *La maison roulante*. 1 vol. avec 20 vign. par E. Bayard.
— *Le trésor de Nanette*. 1 volume avec 25 vignettes par E. Bayard.
— *Blanche et noire*. 1 vol. avec 54 vignettes par E. Bayard.
— *Par-dessus la haie*. 1 vol. avec 56 vignettes par A. Marie.
— *Les poches de mon oncle*. 1 vol. avec 20 vignettes par Bertall.
— *Les vacances d'un grand-père*. 1 vol. avec 40 vign. par G. Delafosse.
— *Quatorze jours de bonheur*. 1 vol. avec 45 vignettes par Bertall.
— *Le vieux de la forêt*. 1 vol. avec 40 vignettes.
— *Le secret de Laurent*. 1 vol. avec 32 vignettes par Sahib.
— *Les mésaventures de mademoiselle Thérèse*. 1 vol. illustré de 30 vign. par Charles.
— *Les deux reines*. 1 vol. illustré de 32 vignettes par Delort.
— *Les frères de lait*. 1 vol. illustré de vignettes par Zier.
— *Magali*. 1 vol. ill. de 36 vignettes d'après Tofani.

SWITT : *Voyages de Gulliver à Lilliput, à Brobdingnag et au pays des*

Honyhnhums; traduits de l'anglais et abrégés à l'usage des enfants. 1 vol. avec 75 vignettes par G. Delafosse.

TAULIER (Jules) : *Les deux petits Robinsons de la Grande-Chartreuse*. 1 vol. avec 69 vign. par E. Bayard et Hubert Clerget.

TOURNIER : *Les premiers chants;* poésies à l'usage de la jeunesse. 1 vol. avec 20 vignettes par Gustave Roux.

VIMONT (Ch.) *Histoire d'un navire*. 1 vol. avec 40 vignettes par Alex. Vimont.

WITT, née Guizot (Mme de): *Enfants et parents*. 1 volume avec 34 vign. par A. de Neuville.
— *La petite fille aux grand'mères*. 1 vol. avec 36 vignettes par Beau.
— *En quarantaine*, jeux et récits. 1 vol. avec 48 vignettes par Ferdinandus.

3ᵉ SÉRIE. — POUR LES ADOLESCENTS

ET POUVANT FORMER UNE BIBLIOTHÈQUE POUR LES JEUNES FILLES DE 14 A 18 ANS.

VOYAGES

AGASSIZ (M. et Mme) : *Voyage au Brésil*; traduit de l'anglais par Vogeli et abrégé par J. Belin de Launay. 1 vol. avec 10 gravures et une carte.

AUNET (Mme L. d') : *Voyage d'une femme au Spitzberg*. 1 vol. avec 34 gravures.

BAINES (Th.) : *Voyage dans le sud-ouest de l'Afrique*, traduit et abrégé par J. Belin de Launay. 1 volume avec 1 carte et 22 gravures.

BAKER : *Le lac Albert*, nouveau voyage aux sources du Nil, abrégé sur la traduction de Gustave Masson, par J. Belin de Launay. 1 vol. avec 16 gravures et 1 carte.

BALDWIN : *Du Natal au Zambèze*, 1851-1866. Récits de chasse. Traduits par Mme Henriette Loreau et abrégés par J. Belin de Launay. 1 vol. avec 24 gravures et 1 carte.

BURTON (Le capitaine) : *Voyages à La Mecque, aux grands lacs d'Afrique et chez les Mormons*, abrégés par J. Belin de Launay. 1 vol. avec 12 gravures et 3 cartes.

CATLIN : *La vie chez les Indiens*, traduit de l'anglais. 1 vol. avec 25 gravures.

FONVIELLE (W. de) : *Le glaçon du Polaris*, aventures du capitaine Tyson racontées d'après les publications américaines. 1 vol. avec 19 gravures et 1 carte.

HAYES (Dr) : *La mer libre du pôle*. Traduction de M. F. de Lanoye. 1 vol. avec 14 gravures et 1 carte.

HERVÉ et **DE LANOYE** : *Voyage dans les glaces du pôle arctique*. 1 vol. avec 40 gravures.

LANOYE (Ferd. de) : *Le Nil et ses sources*. 1 vol. avec 32 gravures et cartes.
— *Ramsès le Grand* ou *l'Égypte il y a trois mille trois cents ans*. 1 vol. avec 39 vig. par Lancelot, Bayard, etc.
— *La Sibérie*. 1 vol. avec 48 vign. par Lebreton, etc.
— *Les grandes scènes de la nature*. 1 vol. avec 40 gravures.
— *La mer polaire*, voyage de l'*Érèbe* et de la *Terreur*, et expédition à la recherche de Franklin. 1 vol. avec 29 gravures et des cartes.

LIVINGSTONE : *Explorations dans l'Afrique australe*, abrégées par J. Belin de Launay. 1 vol. avec 20 gravures et 1 carte.
— *Dernier journal*, abrégé par J. Belin de Launay. 1 vol. avec 36 gravures et 1 carte.

MAGE (L.): *Voyage dans le Soudan occidental*, abrégé par J. Belin de Launay. 1 vol. avec 16 gravures et 1 carte.

MILTON et **CHEADLE** : *Voyage de l'Atlantique au Pacifique*, traduit et abrégé par J. Belin de Launay. 1 vol. avec 16 gravures et 2 cartes.

MOUHOT (Ch.) : *Voyages dans les royaumes de Siam, de Cambodge et de Laos*, relation extraite du Journal de l'auteur, par F. de Lanoye. 1 vol. avec 28 gravures et 1 carte.

PALGRAVE (W. G.) : *Une année dans l'Arabie centrale*, traduction abrégée par J. Belin de Launay. 1 vol. avec 12 gravures et 1 carte.

PERRON D'ARC : *Aventures d'un voyageur en Australie ; neuf mois de séjour chez les Nagarnooks*. 1 vol. avec 24 vignettes par Lix.

PFEIFFER (Mme Ida) : *Voyages autour du monde* abrégés par J. Belin de Launay. 1 vol. avec 17 gravures et 1 carte.

PIOTROWSKI : *Souvenirs d'un Sibérien*. 1 vol. avec 10 gravures.

SCHWEINFURTH (Dr) : *Au cœur de l'Afrique (1866-1871)*. Traduction de Mme H. Loreau ; abrégée par J. Belin de Launay. 1 vol avec 16 gravures et 1 carte.

SPEKE : *Les sources du Nil*, édition abrégée par J. Belin de Launay des Voyages de Speke et de Grant. 1 vol. avec 24 gravures et 3 cartes.

STANLEY : *Comment j'ai retrouvé Livingstone*. Traduction de Mme Loreau, abrégée par J. Belin de Launay. 1 vol avec 16 gravures et 1 carte.

VAMBÉRY (A.) : *Voyages d'un faux derviche dans l'Asie centrale*, traduits de l'anglais par E. D. Forgues et abrégés par J. Belin de Launay. 1 vol. avec 18 gravures et 1 carte.

HISTOIRE

LE LOYAL SERVITEUR : *Histoire du gentil seigneur de Bayart*, revue et abrégée, à l'usage de la jeunesse, par Alph. Feillet. 1 vol. avec 36 vignettes par P. Sellier.

MONNIER (Marc) : *Pompéi et les Pompéiens*, à l'usage de la jeunesse. 1 vol. avec 22 vignettes par Thérond.

PLUTARQUE : *Vies des Grecs illustres*, édition abrégée par Alph. Feillet sur la traduction de M. E. Talbot. 1 vol. avec 53 vign. par P. Sellier.

— *Vies des Romains illustres*, édition abrégée par A. Feillet sur la traduction de M. Talbot. 1 volume avec 69 vignettes par P. Sellier.

RETZ (cardinal de) : *Mémoires*, abrégés par Alph. Feillet. 1 volume avec 35 vignettes par Gilbert, etc.

LITTÉRATURE

BERNARDIN de SAINT-PIERRE : *Œuvres choisies*. 1 volume avec 12 vignettes par E. Bayard.

CERVANTÈS : *Histoire de l'admirable don Quichotte de la Manche* ; édition à l'usage de la jeunesse. 1 vol. avec 64 vign. par Bertall et Forest.

HOMÈRE : *L'Iliade et l'Odyssée*, traduites par P. Giguet et abrégées par Alph. Feillet. 1 vol. avec 33 vign. par Olivier.

LE SAGE : *Aventures de Gil Blas*, édition à l'usage de l'adolescence. 1 vol. avec 50 vignettes par Leroux.

MAC-INTOSCH (Miss) : *Contes américains*, traduits par Mme Dionis. 2 vol. avec 120 vignettes par E. Bayard.

MAISTRE (Xavier de) : *Œuvres choisies*. 1 vol. avec 15 vignettes par E. Bayard.

MOLIÈRE : *Œuvres choisies*, abrégées à l'usage de la jeunesse. 2 vol. avec 22 vignettes par Hillemacher.

VIRGILE : *Œuvres choisies*, traduites et abrégées à l'usage de la jeunesse, par Th. Barrau et Alph. Feillet. 1 vol. avec 20 vignettes par P. Sellier.

www.ingramcontent.com/pod-product-compliance
Lightning Source LLC
Chambersburg PA
CBHW060643170426
43199CB00012B/1650